FAIRE DES SCIENCES SOCIALES

COMPARER

社会科学研究

比较法

[法] 奥利维耶·雷穆
让·弗雷德里克·肖布
伊莎白·蒂罗 – 主编

王晓瑞 – 译

中国社会科学出版社

图字：01－2014－5568
图书在版编目（CIP）数据

社会科学研究．比较法／（法）奥利维耶·雷穆，（法）让·弗雷德里克·肖布，（法）伊莎白·蒂罗主编；王晓瑞译．—北京：中国社会科学出版社，2019.5
书名原文：Faire des sciences sociales：Comparer
ISBN 978－7－5203－4478－4

Ⅰ.①社… Ⅱ.①奥… ②让… ③伊… ④王… Ⅲ.①社会科学—研究方法 Ⅳ.①C3

中国版本图书馆 CIP 数据核字（2019）第 094985 号

出 版 人　赵剑英
责任编辑　刘健煊
责任校对　刘长敏
责任印制　戴　宽

出　　版　中国社会科学出版社
社　　址　北京鼓楼西大街甲 158 号
邮　　编　100720
网　　址　http://www.csspw.cn
发 行 部　010－84083685
门 市 部　010－84029450
经　　销　新华书店及其他书店

印　　刷　北京明恒达印务有限公司
装　　订　廊坊市广阳区广增装订厂
版　　次　2019 年 5 月第 1 版
印　　次　2019 年 5 月第 1 次印刷

开　　本　710×1000　1/16
印　　张　17.75
插　　页　2
字　　数　265 千字
定　　价　88.00 元

编 者 按

作为《批评法》《比较法》《概括法》的丛书编者，我们出版这套丛书的初衷在于为关注当代社会学现状的朋友们提供一些参考。丛书所收录文章的作者，都是法国社会科学高等学院（École des hautes études en sciences sociales，简称 EHESS）的研究人员。他们参与本书的写作，并非意在代表整个社会学科，抑或是代表其所属研究机构发声；他们试图展示的是他们各自正在进行的研究中个人认为最具有创造性的部分。在此之上，他们将自己这一部分的研究与各自学科的大环境及各自领域的现状结合起来，一并介绍给读者。这些新生代研究者在前人开拓的方向和领域中取得了进一步的成果，而本丛书正意在着重展示这些最新的进展，同时以此作为契机，从不同角度展示社会学的发展和现状。

继 20 世纪六七十年代的辉煌，以及之后几十年趋于稳定（但并不沉闷）的发展，如今的社会学较之以往，变化还是很大的。新的研究领域，新的研究方法，以及新的学科代表性著作，都随着全球化和随之而来的广泛的知识交流和传播不断地出现着。本书选取的这些文章，通过展现作者在各自学科及领域的研究实例，充分证明了当今社会学研究的活力，驳斥了学术界流传的所谓“当今社会学发展停滞，社会学理论和方法都无甚进展”的说法。我们希望这里选取的研究实例，能够为关注社会学发展，并希望通过了解社会以指导自己社会行为的读者带来启发。

在过去的二十多年里，社会学经历了自我怀疑和自我反省，如今更加清楚地认清了本学科的能量、责任、目标以及局限性，也重拾了信心。这套丛书中的每一本，都专注于讨论社会学研究者日常思维步骤当中的一步，这也说明，这三本书的内容是相互联系的，三本当中的任何一本都不能单独作为指导社会学研究的通行的行为准则。我们“批评”，因为理性的反思是使一个认知或理论趋于完善的最好方式；我们“比较”，因为我们不可能仅仅依靠一个案例研究就得出确凿可信的结论；我们“概括”，因为科学研究就是要求从案例上升到理论。可以说，正是这三条纲领指导着今天的社会科学研究。

《社会科学研究》丛书是一套作品合集，编委会成员有：伊曼纽·德沃（Emmanuel Désveaux）、米歇尔·德福奈（Michel de Fornel）、帕斯卡·哈格（Pascale Haag）、西里尔·勒缪（Cyril Lemieux）、克里斯托夫·普沙松（Christophe Prochasson）、奥利维耶·雷穆（Olivier Remaud）、让—弗雷德里克·肖布（Jean-Frédéric Schaub）和伊莎白·蒂罗（Isabelle Thireau）。总协调：安妮·伯特兰（Anne Bertrand）。

目　　录

没有比较就没有反思 ………… 奥利维耶·雷穆、让·弗雷德里克·肖布、伊莎白·蒂罗(1)

第一部分　比较的原则

中世纪的全球化？论西方发展的早期动力 …………… 杰罗姆·巴什(11)

结构主义与宗教 ………………………………………… 布鲁诺·卡桑提(43)

第二部分　比较的方法

比较不可比较的事物：人类与灵长类动物比较研究的可借鉴之处及局限 …………………………… 弗雷德里克·朱利安(73)

法律、历史以及比较法 ………………………………… 保罗·纳波利(102)

科技文化遗产的比较历史研究——比较18世纪和19世纪英法两国对创造发明作品的收集和存储方式 …………… 莉莉安·伊莱尔·贝雷(134)

比较与文化交流：以翻译为例 ………………………… 吉赛尔·萨比罗(167)

第三部分　比较的行动

看 ……………………………………………………… 史蒂芬·布雷顿(197)

韩国的社会科学:如何将比较法应用于具有

双重性的研究对象 …………………………… 瓦拉里·哲雷祖(227)

比较的方式:从印度的视角看知识的兼容性 ……… 卡特琳娜·纲吉(255)

作者简介 ……………………………………………………………… (276)

没有比较就没有反思

奥利维耶·雷穆、让·弗雷德里克·肖布、伊莎白·蒂罗

虽然说社会科学运用的分析方法天然就是具有比较性质的，但是其实际操作却并不简单。实施比较法所需要的知识和技能的涵盖面十分广泛，而这些知识和技能又取决于应用比较法的课题本身所涉及的学科领域。比较法的应用可以为研究的进展提供驱动力，因为它让研究者们在一轮轮持续的比较中寻找相似点和不同点。比较法还可以作为研究策略的具体实施方案，无论是概括共性还是突出个性，比较法都是有力的研究工具。比较法能将不同时空的、看似距离遥远的不同研究对象、不同社会以及不同过程等等放在一起，让它们彼此碰撞。不过，比较法在应用中常常需要面对一个重大的难题，那就是——在比较一些不对称的事物的时候，它们之间可能因为没有交集而无法比较，或者说碰到比较对象“不可通约”（l’incommensurabilité）的情况。

本书所收录的论文，都从各自的角度阐述了比较法在社会科学研究课题中的应用过程和作用，同时也对其他学者和学术团体对比较法的应用实例进行了探讨。无论是什么研究课题，只要它应用了比较法，那么它就是具有自省和反思性质的，因为只要我们采用了比较法，我们就不会只局限于对所比较的对象进行简单的描述。任何比较首先都是一种解读。而解读，是一种针对既存事物的分析，也就是说，任何一种解读都不可能是平白无故出现在那里的。同理，任何反思（réflexivité）都是交叉的反思——其实，所谓反思，就是站在种种传统解读方式和个体创新性的十字路口来对它们进行比较和分析。

在这些论文中，作者们针对各自的主题，审视比较法实施者的特征，

分析、解读比较对象的含义，讨论比较法在具体研究课题中的具体操作方法。他们关注行为，关注社会关系，关注前人经验，关注现行制度。他们注重时间和空间上的种种分层和界线，同时也没有忘记考虑语言以及翻译问题给比较法的应用带来的挑战。一言以蔽之，他们无时无刻不在思考比较法的合法性问题。然而，当比较法服务于概括总结时，它常常是建立在一系列既存的概括好的结论上的，而这些结论的对错好坏都被认为是无可争辩的。根据这些结论，我们选取出所谓的“可以放在一起比较的事物”，并排除掉一些所谓的“不可比较的事物”，没有人会去质疑这个选择过程所依据的标准。比较法的应用就这样使认知过程产生了偏颇：这样一来，我们就人为地指定了“可比较的事物”和“不可比较的事物”，而在比较过程中，即使发生了不可通约的情况，我们也会对其视而不见。社会科学的历史，也同样是这些“视而不见”的历史，社会科学的发展与这些“视而不见”的沉淀和转变息息相关。而交叉反思在比较研究工作中的必要性也就在于此：任何一个新的知识的产生，任何一次跨学科的交流，都要考虑到面对错误证据的可能性；这些错误证据是由于之前的反思的欠缺而产生的，而所谓反思的欠缺，除了表现在一些看上去无可置疑的相似性上，还表现在一些被忽略的、隐藏在具有连续性的表象背后的不同点上。正是反思，让研究者在课题的开始和持续过程中，不断地测试将比较法应用于被比较事物是否恰当。这种不断的质疑和测试，挑战的正是研究者自己和自己错误的信念。从这个意义上说，这种做法的本质是批评（de nature critique）。在实际研究中应用比较法，要求研究者时刻保持警惕性，警惕那些轻易指向连续性或线性规律的分析工具，以更清醒地寻找那些能真正反映事物运行趋势的真实规律。比较法反对比喻，反对平行历史，反对任何转嫁或借用。比较法要做的，是终止那些无休止的比喻，终止那些对规模差异的强调，终止那些对个案的无限堆砌，以及终止那些无视所有个案与统一性相冲突情况的泛化的结论。除了所有比较法应用实际中都需要的反思行为之外，本书所收录的这些论文还分别讨论了不同历史阶段，以及不同地域对比较法操作的影响。这些论文反映了比较法在实际应用中的多样性。

因此我们说，比较法占据着社会科学研究的中心地位。应用比较法，就是为科学研究具体步骤的实施设置好理论框架，为研究调查方案的制定设定好方向。应用比较法，也就是为研究课题指定好了其观察的对象，即“社会”；而在这个社会中，所有的成员都在通过比较法来确认自己所处的位置。《社会科学研究》丛书中的其他两卷，也就是《批评法》和《概括法》所收录的论文，与本书中的所有论文一样，其实都是从各自的侧面反映了比较法对社会科学研究的要求。无论是通过实证研究结论的交叉对比来进行概括和提炼，还是通过反思和学科内的自我批评来促进该领域知识上的进步，这些做法都包含着假设与结论，或者说研究预期与研究实践的碰撞。可以说，在社会科学研究中，比较无处不在。比较法在研究中的存在可以归纳为以下三个层面。

首先是“比较研究原则”（l'esprit comparatiste）。当我们描述一种社会情境或一种见解的时候，我们总会表现出对已知事物和未知事物的区别，对清楚认知的事物和认知模糊的事物的区别，以及对先验和后验的区别。任何知识都不可能平白无故地产生出来，相反的，新知识都是随着学科领域的改变而产生的，而在这种改变之前，该领域内的信息和理论都处于一种相对饱和的状态。而当一个社会科学研究者决定将反思作为其课题的主旨的时候，他会发现他不可避免地要对前人积累下来的信息和理论进行一番梳理和审视。而这一点也正是社会科学研究区别于其他信息处理方式的地方——社会科学研究所做的，并不是对现实的即时描述（而这种即时性正是新闻学所崇尚的，这种对信息的即时处理往往是脆弱的，然而却是新闻的意义所在）。我们的学科要求我们“从长计议”，也就是要求我们不去追求这种时效性，而是要求我们从研究的一开始就明确地知道，我们是在前人积累下来的知识的基础上进行研究，是这些旧知识给我们指引了接下来的研究方向。除此之外，我们还需要在一段合理的时间内，找到一种共同语言，使我们可以把社会科学研究方法指导下的思维方式，与研究对象社会中通用的逻辑思维方式，放在一起进行对比和交流。这种交流让我们可以经常地去重新审视那些前人的著作，并时时从中得到启发。毕竟，即使在当今这种任何节奏都日益加快，连学术思想的传播（电子及网络）节奏都不例外的时代，用阅读经典的方式与故去的智者们对话，永远都会让我们受益匪浅。由此可以想见，在科学研究中，任何反思都会有比较法的参与。这也正是为何社会科学的众多经典著作，都不约而同地将比较法的应用视为推动学科进步的首要原则；甚至是对“学科”这个概念的使用持批评观点的学者，在他们的相关著述中也运用了比较法——他们是通过对历史学、人种学、社会学以及研究科研行为的解释学等学科的比较，来批判“学科”这个概念的使用的。与这种比较的精神一脉相承，以下两位学者的文章为本书作了一个很好的开头：杰罗姆·巴什（Jérôme Baschet）探讨了教会的社会角色，即中世纪以及近现代西方社会扩张过程中，基督教教会的构成及其作用。布鲁诺·卡桑提（Bruno Karsenti）从宗教人类学的视角讨论了宗教在社会科学中所扮演的角色，强调了社会的宗教和既存信仰之于宗教人类学的科学探索的奠基作用。

第二个层面是“比较研究方法”（l'outillage comparatiste）。实证研究中，我们用比较的手法来描述研究对象，以清楚地表现出其轮廓及其发展和转变的轨迹。无论是一段历史时期，一个社会团体，还是一种文化习俗，如果要考察其特征，就必须要将它与其他的历史时期、社会团体、文化习俗作对比。为此，我们就需要一个能够恰当地切割历史、社会和文化的工具。如果没有这种恰当的切割工具，社会科学的比较研究就是建立在用刻板印象划分比较对象的基础之上的研究了。现实中也确实有一些学术、社会和政治权威试图用这样的方式构建他们所期望的合法的刻板印象。而如果说学术中的比较研究所默认使用的，是依据这些刻板印象切割出来的比较对象，那也就意味着学术对现实的批判作用完全丧失了，或者说意味着将科学研究工作与意识形态的生产等同起来了。其实，当社会科学研究者完成一次调查，发布和传播其调研结果的时候，他们总会对学科已有的知识进行反思和批评，也就总是需要对自己研究中的比较对象的切割标准和原因进行详细的阐述。如果说一篇社会科学的论文中没有对比较对象切割工具的详细阐述，或者说直接采用了刻板印象下的划分方法，那就说明这篇论文不是单纯的社会科学研究成果，而是某种意识形态的生产和宣扬了（当然，其宣扬的意识形态既有可能是对社会现实的维护，也有可能是倡导一种对社会现实的改变）。本书第二部分收录的四篇论文，分别从各自的角度强调了使用好比较工具的重要性：通过系统地探讨在比较人类与灵长类动物时的合法步骤，弗雷德里克·朱利安（Frédéric Joulian）指出了比较主义方法论在应用当中的一个难点，即如何处理被比较事物天赋（如运动、认知和社会联络能力）迥异的这种情况。保罗·纳波利（Paolo Napoli）分析了法律比较的研究在功能和目的上的历史转变，指出伴随着规范模型在法律体系相同的国家（英美法系国家）间的传播，有一种“移植”现象随之而来。莉莉安·伊莱尔—贝雷（Liliane Hilaire-Pérez）分析了18世纪和19世纪时，英法两国对创造发明作品的收集和存储方式以及科学技术的社会地位转变，指出比较研究法在应用上需要注意的两个关键问题，即相关性和局限性。最后，吉赛尔·萨比罗（Gisèle Sapiro）从不同的视角和层面分析了翻译出版物与当代世界图书市场的关系。

在第三个层面中，我们在比较研究中使用比较研究的方法，实践比较研究的原则，因为我们知道，比较研究的原则和方法必须反映在实践之中。不过，我们并没有苛求这一部分收录的文章句句不离比较法；我们更关注的是研究对象的比较的行动（l'acte comparatiste）：话语的表述、个人或集体的决策策略，以及包含社交体验和世界观的知识。正是这些社会科学界经典又永远充满活力的主题揭示了比较行动的无处不在。个体行动者对其所处的社会关系中的位置的判断，个体行动者所面对的既定的遗产继承关系及社会隶属关系认识，个体行动者在生活中为自己的各种经历所赋予的意义，以及他们对祖先的看法、为自己的后代树立的关于未来的看法等等，所有这些社会经验都是在动态的比较中才有意义的。也就是说，无论是对短暂的人群聚会形成的集体，还是对长期形成的社会阶层或制度化组织形成的集体而言，只有适用于个人的东西才适用于集体。我们关注不同研究领域中的个体行动者及其行动，分析他们是如何在其各自的“上下文”中去比较自己的行为与他人的行为的，我们进而再来将这些不同主题的研究进行比较，试图解释他们各自的行为路径和动机。这些研究的意义在于，我们知道，个体行动者做决定时的策略正是比较法的应用——个体行动者会分析比较其有可能面临的各种不同的情境，从而作出决定，那么通过对这个过程的观察，我们就能提炼出他们的行为所反映的某种社会准则或社会期望。简而言之，作为研究者，我们在做的是对比较的比较，对反思的思考。我们所关注的正是个体或集体行动者是如何在自己所处的多元化和多种可能性的世界里给自己定位和制定行动策略的。这一部分收录了三篇文章：从纪录片的筹划和拍摄角度，史蒂芬·布雷顿（Stéphane Breton）与我们分享了一种立场，即与拍摄虚构影片时的做法不同，纪录片的拍摄人员必须明确自己从民族学角度出发的现场存在感。将“朝鲜半岛”和“朝韩两国”作为亦分亦合的对象进行比较研究，瓦拉里·哲雷祖（Valérie Gelézeau）用这样一个比较研究中经常碰到的信息不对称的典型案例，探讨了话语的比较以及与翻译有关的问题。最后，卡特琳娜·纲吉（Caterina Guenzi）审视了印度的占星学理论专家们在不同历史背景下强调的论点，发现他们总是在试图将他们的知识体系与通常被认为与他们的知识体系是相互竞争甚至不相容关系的其他知识体系相结合。

最后需要讨论一下本文开头提出的一个很基本的问题，那就是，如果比较研究碰到比较对象“不可通约”的情况该怎么办？本书中收录的大部分研究表明，所谓“不可通约”并不是一个客观事实，并不是任何社会领域的研究都会碰到的事情，它更普遍的存在形式是作为一种可能的威胁，或者说很多情况下是种族中心主义对研究的威胁。我们不禁自问，在实际研究中，是否有可能比较在大家的认知中似乎差距甚远的价值观？其实，“不可通约”并不是“无法比较”（l'incomparable）。所谓“不可通约”，实际上是因为在进行比较研究的时候，我们常常自然而然地把比较研究者和比较对象放到一个完全不平等的关系里，作为研究者，我们总是会不自觉地把自己的某些价值观不合时宜地投射到比较对象身上，投射到研究的实地当中。“不可通约”现象的发生，是因为我们作为研究者，想当然地把某种更神圣的信仰、更进化的物种、更高级的文明，或者某种更纯粹、更美好的视角带入到了实地。这倒也并不完全是坏事：因为如果这种“带入”用得好的话，完全可以通过这一带入与当地实际的比较给我们带来一种跨界思维的启发感，从而更好地分析以及反思某些可能的种族中心主义研究倾向。此外，实地中这两种视角之间的比较与互动也会帮助我们理解许多我们之前并不了解的文化和价值观。我们还可以更加深入地比较在特定的情形下，不同的文化内部各自形成的评价形式与评价等级体系，这也会对我们的研究有很大帮助。这就要求我们消除所谓“现代推定”（la présomption du Moderne）——因为这种推定片面地认为应当用一种单一的发展规律来判断某个社会的进步（落后）程度，而这在根本上是错误的。只有消除这种推定，我们才有可能真正地重新定义我们自己的价值判断体系所适用的范围，并且在适当的情况下，按照当地的实际情况建立新的、与当地情况相适应的，但同时又具有客观的、普遍意义的参照系，从而更好地研究当地的文化。作为比较研究者，我们绝不能人为地为自己研究的对象强加上某种与我们同构的价值观。无论这个比较研究是在什么具体的领域内开展的，一个根本的原则就是一定要深入到研究对象的系统内部用交叉视角观察和分析问题。

第一部分

比较的原则

中世纪的全球化？论西方发展的早期动力

杰罗姆·巴什

对于欧洲在全球逐渐建立起来的统治地位上的认同，一直是历史研究中的一个“戈耳狄俄斯之结”[①]。我们是否能够跳出这个“戈耳狄俄斯之结”呢？我们是否必须在以下两种观点中选择其一呢？——一种观点是突出西方在人类现代化进程中的绝对统治地位，而另外一种观点则是继承了后殖民时代的解构思想，也就是强调人类的多重发展路线，哪怕这一理论会让全球西方化现象及其历史进程的研究失去意义。此外，世界史研究中还有另外一个两难选择：一个是认为西方社会与其他所有社会具有本质上的不同，另一个则是认为他们之间的不同之处并不是本质上的不同，而是由一些数量有限的形势因素，甚至是历史偶然造成的。我们如何才能够避免在这一两难问题上做出选择呢？

以上这些问题其实是对近些年来历史学研究法变迁的一种体现。在经历了微观历史学的飞速发展，以及后现代历史学对区域化的推崇之后，具有整体观的历史研究似乎又重新得到了认可，即便这种历史全球观是通过多种形式实现的［这其中包含在法国发展较晚并被广泛批判的世界历史研究（world history），此外还有整体历史研究（histoire globale 或 histoire totale），以及交叉历史研究（histoires connectées 或 his-

---

① Fernand Braudel 曾指出我们暂时无法“解决世界史的‘戈耳狄俄斯之结’，也就是欧洲统治的起源问题”（Beaujard，Berger & Norel，2009，第 7 页）。（“戈耳狄俄斯之结”用来比喻使用武断的方式解决复杂的问题。——译者注）

toires croisées）]。[①] 从传统角度来讲，整体历史的主旨是，就像 Bernard Lepetit（1995，1999）所说的那样，把“社会视为一个整体”。所以这里需要指出的是，当历史学家对整体历史重拾兴趣的时候，他们对整体历史所赋予的含义已经不再是它的传统含义了。但无论如何，在看到世界历史研究较为浓重的经济学特点之后，我们应该有理由相信我们正处在一个需要重新确定整体历史研究原则的时刻。也就是说，在继承之前已有的一些批判性理论的同时，我们应该重新考虑如何完整地归纳一个社会历史整体的结构特征以及它的演变过程，如何最大限度地融合各种观点以便扩大历史研究的地理范围和增加历史研究的社会深度，并最终将整体性和多样性进行有机结合（Baschet，2009b）。

所有这些问题都可以在对西方中世纪的研究中得到进一步的解释，尽管这听起来有些不可思议。需要指出的是，这里所提到的“中世纪”是一个广义的中世纪，而且既是时间上的广义［根据 Jacques Le Goff（1985）的观点，我们可以把公元4世纪到17甚至18世纪的整个时期定义为“中世纪”］，也是空间上的广义（西班牙和葡萄牙在这段时期所占据的殖民地也可以被视为中世纪欧洲的一个延伸[②]）。事实上，将美洲纳入中世纪欧洲的研究范围可以让我们更好地了解欧洲发展过程中非常重要同时也常被遗忘的一个环节，我将其称为“封建教会动态系统”（système féodo-ecclésial-dynamique）。当然，中世纪并非是研究欧洲全球地位的一把万能钥匙，而且欧洲的全球统治地位是在中世纪结束后才建立起来的。本文的目的在于让读者关注到西方的动态发展是一个很早就已经开启的过程，并同时指出在研究西方特殊的发展轨道时所需要做出的努力。[③]

---

① 关于法国学界针对具有整体观历史研究的学术争论情况，参见 Revue d'histoire moderne et contemporaine，54/4bis，2007（notamment Douki et Minard，2007）；Beaujard，Berger et Norel（2009）。关于本文所涉及的时期，参见 Boucheron（2009）。

② 这是笔者在《封建文明》一书中竭力主张的一个推测性理论。

③ 通过本文的标题，我们可以明显地注意到本文并不研究中世纪欧洲（这里指狭义概念上的“中世纪”）在 Bentley（2009）所提到的欧亚互惠互存体系中所扮演的角色。虽然经济、科技、文化或者生态交流都是不可或缺的研究内容，但在我们无法了解这些交流的具体规模的时候，研究中世纪欧洲在这些交流中所扮演的角色显然是不可行的。

如何看待欧洲问题？
——欧洲的特殊性与普遍性

通过阅读杰克·古迪（Jack Goody）的著作，我们可以感受到欧洲特殊性研究所包含的种种难点。在其最新的几本著作中，杰克·古迪希望打破习惯于将西方文化与其他文化（尤其是东方文化）完全对立的传统观点，并从人类学角度证明欧亚大陆是一个共同体。通过与非洲文化的比较，该作者强调了亚洲与欧洲在亲属关系的结构组织方面所具有的共同性（Goody，2000）。这之后，他运用相同的研究方法希望证明，在公元前 3 到公元 19 世纪这段历史时期，尽管欧亚大陆内部的统治秩序不断地变更，欧亚文明却一直是以一个整体的形式存在的（Goody，2004，2010）。最后，为了打破以欧洲为中心的历史观，杰克·古迪还认为，西方发展历程不具备任何特殊性。对他来讲，欧洲从 19 世纪起建立的领先地位并不需要过多的解释，因为工业化以及资本主义完全是可以在欧洲以外的其他地区获得同样的发展的。他还认为，欧洲的领先地位只不过是暂时的，而且很有可能转移到中国（亦可参见 Frank，1998）。不可否认，在对抗过分宣扬西方文化特殊性的民族中心主义方面，杰克·古迪的观点是值得称赞的。但他的观点是否也会将历史研究带到另外一个极端，也就是说过分低估西方发展的特殊性以及忽视欧洲全球扩张的历史重要性？或者就像 Immanuel Wallerstein 所说的那样，我们会不会陷入“反欧洲中心论的欧洲中心论”①？不管怎样，杰克·古迪的理论前提（同时也是许多别的学者都赞成的观点）是，从青铜时代的城市化革命至今，欧亚文明一直是一个统一体。这一理论前提实际上是夸大了欧亚文明作为整体的范围，并忽视了比较研究中不可或缺的局部性观察。需要指出的是，在西方问题上，杰克·古迪采用的是历史

---

① 反欧洲中心论认为，欧洲文明与其他文明的现代化发展程度是相同的。在否认欧洲文明特殊性的同时，这一理论其实是让其他文明向欧洲文明看齐（Wallerstein，2008）。

研究法中的一个陈旧观点，也就是把文艺复兴视为欧洲“政教分离”以及“科技自由”的开端，并把中世纪视为一种“倒退”和“衰落文明”①。

历史学家应当重新考虑比较欧洲与亚洲文明的方法问题，并且避免陷入本质主义化（essentialisation）和目的论（téléologie）的误区，这一点是毋庸置疑的。欧洲与亚洲文明之间较晚形成的差异，作为近代历史学所提倡的观点也是不可否认的。② 就像彭慕兰（Kenneth Pomeranz，2010）所指出的那样，欧洲与中国（尤其是英国与长江三角洲）的发展差异是在18世纪末才开始形成的。在这一时期，欧洲与中国在农业、人口、贸易、科技以及工业化萌芽方面的发展水平是持平的。在解释这一发展差异的时候，彭慕兰主要强调英国是如何借助两个因素打破其传统的经济增长模式的：一个因素是煤炭的大规模使用（英国的经济生产中心与煤炭产区距离较近），另一个因素是对新大陆自然资源的开发（尤其是棉花资源）。至此，英国摆脱了困扰其经济发展的农林用地不足的生态条件。彭慕兰的这一理论是很有积极意义的。首先，他的比较研究是通过一个很合适的观察角度进行的，这给我们提供了一个很好的参考。另外，尽管彭慕兰在某些地方采用了一种喧宾夺主的论证技巧（作者的目的是为了避免对差异条件的本质化），他毕竟看到了我们也同样认为极其重要的一个因素，也就是本文将要探讨的新大陆对欧洲发展的影响。所以说，即便欧洲与亚洲之间的差异是较晚形成的，这仍旧不会影响我们在更早的历史条件（即新大陆的发现）中，寻找它的形成因素。但要指出的是，新大陆的发现对欧洲发展的决定性贡献并非体现在对贵重金属的掠夺和殖民国以贵重金属为基础的财政发展上，而是体现在殖民地在热带生产资料方面对欧洲的供给上。这一点在18世纪的时候显得尤其关键。不过，我们也可以看到彭慕兰理论中的一个不足之处，这就是他过

---

① 杰克·古迪（2010，第六章；2009，第152—153页）将封建制度视为“大倒退”，将基督教视为“灾难性的倒退”。

② Christopher Bayly（2007）认为，一个真正以欧洲为中心的世界格局是在1780—1914年建立的。在此期间，欧洲从根本上拉开了与世界其他各国的差距。

分局限于经济因素，从而低估了社会意识形态的影响。[①] 要知道，经济只有在社会系统中才可以发挥作用，失去了社会也就失去了经济。总而言之，在这些事例中我们可以总结出比较研究法的一个重要原则：比较研究既要选取合适的局部观察角度，同时也要用整体的眼光全面比较社会逻辑的结构与发展。

在研究欧洲发展的问题上，我们还面临着一个更大的困难：如何定义欧洲所经历的变革？我们是否可以将其简单地视为一个“工业化”[②]过程，甚至只是一个经济增长模式的转变（由低速增长转变为高速持续增长）？还是我们应该将其视为一个全方位的变革，并将这一变革作为一个新型社会的开端，也就是人们常说的“资本主义”[③] 社会？在这一问题上，我们认为，如果说人类历史上的确很早就存在资本行为（pratiques du capital），有时甚至是高强度和大规模的资本行为，那么“资本主义”（capitalisme）作为一个经济乃至社会系统，就是在这之后才建立起来的（Polanyi，1983）。[④] 我们可以把18世纪下半叶视为欧洲的一个历史性时期（我们所说的“18世纪下半叶”事实上是一段更为漫长的转型期中的一个关键时刻），也就是 Jacques Le Goff 所说的广义中世纪的结束时期。这段时期同样也是一个“双重理论变革”（double fracture conceptuelle）的时期。也就是说，在这段时期内，一些新的经济理论和宗教理论开始崭露头角，并将之前的社会思维模式归为我们现在常说的蒙昧主义，经济保守主义和政治混乱（Guerreau，2001）。总而言之，我们相信，如果要通过比较研究法来更好地展现人类社会的多

---

① 尽管如此，彭慕兰还是承认他在研究中低估了科技因素的影响（Pomeranz，2010，“序”）。而且，针对 Jack Goldstone（2009）否认一切“欧洲文明优势”的观点，彭慕兰也尝试采用了多角度和整体性的分析方法。

② 彭慕兰（Pomeranz，2010，第321页）认为，18世纪末发生的变革是一个极其不可思议的飞跃。他指出：“工业化并不属于现代经济的一个‘自然’发展。”

③ 很多采用世界历史研究法（world history）的学者主张将资本主义追溯到公元前3000年（Frank 和 Gills，1993；Gills 和 Denemark，2009），这一主张相当于放弃所有关于资本主义特殊性质的研究。这是一种很可怕的现代中心论，也就是用现代社会的逻辑思维去解读古代社会。

④ 在“资本”与“资本主义”的关系的问题上，马克思主义学者内部是持不同观点的（可参见 Romano，1970；Vilar，1976）。关于马克思资本主义观的新式理论，参见 Postone（2009）。

样性，那就需要我们在空间上和时间上对我们所处的社会进行拓展（尤其是针对现代社会的基本特征）。只有满足上述条件，我们才可以致力于消除现代中心论对历史研究产生的消极影响，以及对比较研究产生的更为不利的影响。

中世纪动态发展和美洲的殖民

强调18世纪末在欧洲转型中扮演的历史角色，其实也就是在弱化人们通常给15世纪末这段时期所赋予的历史意义。与其将“美洲的发现”以及让人赞叹不已的启蒙运动视为现代社会发展的原动力，我们其实应该从另一个角度来解读1492年的历史意义，也就是说从这一年开始，新大陆把自己牢牢地跟中世纪欧洲绑定在了一起。Bernard Vincent（1996）曾经分析过在这“奇妙的一年”内所发生的种种历史性事件。对于这位作者来说，这一年预示了中世纪发展与美洲殖民的紧密结合。需要指出的是，哥伦布这位被教科书神话了的人物其实只是一个普通的中世纪航海家，而非人类社会现代化进程中的伟大英雄。他的航海计划只不过是受到了马可·波罗以及经院派神学家皮埃尔·德阿伊（Pierre d’Ailly）的启发（可参见Baschet，2009a）。换句话说，他的航海计划一开始只是为了跟蒙古大汗建立外交关系，目的是让蒙古大汗成为基督教徒。而他的最终梦想是让基督教重夺耶路撒冷，并让自己获得巨大的物质回报。在这种宗教理想的影响下，哥伦布自己也极力地否认自己是一个受理性驱使的探索者。他曾这样说道：“在前往印度的航海过程中，我没有使用理性思考，没有使用数学计算，也没有使用世界地图。我只是按照先知以赛亚所说的去做的。”①

至于其余的“第一批殖民者”，他们都是受到了骑士文学的熏陶并且

① 摘自译文 Livre des prophéties（1501），收录于 Christophe Colomb，La découverte de l’Amérique，éd. Soledad Estorach 和 Michel Lequenne，2e éd.，Paris，La Découverte，2002。同时参见 Crouzet（2006）。

希望自己能像收复失地运动时的那些骑士一样获得封地的一批人。对于欧洲中世纪社会和西班牙美洲社会①，我们可以很容易地对它们进行一些细节方面的比较，但这里我们要做的是对它们进行更为重要的系统性比较，也就是更加关注革命性的转变与创新，以及殖民统治的特殊社会逻辑。尽管美洲殖民地与中世纪欧洲之间有很大的差别，我们也可以将美洲殖民这段时期视为中世纪主要文化特征的转型扩张时期（expansion-transformation）。因此，如果说天主教会是西方中世纪的一个全方位统治机构，我们也可以说它是“殖民政策的中流砥柱”（Castro Gutiérrez，1996a，1996b；Gruzinski，1988；Farriss，1995；Rubial García，1999）。天主教会除了在新大陆进行了长期的传教活动并将新大陆的地理与历法基督化之外，它对美洲殖民最关键的贡献体现在殖民统治结构本身，尤其是对美洲印第安土著居民所进行的社会管理和区域组织。如果我们能够进行一个全面的分析（当然在本文中这是无法实现的），我们会更清楚地意识到，在这段长达三百年的时间里，殖民地的社会统治在很大程度上是依赖于教会组织的。于是，我们可以说，西方中世纪通过大西洋航线经历了它的“全球化”。

但这里有两点需要说明。首先，当我们说中世纪的动态发展（dynamique）涉及美洲殖民统治的时候，“动态发展”一词指的并不是让一个系统一成不变地循环运行，相反地，它指的是一个系统不断地更新。另外需要说明的是，本文所涉及的“全球化”概念与平时人们对这个概念的笼统理解是有很大区别的。在我们研究贸易、交流甚至是融合现象的时候，如果对这些现象的特征不进行更深层次的分析的话，那就相当于把我们现在所理解的“全球化”现象直接用到历史研究当中（Cooper，2001；Zuniga，2007；Douki & Minard，2007）。而我们真正需要做的是将不同融合方式的不同性质具体描绘出来（当一项分析使用的是一个笼统的“全球化”概念时，这样的分析通常会忽视融合过程中权利分配不平衡的问题），也就是说我们需要区分不同类型的全球化现象。从这个角度上来说，Bayly（2007）在形容16—18世纪全球化模式时所用的“古代全球

① 关于美洲的新西班牙社会，参见Baschet（2006，第380—416页）。

化”一词，在区别全球化模式方面是有很大的积极意义的。除了在词汇上进行区别，该作者也具体指出，古代全球化的主要动力是传播基督教的普世价值，同时也是那些以上帝之名进行国家统治的欧洲君主扬名立万的工具。但为了更好地突出这一时期的全球化特征，同时也是为了避免使用一个具有贬义色彩的词汇，我们更倾向于将其称为“封建教会全球化”（mondialisation féodo-ecclésiale）。根据这种说法，我们甚至还可以把 11—13 世纪的十字军东征也纳入到这一概念体系当中。事实上，“封建教会全球化”可以用来指代西方在整个 11—18 世纪所进行的扩张（包括收复失地运动）。①

在矛盾中发展：基督教会发展的若干特征

现在我们将要回顾的是严格意义上的西方中世纪。在接下来的文章当中，我们将以类似研究提纲的方式呈现西方中世纪发展中的一些最为突出的特征。当然，这需要我们首先了解中世纪西方的整体社会结构及其发展演变。② 在这里，我们只需要指出，在 11—13 世纪这段时间里，西欧社会经历了一次前所未有的人口和经济增长。在此之外，还有其他一些重大变革，比如贸易活动和手工业生产活动的增加，城市的发展（这些城市现象绝非是对所谓的封建自给自足经济的压制，而是建立在与乡村经济互动的基础上的。这种互动主要源于封建主利用其土地收入进行的买卖行为），以及欧洲君主权力的巩固（不过这些欧洲君主无法摆脱

---

① 从 18 世纪 80 年代开始，世界进入到了第二次全球化时期。这次全球化的主要特征是建立了以欧洲为中心的全球资本主义系统。这一点体现在欧洲帝国主义国家之间的竞争加剧，并升级为海外竞争上。在第二次世界大战之后，全球资本主义系统经历了一次深层次的重组。这也就是第三次全球化。这次全球化是以后殖民（postcolonial）和北美超大帝国主义为标志的。而它的另外一个特点就是将其他国家也渐渐地吸收到全球市场当中。可以说，“全球化”研究的理想模式是将这一概念所包含的不同历史阶段和不同类型的全球化现象一一呈现出来。

② 这里所要叙述的内容，笔者在 Baschet（2006）中进行过具体论述。

君主权力与贵族权力之间的政治较量）。[①] 所有这些特点可以共同表明，封建制度绝不是人们通常以为的那种故步自封的制度，相反，恰恰是封建制度为欧洲后来的扩张能力提供了坚实的物质基础。

与 11 世纪的欧洲相比，13 世纪的欧洲的确经历了许多重大变革，但所有的这些变革都是由同一个发展动力支撑的。这个发展动力包含两个关键性因素。首先，由封建力量、教会力量和公社力量共同组成的区域社会可以将社会管理、封建统治、村民互助，以及生产自主神奇地结合在一起，这一特点似乎特别有助于该历史时期的经济发展。其次，天主教会极大地推动了社会关系的小范围区域化，也就是学者有时所说的单元化（encellulement），但这种区域化的社会关系通过基督教又可以同时获得一个洲际身份。在这一过程中，天主教会从根本上变成了一个以教皇为中心的中央集权机构，并同时巩固了自己对整个社会进行结构性管理的能力。这也是为什么中世纪教会实际上包含了（至少）两层含义：一层含义是将教会视为一种特殊的社会团体，也就是由教徒（在世的和已故的）通过相互之间的慈善关系组成的团体；另一层含义是将教会视为通过垄断降福所建立起来的神权统治。只有将这两层含义结合起来，我们才可以明白，为什么天主教会是中世纪欧洲的全方位统治机构，是它的脊柱，甚至是它的原动力。

基督教的普世原则

毫无疑问，基督教的普世原则是解释中世纪欧洲扩张能力的最重要的因素之一。这一点主要得益于保罗，因为是他让耶稣教义从犹太教脱

---

① 虽然我们不能忽视 14 世纪和 15 世纪出现的社会压力，尤其是大瘟疫所造成的人口灾难（我们同样也不可以夸大大瘟疫的消极影响，毕竟在 1500 年左右，欧洲人口又回到了 1348 年之前的水平），但将这段历史时期定义为“中世纪的结尾”（“中世纪的秋天”或者“封建制度的终极危机”）也是不正确的。无论欧洲在这段时期经历了多么大的社会变革以及多么大的社会压力（尤其是针对天主教会的反对活动），它在 11—13 世纪期间所获得的发展实际上是得到了延续的。

离出来并形成毫无限制条件（比如民族限制，文化限制，社会身份限制或者性别限制）的普世教义的（Badiou，2002）。[①] 当然，这一普世原则并没有办法完美实施，但不管怎样，在中世纪初期，它还是通过大批非基督徒的皈依得到了初步实现。之后，基督教又渐渐地覆盖了欧洲的东部和北部地区。再之后，随着基督教教皇集权的建立，基督教会开启了向全球传播上帝福音的理想计划（Iogna-Prat，1998）。传教士在东方国家所进行的传教活动就是这一计划的一个体现。尽管最初的效果并不是特别明显，但我们应该承认，这次在东方国家所进行的传教活动激发了后来的航海活动，从而推动了美洲大陆的发现（Vauchez，1990）。哥伦布其实就是基督教普世原则的一个典型代表。他的计划绝不是为人类历史开创一个新时代，而是将人类历史推向圣经预言所指明的方向，也就是直到世界末日，耶稣再临，全人类都信仰上帝的那一天。可以说，基督教的普世原则是欧洲扩张的一个重要动力。没有这一普世原则，我们甚至可以断定西方完全无法有效地控制整个美洲大陆，更不可能在美洲建立一个跟欧洲同样强大的文明。但在这里要强调的是，基督教的普世原则（或者说是保罗定义的基督教原则）并非是一个抽象理念，而是通过发展教众所形成的一个真正的社会历史力量。另外，无论欧洲君主在欧洲殖民扩张中扮演了多么重要的角色，我们都有理由认为，基督教普世原则的作用是不可或缺的。

打破宗族统治

杰克·古迪认为，中世纪西方的亲属结构没有任何特殊的地方，这一说法其实是过于偏激的。因为至少有一点西方是非常与众不同的，那就是基督教围绕上帝福音所建立的精神亲属关系（parenté spirituelle）

---

① 8—9 世纪在位的所有教皇都主张基督教教会的普世价值。教皇依诺增爵三世更是将这一主张推向了极致，他因此将自己形容为“主宰地球上一切事物的上帝的信使”（PL 216，col. 1044，援引于 Iogna-Prat，2006，第 401 页）。

（Guerreau-Jalabert，1996，1999；Baschet，2000b）。这种精神亲属关系在欧洲得到了非常广泛的发展，并成为教会作为一个独立的权力机构进行社会统治的重要工具之一。它的主要目的是削弱血缘亲属关系在社会中的地位，并使其成为精神亲属关系的附属品。通过这种方式，教会的神权机构就获得了在社会关系中的主导地位。Joseph Morsel（2007，第5—7章）在他的研究当中曾经很好地分析过这种打破宗族统治与社会区域控制相结合的教会统治模式。具体来说，打破宗族统治（déparentalisation）是让亲属关系失去它的社会影响力，取而代之的则是以地理区域为单位，从家庭外部建立起来的社会关系。在中世纪中期，我们其实已经能够看到这种区域化社会组织模式的发展，以及这种组织模式所带来的社会观念的转变。以地区为单位的贵族团体和居民团体的形成便是社会从属关系区域化的两个重要表现（Guerreau-Jalabert，1990；Guerreau，1996）。接下来我们需要研究的是这种社会组织模式的特殊程度以及它在中世纪西方发展过程中所发挥的作用。

没有个人主义性质的个体

在使用“个人主义”这个相对模糊的概念的时候，我们需要对它进行一个最起码的定义。Louis Dumont 对“个人主义”概念的解释就比较清晰。他认为，“个人主义”与人们平时所说的“个体”是不能等同的，个人主义是“将个人价值视为最高价值”（也就是说个体不再是社会集体的附属品）（Dumont，1977，1985）。具体来说，个人主义是凭空地认为个体是先于社会存在的，因此对于一个个体的定义可以完全不必考虑这个个体与其他个体之间相互依存的社会关系。从这个角度来讲，卢梭针对霍布斯哲学理论所进行的哲学论述是个人主义兴起的一个标志。[①] 个人主义的兴起也意味着社会思想产生了巨大的转变：曾经，“自私自利”被贬

---

① 采用卢梭在《社会契约论》第二章第七小节中所使用的表达方式，个人主义中的个人是“把自己视为一个完美独立的整体”（援引于 Dumont，1985，第118页）。

义地认为是人性的一个基本特征（当然，这种观点也是为了突出社会在引导人们摒弃自私自利时发挥的作用）；现如今，寻求自身利益的行为变成了社会所赞扬和维护的行为（Sahlins，2009，第84—88页）。按照这个定义，在过去的几个世纪，尤其是中世纪，欧洲显然是没有个人主义的（Bynum，1982；Schmitt，2001a；Bedos-Rezak和Iogna-Prat，2005），因为那个时候人们主要还是认为一个个体的生存是依靠其他个体的。[①] 不过，这并不会影响我们承认近些年来历史学特别关注的一些历史现象的重要性。这其中就包括基督教教义最为提倡的"自我救赎"（salut individuel）。这一概念实际上是在两种截然不同的理念之间产生的（这两种理念永远都是同时存在的，即使是一种此消彼长的关系）：一种理念体现在神权机构通过组织礼拜仪式对教众进行严格的行为控制；另一种理念则是强调人们在通往救赎道路上的自我修行，这一点可以体现在教会所提倡的自省、自我认识，以及更为普遍的忏悔等行为上。[②] 但无论这些修行多么重视个人的主观意识，基督教最终强调的还是"主观个体依存于上帝"。至于其他那些具有社会强制性的社会关系（比如亲属关系或者社团成员之间的关系），我们倒也可以认为是基督教使这些社会关系变得不再像以前那样有强制性的，人们也可以更加自由地表达自己的个性。不过，这些社会关系依然是人类生存的一些基本条件，而且这一点也是被公认的。总而言之，个体的社会化定义依然是当时的一个主流思想；所有发展个体和展现个性的行为都只能在神权的许可和监督下进行。既然非现代社会承认个体的方式与现代社会推崇的个人主义有很大的区别，这时就会有一个问题：前者是否对后者的发展提供了帮助？

---

① 这种观点在非西方社会依然很普遍。按照这种观点，社会里的每一个人都可以说是"成员"（Sahlins，2009，第52—54页）。

② 在承认个人主义只在19世纪才开始出现的同时，Peter von Moos在他的研究中具体分析了（个体）灵魂救赎作为基督教核心价值观所产生的影响［在谈及个人主义的时候，该作者采用的是Niklas Luhmann所提出的"超社会个体"（individu extrasociétal）的概念，与这一概念相对立的是"自闭个体"（individu inclus）这一概念］（Moos，2005）。

时间的历史化和抽象时间的产生

众所周知，基督教所采用的线性时间概念是西方文明的一个重要特征。18世纪下半叶发展起来的现代西方历史观也在某种程度上继承了这一线性时间概念。不过，现代西方历史观强调把现在时与将来时进行严格的区分，所以它与基督教的历史观还是有本质上的区别的。Reinhart Koselleck（1990）曾就这一点进行过详细论述。另外一种时间概念，是康德学说所采用的抽象空白时间概念。它的特点是将时间与在一定时间内发生的事件看作两个毫不相干的体系（Alliez，1991）。针对现代和过去对时间的这些不同的定义，我们需要做的是领会它们之间的差别。尽管基督教的线性时间概念包含很多积极的因素，但是中世纪的历史观在很大程度上是无法做到统一的：主流观点采用的是一个准历史时间概念，因为采用这一概念的人们既希望以线性的方式记录历史又坚信时间是周而复始的；与此同时，奥古斯丁所说的“六大时代”把历史限制在了从耶稣降临到世界末日这段时间之中（Baschet，2006，第二部分，第一章）。然而，这个准历史时间概念受到了来自历史本身的冲击，因为具体的时间总是会与想象出来的抽象时间产生矛盾的。教会也因此感受到了将上帝历史化的必要性，从而也就有了耶稣降临的这个历史时刻。另外一个比较突出的案例，就是那些习惯于调整教义的经院派神学家最终把属于神启范围内的神学内容也历史化了。此外，圣母无罪论的支持者采用的也是相同的逻辑，他们的目的主要是想证明，虽然没有古籍作为帮助，但是当代神学家是完全可以探究到古代神学家所不知道的真相的（Lamy，2000，第612—613页）。虽然基督教的线性历史观还远远达不到政教分离时代所推崇的进步主义历史观的程度，但它至少看到了区别现在时与将来时的必要性。当然，这也给我们制造了一个难题，那就是该如何解读进步主义历史观替代基督教历史观的过程。

对自然界的理解和掌握

Philippe Descola 认为，“自然界”这一概念的兴起是发生在 17 世纪的。通过这一概念，人们开始认为，自然事物是独立于人类存在的一种事物，而人类可以通过知识与科技对自然规律进行掌握（Descola，2005）。这一概念在欧洲的兴起标志着“自然主义”本体论（ontologie «naturaliste»）的诞生，而与之相对立的则是其他社会还一直奉行的“联想”本体论（ontologie «analogique»）。尽管中世纪西方奉行的也是这种把“相似”当作“相同”来对待的知识体系，但其中的某些因素其实已经预示了之后将会到来的自然主义知识体系。最为明显的就是《圣经》里所提到的关于人类高于动植物的观点（Genèse 1，26－29 和 2，19－20）。虽然圣经也同样指出过人类与动物之间的相似之处，但《圣经》对人类与动物的区分还是远远地超过了其他社会对他们的区分（Dittmar，2010）。但不管怎么说，《圣经》的宗旨主要还是把包括人类在内的宇宙万物看作上帝的创造。事实上，中世纪所奉行的联想主义世界观是由两种不同的关系构成的：它要求人们既要区分造物主与万物，也要区分人类与地球上的非人类事物。在这种知识体系下，人类和我们现在所说的“自然界”依然是无法被完全区分开的，因为“万物”（Créature）的概念让他们最终还是以一个整体的形式存在的，也就是说，他们是以同样的身份受制于造物主的。所以说，我们还是要把圣经中关于自然界的内容看作中世纪联想主义的一个组成部分，而不是把它视为后来发展壮大的自然主义的萌芽。同样，对于经院派神学家所发展出来的自然知识或者是他们对宇宙事物特征所进行的描绘，我们还是应该看到它们的神学本质，看到它们的目的并不是为了研究万物本身，而是为了通过研究万物来更好地了解造物主以及它的意图（Boulnois，2008，第 265—266 页）。[①] 此外，我

---

① 不可否认的是，现代科学的腾飞在很大程度上是建立在教会系统所认可甚至鼓励的研究课题上的（Fried，2004）。

们也可以看到，中世纪的基督教教义让“自然”这个概念变得不再那么有神话色彩，并且上帝也越来越少地出现在自然领域，取而代之的则是一些特殊的和人为建造的地点（Schmitt，2001b，第 47—48 页）。最后，对于 Philippe Descola 提到的在西方文化里面特别受到重视的“创制”（création-production）概念，我们有理由相信它在基督神学特殊的联想主义中扮演了一定的角色。具体来说，“造物主”这一概念其实是塑造了一个制造万物，同时又凌驾于万物之上的英雄形象，而这个英雄形象也同样适用于人类生产者。① 总而言之，尽管基督教教义本质上属于联想主义知识体系，它的很多内容其实是能够促进自然理论发展的，也就是说，它能够让人们看到自然界的独立性、可知性与可塑性，并为“现代人类独一无二的普罗米修斯主义”开辟道路（Dumont，1985，第 255 页）②。

精神与物质的矛盾结合

精神与物质之间的关系问题与前文已经提到过的中世纪发展问题都有紧密的联系，所以我们需要在这里对这一问题进行更细致的分析。我们首先要探讨的是中世纪的人类观，我们可以将其形容为双重的而非对立的（duelles mais non dualistes）（Baschet，2000a & 待出版）。说它是双重的，是因为人类有两个基本组成部分：一个是无形的且不会消亡的灵魂，另一个则是有形的且可以消亡的肉体。但是，基督教教义从来都没有真正地采用过将两者对立的二元论（摩尼派和清洁派是二元论较为突

---

① 坎特伯雷的安瑟莫（Anselme de Cantorbery）曾在 1076 年将上帝比作工匠（*Monologion*，X，éd. Michel Corbin，Paris，Éditions du Cerf，1986，第 78 页）。几十年之后，Honorius Augustodunensis 也使用了相同的比喻（Liber XII quaestionum，2，PL，172，col. 1179）。早在古罗马时期，画家或者雕塑家的艺术创作就被誉为对上帝造物行为的模仿（Wirth，1999，第 377—378 页）。这之后，莱昂·巴蒂斯塔·阿尔伯蒂（Leon Battista Alberti）强调，人类活动如果是以上帝造物为模板的，那就无可厚非了［I Libri della famiglia，Turin，Einaudi，1994，第 161 页，援引于 Golsenne（2009），第 242 页］。

② Louis Dumont 在提到这一现象的时候用的是“基督教孕育”一词。但本文所阐述的内容更适合将“基督教”替换成“神权”。

出的代表），也就是说基督教从来都没有把肉体归为恶，并把脱离了肉体的纯洁精神视为自我救赎的必要条件。当然，在保罗的作品以及晚古时期和中世纪前期的一些作品中，我们都能够明显地发现二元论的痕迹，因为这些作品都表达了对肉体的蔑视，并强调灵魂只有脱离肉体才可以获得拯救。许多教士也都遵循新柏拉图理论原则，把灵魂视为人的唯一属性，并把肉体视为人的一种负担，一件毫无意义的外衣，甚至是阻碍灵魂自由发展的监狱。但我们不应该把眼光只局限于基督教教义所包含的二元论思想中。奥古斯丁就曾致力于让基督教教义远离二元论的思想体系，并拒绝将肉体定义为灵魂的监狱。不可否认，二元论在某种程度上的确存在于基督教教义当中，但我们更应该看到的是中世纪基督教教义建立在反二元论基础上的发展。这种发展让人们用积极的眼光看待灵魂与肉体的关系，并且强调人的身心统一。在12—13世纪期间，也就是当神学家圣维克托的休格（Hugues de Saint-Victor）以及伦巴第人彼得（Pierre Lombard）将灵魂与肉体的“有益结合”比喻为“和谐音律”或者“深厚友谊”的时候，基督教教义的反二元论得到了大力的发展。之后，托马斯·阿奎那（Thomas d'Aquin）将亚里士多德的质形统一论（hylémorphisme）运用到了对人类的解释上，这使得人类不再被视为由两种物质分别组成，而是被视为一个真正的统一体，反二元论由此被推向了高潮。人们意识到灵魂虽然是肉体的基础，但它不能脱离肉体存在，因为失去了肉体，灵魂的价值就会大打折扣，它将不再能够发挥它的作用，而这种身心分离的状态是“反自然的”（contre-nature）。

中世纪文化对人的理解既不是统一的也不是一成不变的。二元论与反二元论之间长达数世纪的较量是不断变化的，但总体上是朝着有利于后者的方向发展的。不过，环境不同，主流思想不同，二元论与反二元论之间的力量关系就会有所不同。造成这一现象的主要原因是人类总是被视为是由两种性质和地位都截然不同的物质构成的，对人类的解释就因此变得复杂起来。比如说，有些情况下，人们会倾向于把灵魂凌驾于肉体之上，而在另外的一些情况下，又会强调两者之间的有机结合。但无论怎样，中世纪文化都无法完全否定这两种人类观中的任何一种，至少基督教的正统教义是无法做到这一点的。另外需要指出的是，灵魂与肉体完美结合的概念是与“升天”这一时间化的概念相联系的。也就是说，灵魂与肉体只有在死亡那一刻才会经历强烈但又短暂的分离，但之后的重生又会让灵魂与肉体获得最终的结合。这一点可以说是基督教教义中最具特色的一部分。而这个矛盾的人类观在西方基督教教义特殊的发展过程中还有另外一个更好的体现，那就是根据奥古斯丁理论所发展的，并且与希腊文化截然不同的，关于上帝选民的“精神肉体”（corps spirituel）的概念。这个概念可是说是一个矛盾体，因为它说的是一个先是完全由物质构成的肉体，在升天之后与灵魂相结合并获得了之前只有灵魂才拥有的高级属性，继而变成了完整的精神体。上帝选民高尚的肉体所代表的便是精神与肉体之间的一种理想关系。这种关系一方面是说肉体也可以升天并获得跟灵魂同等重要的地位，另一方面则强调肉体必须无条件服从灵魂的“统治秩序”［这是圣文德（Bonaventure）所使用过的一个表达方式］[1]。于是我们能够看到，高尚的肉体恰恰是灵魂统治肉体的一个表现，因为肉体只有服从于灵魂才可以变得高尚。

基督教教义的人类观对教会的神权组织结构有很大的影响。这一点在神权机构试图维护自己神权威信的时候就很好地体现了，因为教士与教众的关系正是被描绘成了灵魂与肉体的关系[2]。具体来说，肉体与精神之间的区分是中世纪亲属关系系统中的一项基本内容：在教会试图打破宗族统治的时候，其中一个方式就是将精神亲属关系凌驾于血缘亲属关系之上，从而使教会成为独立于血亲关系网存在的精神关系网。不过，虽然教会非常重视建立精神与肉体之间的统治关系，教会的组织运行也同样离不开对肉体精神化的重视。肉体的精神化是基督教宗教仪式中非常重要的一个环节。比如说，洗礼就是让沾染原罪的肉体在精神中获得重生，这一过程中所建立的三重精神亲子关系将覆盖原先的血缘亲子关系［这三重精神亲子关系包括教会母亲（Mère-Église）的精神孕育，上帝的领养，以及教父、教母的选定］。教会在组织教众的婚礼仪式时使用

---

① Bonaventure, *Breviloquium*, pars VII, chap. VII, éd. Louis Prunière, Paris, Éditions franciscaines, 1967, pp. 315 – 319.

② 但同时也被描绘成一种女人受制于男权的关系（Baschet, 2008）。

的也是相同的原则。基督教的婚礼仪式是在 11 世纪末至 12 世纪初确立起来的。作为婚礼主持，神父的职责是给生育行为提供一个精神平台，使男女之间的婚姻结合成为类似于耶稣与教会之间的一种精神结合，并让新婚夫妇从此远离原罪以及肉体上的腐化。总的来说，基督教宗教仪式的唯一目的就是将肉体世界转化成精神世界；另外，根据圣维克托的休格所给出的定义，基督教宗教仪式是一个通过物质方式所进行的精神活动。①

教会在其活动场所的建立方面，也就是说对社会公共区域管理进行集权化的方面，使用的也是相同的逻辑。教会活动场所的建立体现的是基督教教义的一次一百八十度转变：曾经的教会是反对给神圣事物建立朝圣场所的，因为这种场所的物质性在当时是受到轻视的，而之后的教会则完全认同这种场所的建立，并认为这是举行宗教仪式（也就是维持社会结构）所不可或缺的。就这一现象，Michel Lauwers（2005）和 Dominique Iogna-Prat（2006）在各自的研究中都进行过很好的描述。但是，就像婚姻结合必须要精神化一样，朝圣场所的建立也要避免过分的物质化。也就是说，朝圣场所必须要成为一种精神场所，这也就是为什么教会非常看重献堂仪式（Méhu，2007）。Bonizon de Sutri 主教在 11 世纪末时曾指出，就像神父能够将面包和红酒转化成耶稣的身体与血液一样，主教在献堂的时候也能够将教堂转化成三一真神与天使们的住所（援引于 Iogna-Prat，2006，第 415—416 页）。

同样不可忽视的还有圣像，因为圣像也同样具备承载圣物的功能，而且它也推动了基督教的传播与稳定发展，尤其是在发现了新大陆之后。圣像在中世纪西方的广泛使用实质上是为了给精神发展提供一定的物质平台。但这也意味着圣像的存在意义只在于帮助人们通过物质平台到达物质以外的和肉眼看不到的精神世界。如果不能达到这一要求，那么圣像就只是一种迷信。所以，要使用圣像，就必须要承认精神与物质可以相结合，也就是要摒弃二元论的思想体系。而在二元论背景下，圣像只会被视作微不足道的物质体，非但不能帮助人们坚持信仰，还会成为人

① *De sacramentis*，I，9，2，PL 176，col. 317，援引于 Iogna-Prat（2006，第 467—468 页）。

们通往天堂道路的绊脚石。所以我们有理由相信，圣像的发展，尤其是在它发展最为蓬勃的11世纪，是得益于身心统一理论的发展的，或者说是得益于反二元论运动的发展的。“身心统一”这种反二元论运动的发展，是教会机构巩固自己神权地位的一种体现，因为基督教的神权统治一方面要求肉体与精神的可结合性，另一方面则需要借助圣像来展现教士们的通灵本领。此外，我们还可以明显地看到，肉体与精神这两个矛盾体的可结合性在道成肉身学说（Incarnation）中就已经得到了确认。① 结合这一点，我们最终可以说圣像在中世纪西方的飞速发展是得益于道成肉身、反二元论和神权统治这三股力量的发展的，而这三股力量其实也可以被视为同一种力量。

总体来说，身心统一论是基督教教会的一个身份象征，基督教教会也因此可以被称为“崇尚矛盾的机构”（institution du paradoxe）。当然，如果这个称谓不是特别合适的话，我们还可以称它为“矛盾的机构”（institution paradoxale）。基督教教会的这一特点使它可以毫无顾忌地接受物质捐赠，因为这些物质捐赠最后会被视为精神捐赠。此外，教会也可以轻松地承认自己是一个代表性机构，即便这个机构同时要求自己建立在精神价值基础上。这一组织原则最极端的一个实现方式便是经常在宗教仪式里进行的肉体精神化。而另外一个更为普遍的实现方式，则是通过物质媒介到达精神世界（或者说通过看得见的事物到看不见的世界中）。依靠身心统一论的原则，基督教教会维护了自己的神权统治。当然，从另一个侧面，我们可以看到这一原则也激起了基督教的分裂运动，因为分裂派认为，教会最终还是陷入了物质上的堕落。比如说，约翰·威克里夫（John Wyclif）就曾指出，以救赎人类为己任的精神教会是与注重物质的神权机构完全对立的。此类的批判在之后的宗教改革派那里达到了顶峰。这些改革派将教皇机构比喻成是由胃与厨房组成的，也就是将教皇机构（当然，这与教皇机构自己的说法截然不同）贬为只顾自身物质利益的肉体（Crouzet，1990，第677页）。

---

① 道成肉身学说的神学重要性无论如何强调都是不为过的。Louis Dumont 曾把道成肉身学说形容为“基督教整个历史发展的关键要素”（1985，第62页）。

显然，身心统一论在很大程度上巩固了基督教教会在中世纪西方的统治地位，并使其得到继续发展。我们是否也可以认为，正是由于这一理论的存在，神权机构才可以在社会控制方面表现出极强的能力，同时又可以宣称它对社会统治并不感兴趣？要知道，身心统一论在某种程度上让神权机构可以用“出世”（devoir être hors du monde）的名义为自己的“入世”（être au monde）进行辩解。不管答案是什么，基督教教会融合物质与精神的矛盾性都是值得我们注意的，它不光建立在精神对物质的统治基础上，还建立在物质的精神转化基础上。这就是为什么基督教教会可以在最大程度上释放它赖以生存的矛盾力量（这种矛盾力量是由三一真神学说、道成肉身学说和人类身心统一论共同组成的），充分敞开建立在这些矛盾理论基础上的思维空间，并最终形成了自然需求和超自然需求相结合的新式人类观与世界观。

精神与物质相统一的理论影响并不只局限于神权组织方面。在这里，我们可以再次提到哥伦布，因为他的航海计划的实施既是为了寻找黄金也是为了宗教传播。受到功利主义和经济主义的影响，当代的主流思想不自觉地便会用经济利益来解释人类行为。这种思想只看重黄金的经济价值，并把传教视为一种借口。然而，哥伦布对黄金与传教的共同追求其实是精神与物质结合的一个完美体现。首先，黄金是哥伦布传教计划中的一个标志和一种方式（对哥伦布来说，看到了黄金就意味着蒙古大汗的城邦就在附近，另外，哥伦布也希望利用黄金来实现重夺耶路撒冷的计划）。但更为重要的一点是，黄金一方面是一个精神化的物质，另一方面也是通往精神世界的物质媒介，因为它可以让人们感受到神的光芒。哥伦布有一句话就很好地表达了这种物质与精神相结合的理念：“黄金是美好的……拥有黄金的人可以做他想做的一切事情，甚至包括普度众生。”[①] 简而言之，中世纪人们对金钱与荣誉（包括在世的时候所获得的荣誉以及获得天堂入场券的荣誉）之间的等级划分与现代社会的人们是

---

① Crouzet（2006，第189—190页）曾在他的文章中指出，对于哥伦布来说，黄金代表上帝的眷顾，同时也可以给自己的航海旅行增添救世主色彩。

截然相反的。[①] 当然，不可否认的是，在殖民者向欧洲转移大量贵重金属和其他各种各样物资的时候，他们的确是利用了宗教传播的口号。[②] 从这个角度来讲，精神与物质相统一的思想体系是一个非常有效的统治工具，因为它让人们在获取经济利益的同时，又没有感觉到自己违背了社会所奉行的视金钱如粪土的道德观。

在上面所提到的大多数内容里面，我们可以再次看到将矛盾体进行结构性整合的灵活的思维逻辑。我们因此也可以把基督教教会的思想原则看作一种“双重标准”（rigueur ambivalente）。这句话的意思并不是说基督教教义比较有适应性或者比较有包容性，而是说基督教非常善于将矛盾体进行融合，从而形成非常严格而有效的统治模式。[③] 但我们还应该注意到的是，基督教的这种双重标准有时会美化甚至是极度美化被统治的事物（基督教同时也对接受统治的行为持赞赏态度），这其中包括被灵魂统治的肉体，被上帝统治的人类，被造物主统治的万物，以及被教士统治的教众。基督教的一个很矛盾的地方，就是它对等级制度的推崇并不影响他对平等的向往。这一点可以用一个公式来总结：“通过正面的美好来反映反面的美好。”我们因此可以认为，人类的美好是因为统治他的上帝是美好的，同样的说法也适用于肉体与灵魂之间的关系，物质与精神之间的关系，人类的自然需求与非自然需求之间的关系，宇宙万物与造物主之间的关系。所有这些体现的都是如何在等级制度里面寻求平等（被统治事物由于尊重统治事物而获得赞许，这种赞许使被统治事物至少从理想角度上获得了接近统治事物的地位）。

---

① 托马斯·阿奎那（Thomas d'Aquin）的金钱观就是典型的中世纪金钱观：对于托马斯·阿奎那来说，是金钱让人得到荣耀，变得伟大，并收获友谊（Summa theologiae, IIa IIae, qu. 129, art. 8）。从更加整体的角度来讲，中世纪的金钱观是建立在慈善和无私奉献的反经济理论基础上的。Clavero（1996）在他的研究中曾经指出，这种反经济的金钱观持续了很长一段时间。

② 当然，教会在看待传教与经济掠夺两者之间关系的时候与殖民者的态度是截然相反的。何塞·德·阿科斯塔（José de Acosta）在16世纪末的时候就曾认为，新大陆的财富是上帝早就安排好的，目的就是为了吸引印第安人皈依上帝（Historia natural y moral de las Indias，援引于Florescano, 1994，第302页）。

③ 参见Baschet（2006，第758—764页）。在矛盾体融合的问题上，基督教教义里面另外一个很重要的内容就是对平等制度和等级制度进行结合，尤其是在性别关系上（Baschet, 2008）。

这种思想体系在维护等级制度，尤其是涉及整个社会的等级制度方面是非常有效的。但不可否认的是，这种思想体系也的确大大促进了被统治者的社会认同感（尽管这种认同感是相对统治者的存在而存在的），有时甚至会切实地改善被统治者的社会地位。那么我们是否可以将这一思想体系看作封建教会系统发展的理论动力之一呢？无论答案是什么，这一思想体系至少可以帮助我们看到封建教会的发展模式和现代化发展模式之间既继承又决裂的双重关系。当封建教会体制越来越重视“通过统治事物的地位来提高被统治事物的地位”的时候，恰恰也是现代化思想体系产生并替代前者的时候。在这个前所未有的新思想体系当中，肉体不再依附于灵魂，人类不再依附于上帝，自然不再依附于造物主，社会不再依附于教会。

以上我们所分析的内容之所以有分析意义，是因为它们都与教会这个整体社会统治机构有关联。正是教会力量的不断壮大，才有了中世纪西方最为显著的一些特点。这其中包括打破宗族统治，发展矛盾思想体系（道成肉身，身心统一论），以及传播普世价值。同时，基督教教会还成功地远离了帝国统治模式。要知道，这种统治模式虽然在西方以外的地区被广泛应用，但它的运行成本极高（帝国统治的扩张欲望总是超过它的扩张能力）并且在发展过程中时常会陷入瓶颈期（尤其是在商贸活动方面，帝国的商贸活动在达到一定程度的时候总是会陷入萧条）（Wallerstein，1980）。另外非常值得注意的一点是，在西方，普世教义的传播是与一种非帝国性质的社会组织模式相结合的。与帝国统治模式不同的是，西方的封建教会统治系统有利于形成一些统治面积较小，实力至少在初期较为薄弱的政治势力（主要包括君主势力，但同时也包括城市势力）。这些势力之间的斗争大大提高了它们各自的竞争力，尤其是在军事方面的竞争力，并为之后欧洲民族国家的建立奠定了基础。至于基督教教会，它的主要贡献是将两种不同的政治局面进行了整合：一个是由许多个强弱分明的地方性势力所构成的政治结构，另一个是以教皇势力为中心建立起来的覆盖整个欧洲大陆的政治统治。可以说，基督教殖民性质的全球扩张是建立在君主势力与教会势力相结合的基础之上的，而这也就是我们所说的第一次封建教会全球化。

最后要指出的是，正是因为基督教教士组成了一个极为神圣化的社会集团，并致力于对社会生活以及社会财富进行全面的控制，基督教教会才会需要不断地强调道成肉身理论以及身心统一理论。事实上，在维持教会统治方面，精神统治肉体的理论，肉体转化为精神的理论，以及物质有助于获得非物质的理论都是同等重要的。随着这些理论的不断深入，“通过统治事物的地位来提高被统治事物地位”的独特的世界观便逐步形成，并为之后的自然主义崛起奠定了基础。

* * *

在文章的最后，我们要强调的是基督教教会（更确切地说是基督教的神权组织结构）在中世纪发展以及意义更为深远的西方扩张中扮演的角色。这是欧洲历史研究中被尤为忽视的一点，主要原因在于人们通常把教会问题视为一个单纯的“宗教问题”，与社会、经济和政治领域的重大问题没有太大的联系。这种片面化的概念与中世纪的实际情况是有很大出入的。当我们看到欧洲中世纪神权机构在社会组织方面所表现出来的高效和全面的特点时，我们就更能感受到上述观点的不合理性。① 只要我们承认基督教教会的这些特征与性质，我们就很难不把对它的研究应用到对西方特殊的发展轨迹和发展动力的探索上。

这里还有两点需要说明。首先，本文在使用“基督教”这一概念的时候并不是把它视为一个单纯的宗教现象，而是侧重这一概念所指代的教会，说得更具体一点就是西方基督教的神权机构（这一机构的重要性在我们比较拜占庭文化的时候显得尤为突出，因为拜占庭的基督教教会与拜占庭帝国政府在行动上是完全一致的，这使得西方基督教神权统治中的一些特点，尤其是身心统一论的发展，在拜占庭文化当中是完全看不到的）。本文所关注的问题并不是宗教问题，因为“宗教问题”这个概

① 尽管米歇尔·福柯（Michel Foucault）的理论也极大地忽视了中世纪在西方发展中的作用，但他在其1977—1978年所教授的课程中曾很好地指出了基督教教会的特殊性，并把教会权力形容为“西方文化中最为奇特，最有特色，最能够经久不衰的权力”。福柯在分析“神父权力”（pouvoir pastoral）的时候，也将其与生态政治（biopolitique）的兴起联系在一起（Foucault，2004，第134页）。

念本身，对于我们所研究的中世纪，就是一个没有太多应用价值的非常模糊的概念（Schmit：2001，第10页；2001c）。本文所关注的是中世纪欧洲以神权机构为核心的社会组织问题。

其次，本文虽然极力批判欧洲发展研究中对中世纪问题的忽视，但这绝非是将中世纪美化为现代社会的萌芽或者是关键。要知道，中世纪社会并没有直接过渡到现代社会。在此之前，西方还经历了其他非常重大的社会变革。这使得所有那些被我们认为是中世纪社会与现代社会的共同之处或是相似之处都有可能是一种错觉。这也是为什么强调中世纪特殊性的理论前提依然是值得借鉴的（Le Goff，1978；Zumthor，1980）。虽然我们在前文中试图证明西方发展是一个很早就开始的过程，但这绝不是将它的前期发展过程视为现代化的一个开端，或者是把现代化视为这一过程的结果。恰恰相反，本文的目的是通过研究封建教会制度的特点，来解释中世纪是如何为现代化的到来进行铺垫（prérarent）的，然而这一时刻的到来也意味着社会逻辑的根本性转变。①

在这里，我们可以看到比较法与整体历史研究法是紧密相连的。如果我们想更好地分析世界西方化这一重要现象，并且更好地理解西方是如何（较晚地）超越其他竞争对手的，我们就必须通过正确运用比较法来体会欧洲真正的特殊之处（也就是既要避免民族中心主义，即夸大欧洲的特殊性，又要规避反民族中心主义的风险，即否认一切欧洲特殊性的存在），同时我们也要注重理解西方社会以及其他社会的整体发展模式，并对它们进行比较。然而，所有这一切都需要我们在总结欧洲社会特殊性的同时，绝不可以忽视欧洲发展过程中的一个重要因素，那就是中世纪基督教。

研究世界的西方化历史，了解它的总体发展形势，它的曲折，以及它的程度，并不一定是民族中心主义的表现。当然，要摆脱民族中心主义，就要做到以下三点：首先，要牢记世界历史并不是西方逐渐统治世界的历史；其次，要坚决防止对西方文明的本质化，要明确体现“西方

① “铺垫”并不是指“一定产生”（conduire nécessairement à）。“铺垫”一词是为了形容发展过程中那些发挥了承前启后作用的因素（但同时也要避免陷入目的论的误区）。

文明”一词所指代的统治力量是一种历史构建（而且是缓慢的历史构建）；最后，要摒弃一切价值判断（以及把一个客观优势视为一个文化道德优势）。从这个角度上讲，Walter Benjamin 的警句可以再次提醒并防止我们通过吹嘘某一种文化来贬低其他文化：“任何一部文明史都同时是一部野蛮史。”（1971，第 199 页）研究西方化历史，既不是对西方公开的或是心照不宣的赞美（哪怕是对现代化的赞美），也不是像后殖民理论家那样对西方进行妖魔化，因为这种妖魔化同时也是对西方文化的本质化，这会让我们无法正确了解西方文化。除了上述条件之外，我们还可以说，通过非西方中心主义的视角来研究历史上西方在全球所建立的中心地位，这本身就是打击西方中心主义的基本条件之一。它甚至还是人类史研究重新启用跨文化方法的必经之路。将欧洲在研究中单独划出，就同时也要承认欧洲并不是人类历史发展的原动力，只不过，在人类历史发展过程中，我们同样也要正确衡量欧洲社会的特殊性，并正确理解以西方为中心的全球统治结构的形成机制。而这首先要求我们不能继续忽视西方发展的最初阶段，也就是中世纪西方社会所开启的第一次封建教会全球化。

参考文献

Alliez Éric, 1991, *Les temps capitaux*, Paris, Éditions du Cerf.

Atsma Hartmut et Burguière André (eds.), 1990, *Marc Bloch aujourd'hui. Histoire comparée et sciences sociales*, colloque international organisé par l'EHESS et l'Institut historique allemand de Paris, 16 – 18 juin 1986, Paris, Éditions de l'EHESS (coll. «Recherches d'histoire et de sciences sociales»).

Badiou Alain, 2002, *Saint Paul. La fondation de l'universalisme*, Paris, Puf (coll. «Les essais du Collège international de philosophie»).

Baschet Jérôme, 2000a, «Âme et corps dans l'Occident médiéval: une dualité dynamique, entre pluralité et dualisme», *Archives de sciences sociales des religions*, 112, pp. 5 – 30.

—2000b, *Le sein du père. Abraham et la paternité dans l'Occident médiéval*, Paris, Gallimard (coll. «Le temps des images»).

—2006, *La civilisation féodale. De l'an mil à la colonisation de l'Amérique*, Paris, Flammarion (coll. «Champs»), 3e éd.

—2008, «Distinction des sexes et dualité de la personne dans les conceptions anthropologiques de l'Occident médiéval», dans Irène Théry et Pascale Bonnemère (eds.), *Ce que le genre fait aux personnes*, Paris, Éditions de l'EHESS (coll. «Enquête»), pp. 175 – 195.

—2009a, «Le *Journal de bord* de Christophe Colomb», dans Patrick Boucheron (ed.), pp. 582 – 587.

—2009b, «Unité, dualité, multiplicité. Vers une histoire à la fois globale et plurielle», dans Carlos Barros (ed.), *Historia a Debate III*, Saint-Jacques-de-Compostelle, Vol. 1, pp. 157 – 178. Disponible en ligne: halshs. archives-ouvertes. fr (consulté en septembre 2012).

—à paraître, «L'humain (et L'institution) comme paradoxe. Corporel et spirituel dans l'Occident médiéval», dans Patrick Henriet (ed.), *Corps en société. Perception et usages du corps au Moyen Âge*, Rennes, Presses universitaires de Rennes.

Bayly Christopher A., 2007, *La naissance du monde moderne* (1780 – 1914), Paris, l'Atelier-Le Monde diplomatique (coll. «L'atelier en poche»).

Beaujard Philippe, Berger Laurent et Norel Philippe (eds.), 2009, *Histoire globale, mondialisations et capitalisme*, Paris, La Découverte (coll. «Recherches»).

Bedos-Rezak Brigitte et Iogna-Prat Dominique (eds.), 2005, *l'individu au Moyen Âge. Individuation et individualisation avant la modernité*, Paris, Aubier.

Benjamin Walter, 1971, «Thèses sur la philosophie de l'histoire», *Essais* 2, trad. par Maurice de Gandillac, Paris, Denoël (coll. «Dossiers des Lettres nouvelles»).

Bentley Jerry, 2009, «L'intégration de l'hémisphère oriental du monde, 500 – 1500 ap. J. – C.», dans Philippe Beaujard, Laurent Berger et Philippe Norel (eds.), pp. 65 – 80.

Boucheron Patrick (ed.), 2009, *Histoire du monde au xve siècle*, Paris, Fayard.

Boulnois Olivier, 2008, *Au-delà de l'image. Une archéologie du visuel au Moyen Âge. v^e-xvie siècle*, Paris, Seuil (coll. «Des travaux»).

Bynum Caroline, 1982, «Did the twelfth century discover the individual?» repris dans *Jesus as Mother. Studies in the Spirituality of the High Middle Ages*, Berkeley, California University Press, pp. 82 – 109.

Castro Gutiérrez Felipe, 1996a, *La rebelión de los indios y la paz de los españoles*, Mexico, Ciesas.

—1996b, *Nueva Ley y nuevo rey. Reformas borbónicas y rebelión popular en Nueva España*, Mexico-Zamora, UNAM-Colegio de Michoacán.

Clavero Bartolomé, 1996, *La grâce du don. Anthropologie catholique de l'économie moderne*, trad. par Jean-Frédéric Schaub, préf. de Jacques Le Goff, Paris, Albin Michel (coll. «L'évolution de l'humanité»).

Cooper Frederick, 2001, «Le concept de mondialisation sert-il à quelque chose? Un point de vue d'historien», *Critique internationale*, 10, pp. 101 – 124.

Crouzet Denis, 1990, *Les guerriers de Dieu. La violence au temps des troubles de religion (vers 1525 – vers 1610)*, préf. de Pierre Chaunu, Seyssel, Champ Vallon (coll. «Époques»).

—2006, *Christophe Colomb. Héraut de l'Apocalypse*, Paris, Payot & Rivages (coll. «Biographies Payot»).

Descola Philippe, 2005, *Par-delà nature et culture*, Paris, Gallimard (coll. «Bibliothèque des sciences humaines»).

Detienne Marcel, 2000, *Comparer l'incomparable*, Paris, Seuil (coll. «La librairie du xxe siècle»).

Dittmar Pierre-Olivier, 2010, *Naissance de la bestialité. Une anthropologie du rapport homme-animal dans les années* 1300, thèse de doctorat de l'EHESS, sous la dir. de Jean-Claude Schmitt (dactyl.).

Douki Caroline et Minard Philippe, 2007, «Histoire globale, histoires connectées: un changement d'échelle historiographique? Introduction», *Revue d'histoire moderne et contemporaine*, 54/4bis, pp. 7 – 21.

Dumont Louis, 1977, *Homo aequalis I. Genèse et épanouissement de l'idéologie économique*, Paris, Gallimard (coll. «Bibliothèque des sciences humaines») .

—1985, *Essais sur l'individualisme. Une perspective anthropologique sur l'idéologie moderne*, 2e éd. , Paris, Seuil (coll. «Esprit») .

Farriss Nancy, 1995, *La corona y el clero en el México colonial* (1579 – 1821) . *La crisis del privilegio eclesiástico*, Mexico, FCE.

Florescano Enrique, 1994, *Memoria mexicana*, Mexico, FCE.

Foucault Michel, 2004, *Sécurité, territoire, population*, Paris, Gallimard-Seuil-Éditions de l'EHESS (coll. «Hautes Études») .

Frank André Gunder, 1998, *ReOrient: Global Economy in the Asian Age*, Berkeley, University of California Press.

Frank André Gunder et Gills Barry K. (eds.), 1993, *The World System: Five Hundred Years or Five Thousands?* Londres-New York, Routledge.

Fried Johannes, 2004, *Les fruits de l'Apocalypse. Origine de la pensée scientifque moderne au Moyen Âge*, préf. de Jean-Claude Schmitt, trad. par Denise Modigliani, Paris, Éditions de la MSH.

Gills Barry K. et Denemark Robert, 2009, «L'hypothèse de la continuité historique du système monde», dans Philippe Beaujard, Laurent Berger et Philippe Norel (eds.), pp. 203 – 226.

Goldstone Jack, 2009, «Eforescences et croissance économique dans l'Histoire globale: une réinterprétation de l'essor de l'Occident et de la Révolution industrielle», dans Philippe Beaujard, Laurent Berger et Philippe Norel (eds.), pp. 299 – 334.

Golsenne Thomas, 2009, « "L'homme est la mesure de toutes choses" ou comment l'humanisme de la Renaissance est fondé sur deux malentendus», dans Gil Bartholeyns et Pierre-Olivier Dittmar (eds.), *Adam et l'astragale. Essais d'anthropologie et d'histoire sur les limites de l'humain*, préf. De Jean-Claude Schmitt, Paris, Éditions de la MSH.

Goody Jack, 2000, *Famille et mariage en Eurasie*, trad. par Pascal Ferroli, révisé par Francis Zimmermann, Paris, Puf (coll. «Ethnologies»).

—2004, *Capitalism and Modernity. The Great Debate*, Cambridge, Polity Press.

—2009, «De la comparabilité des civilisations eurasiennes», dans Philippe Beaujard, Laurent Berger et Philippe Norel (eds.), pp. 149 – 158.

—2010, *Le vol de l'histoire. Comment l'Europe a imposé le récit de sonpassé au reste du monde*, trad. par Fabienne Durand-Bogaert, Paris, Gallimard (coll. «NRF Essais»).

Gruzinski Serge, 1988, *La colonisation de l'imaginaire. Sociétés indigènes et occidentalisation dans le Mexique espagnol, xvie-xviiie siècle*, Paris, Gallimard (coll. «Bibliothèque des histoires»).

Guerreau Alain, 1996, «Quelques caractères spécifques de l'espace féodal européen», dans Neithard Bulst, Robert Descimon et Alain Guerreau (eds.), *l'État ou le roi. Les fondations de la modernité monarchique en France (xive-xviie siècles)*, table ronde à l'École normale supérieure, 25 mai 1991, Paris, Éditions de la MSH, pp. 85 – 101.

—2001, *L'avenir d'un passé incertain. Quelle histoire du Moyen Âgeau xxie siècle?* Paris, Seuil.

Guerreau-Jalabert Anita, 1990, «El sistema de parentesco medieval: sus formas (real/espiritual) y su dependencia conrespecto a la organización del espacio», dans Reyna Pastor (ed.), *Relaciones de poder, de producción y parentesco en la edadmedia y moderna*, Madrid, CSIC, pp. 85 – 105.

—1996, «*Spiritus* et *caritas*. Le baptême dans la sociétémédiévale», dans Françoise Héritier-Augé et Élisabeth Copet-Rougier (eds.), *La parenté spirituelle*, Paris, Archives contemporaines, pp. 133 – 203.

—1999, «Parenté», dans Jacques Le Goff et Jean-Claude Schmitt (eds.), *Dictionnaire raisonné de l'Occident médiéval*, Paris, Fayard, pp. 861 – 876. Iogna-Prat Dominique, 1998, *Ordonner et exclure. Cluny et lasociété chrétienne face à l'hérésie, au judaïsme et à l'islam* (1000 – 1150),

Paris, Aubier (coll. «Collection historique») .

—2006, *La Maison Dieu. Une histoire monumentale de l'Église au Moyen Âge*, 800 – 1200, Paris, Seuil (coll. «L'univers historique») .

Koselleck Reinhart, 1990, *Le futur passé. Contribution à la sémantique des temps historiques*, trad. par Jochen Hoock et Marie-Claire Hoock, Paris, Éditions de l'EHESS (coll. «Recherches d'histoire et de sciences sociales») .

Lamy Marielle, 2000, *L'Immaculée Conception. Étapes et enjeux d'une controverse au Moyen Âge (xiie-xve siècles)*, Paris, Institut d'études augustiniennes (coll. «Études augustiniennes», série«Moyen âge et Temps modernes») .

Lauwers Michel, 2005, *Naissance du cimetière. Lieux sacrés et terredes morts dans l'Occident médiéval*, Paris, Aubier (coll. « Collection historique») .

Le Goff Jacques, 1978, *Pour un autre Moyen Âge. Temps, travailet culture en Occident*, Paris, Gallimard (coll. «Bibliothèquedes histoires») .

—1985, «Pour un long Moyen Âge», repris dans *l'imaginaire médiéval*, Paris, Gallimard (coll. «Bibliothèque des histoires»), pp. 7 – 13.

Lepetit Bernard, 1995, «La société comme un tout», dans Carlos Barros (ed.), *Historia a Debate I*, Saint-Jacques-de-Compostelle, Vol. 1, pp. 147 – 158.

—1999, «La société comme un tout: sur trois formes d'analyse de la totalité sociale», *Les Cahiers du Centre de recherches historiques*, 22.

Lubac Henri de, 2009 [1949], *Corpus mysticum. l'eucharistie et l'Église au Moyen Âge*, Éric de Moulins-Beaufort (ed.), Paris, Éditions du Cerf.

Méhu Didier (ed.), 2007, *Mises en scènes et mémoires de la consécration de l'église dans l'Occident médiéval*, Turnhout, Brepols.

Moos Peter von, 2005, « L'individu ou les limites de l'institutionecclésiale», dans Brigitte Bedos-Rezak et Dominique Iogna Prat, pp. 271 – 288.

Morsel Joseph, 2007, *L'Histoire (du Moyen Âge) est un sport decombat*, Paris, LAMOP. Disponible en ligne: http: //lamop. univ-paris1. fr (consulté en septembre 2012）.

Polanyi Karl, 1983, *La grande transformation. Aux originespolitiques et économiques de notre temps*, trad. par Catherine Malamoud et Maurice Angeno, préf. de Louis Dumont, Paris Gallimard (coll. «Bibliothèque des sciences humaines»).

Pomeranz Kenneth, 2010, *Une grande divergence. La Chine, l'Europe et la construction de l'économie mondiale*, trad. par NoraWang, postf. de Philippe Minard, Paris, Albin Michel (coll. « Bibliothèque de l'évolution de l'humanité»).

Postone Moishe, 2009, *Temps, travail et domination sociale. Une réinterprétation de la théorie critique de Marx*, trad. par Olivier Galtier et Luc Mercier, Paris, Mille et une nuits.

Romano Ruggiero, 1970, «A propósito de *Capitalismo y subdesarrollo en América Latina*, de A. G. Frank», *Desarrollo Económico*, 38.

Rubial García Antonio, 1999, *La santidad controvertidad*, Mexico, FCE-UNAM.

Sahlins Marshall, 2009, *La nature humaine, une illusion occidentale. Réflexions sur l'histoire des concepts de hiérarchie et d'égalité, sur lasublimation de l'anarchie en Occident, et essais de comparaison avec d'autres conceptions de la condition humaine*, trad. par Olivier Renaut, Paris, Éditions de l'Éclat (coll. «Terra cognita»).

Schmitt Jean-Claude, 2001, *Le corps, les rites, les rêves, le temps. Essais d'anthropologie médiévale*, Paris, Gallimard (coll. « Bibliothèque des histoires»).

—2001a, «La découverte de l'individu, une fction historiographique?» ibid., pp. 241 -262.

—2001b, «La notion de sacré et son application ὰ l'histoire du christianisme médiéval», ibid., pp. 42 -52.

—2001c, « Une histoire religieuse du Moyen Âge est-elle possible?» *ibid.*, pp. 31 -41.

Vauchez André, 1990, «L'évolution de l'idée de mission et dela pratique missionnaire en Occident à l'époque médiévale», *dans Église et histoire de l'Église en Afrique*, actes du colloque de Bologne organisé par l'Institut pour les sciences religieuses de Bologne et l'École française de Rome, 22 – 25 octobre 1988, éd. par Giuseppe Ruggieri, Paris, Beauchesne, pp. 13 – 27.

Vilar Pierre, 1976, *Crecimiento y desarrollo*, Barcelone, Ariel.

Vincent Bernard, 1996, *1492: l'année admirable*, Paris, Flammarion (coll. «Champs»).

Wallerstein Immanuel, 1980, *Capitalisme et économie-monde* (1450 – 1640), Paris, Flammarion (coll. «Nouvelle bibliothèque scientifque»).

—2008, *L'universalisme européen. De la colonisation au droit d'ingérence*, trad. par Patrick Hutchinson, Paris, Démopolis.

Werner Michael et Zimmermann Bénédicte (eds.), 2004, *De lacomparaison à l'histoire croisée*, revue *Le Genre humain*, Paris, Seuil.

Wirth Jean, 1999, *L'image à l'époque romane*, Paris, Éditions du Cerf (coll. «Histoire»).

Zumthor Paul, 1980, *Parler du Moyen Âge*, Paris, Minuit (coll. «Critique»).

Zuñiga Jean-Paul, 2007, «L'histoire impériale à l'heure de l'histoire globale. Une perspective atlantique», *Revue d'histoire moderne et contemporaine*, 54/4bis, pp. 54 – 68.

结构主义与宗教

布鲁诺·卡桑提

宗教与比较

无论是从学术角度还是从常识角度，我们现如今都将宗教看作文化的一部分。然而，这种从属关系其实并非我们想象的那样简单。我们之所以能够达成这种共识，是科学和人类心理长期演变的历史结果。在这一历史过程中，宗教逐渐走下神坛，并失去了它原有的“绝对”和“普世”的特征。克利福德·格尔茨（Clifford Geertz，1973）曾对此做过很好的形容：作为一个文化现象，宗教只是一个特殊意义上的文化现象，或者说是一个让社会特殊化的文化现象。事实上，当我们说“文化是属于全人类的”的时候，宗教则是在文化普遍性基础上对人类社会进行的具体划分。具体来说，我们是通过宗教来定义一个社会的“存在原则”，以及它与众不同的文化类型的。可以说，长期的历史发展让宗教与文化之间的从属地位发生了对调。在过去的帝国主义时期，也就是“第一次现代化”时期，宗教通过它的普世价值凌驾于各种文化之上；而这之后，文化成为普遍现象，宗教则只能用来体现一个社会文化中的特殊性。就这一点而言，宗教与其他文化现象，比如道德、司法、政治、美学等等没有什么区别。作为一个文化特殊性的重要组成部分，宗教从根本上就不再具备普世的特点了。

但这个能够将宗教囊括在内的文化普世价值是一个什么样的普世价值呢？事实上，文化也可以被视为在一定社会背景下和在一定历史时期内所构建出来的概念产物。换句话说，不管是从概念角度还是从现实角度出发，文化都可以被视为相对的。但这是不是意味着文化普世价值跟之前西方帝国主义时期的宗教普世价值相比，只是内容有所不同而框架还是一样的呢？我们是不是可以认为，跟之前的西方中心主义相比，文化普世价值依然是一个西方文化产物，只不过这次更加“开明”，因为它强调的是全人类共同进步？作为从属于现代科学体系的社会科学可以证明这一想法是完全没有必要的：当社会科学在 18 世纪末刚刚开展其研究的时候就已经将比较主义视为自己的研究准则，也就是说从那一刻起，社会科学在普世价值的研究问题上就已经不会受到启蒙思潮的干扰了。当社会科学在研究不同文化的时候，它的目的不是要总结出一个唯一的人类发展模式。通过摒弃本质主义的哲学偏见，它的目的是要重新看待人类学所提出的“人类整体性”问题。对于社会科学来说，“文化”是一个在内部进行分化的概念。要想了解这一概念，就要比较通过研究所获得的各种材料，而不是采用一种单一的研究模块。如果说“文化人类学”是一个名副其实的学科的话，那么这一学科是建立在民族学和社会学基础上的，而不是建立在哲学基础上的。

但我们同时需要承认，宗教在文化研究里面起到的是一个很关键的作用。无论是直接地还是间接地，人们都会承认不同文化之间最大的差异是体现在宗教方面的。在民族学还没有真正发展起来之前，法国学术界在比较文化研究方面就曾经历过一次很大的突破。这一突破得益于古代史研究中的“精神漫游”（voyage mental）。甫斯特尔·德·库朗日（Fustel de Coulanges）于1864 年发表的《古代城邦》（*La Cité antique*）一书就是这次学术变革的一个典型代表。作者在该书中指出：古代人是区别于现代人的，古代人之间也是有区别的，而古代人之间的区别要大于现代人之间的区别。但“古代城邦”又将古代人连接成了一个整体，从而区别于现代人。所有这些连接与区分其实都是在宗教层面上进行的，并且需要满足以下条件：宗教需要与一些特殊机构相联系，宗教信仰需要制度化，也就是说，《古代城邦》一书所要发展的具有比较性质的法律社会学需要建立在比较宗教信仰的基础上。

可以说，当社会科学发展到这一阶段时，具有普遍意义的宗教概念就已经很难获得学者的完全信任了。但这并不意味着它从此就要被踢出社会科学。相反，学者们依然需要这样的一个宗教概念，至少是把它换一种说法，比如说“宗教信仰”，因为进行比较研究总是需要建立一个具有普遍意义的比较范畴的。宗教概念也就由此从一元概念变成了多元概念。实际上，只要我们将甫斯特尔的理论进行更深层次的提炼，便会总结出这一转变。

然而，从20世纪50年代开始，社会科学又经历了另外一次转变。在1968年法国高等研究院的百年校庆上，列维·斯特劳斯（Lévi-Strauss，1973，第84页）对这一转变进行了如下概括：通过人类学比较研究，我们应该同时总结出一个“整体社会理论”。换句话说，由于结构语言学的发展（Saussure，Troubetzkoy 和 Jakobson），以及促进了印欧文化研究的比较语法学的发展（Meillet，Dumézil 和 Benveniste），我们可以对人类文化进行结构性的分析。这时，我们的问题就可以换一种更简单的方式提出：在结构研究法里面，宗教现象占据的是一个什么样的地位？而答案也很明确：不管怎样，宗教研究都不会成为结构研究里面的一个独立分支。一个“整体社会理论”可以体现在宗教现象里面，但更为关键的是，“整体社会理论”是用来理解并最终囊括宗教现象的。也就是说，在一个“整体社会理论”当中，“宗教”，或者说“宗教信仰”并没有什么特殊的研究地位。

列维·斯特劳斯的“整体社会理论”事实上是在削弱“宗教人类学”（anthropologie religieuse）的独立学科地位。列维·斯特劳斯把他的这一理论视为一个“庞大的交流体系”，并将这个交流体系建立在三个层面上——亲属关系，经济活动，语言。在这个理论体系当中，宗教被归纳到了语言层面，因为它被视为一种双向的交流过程，即神与人进行交流和人与神进行交流。“神话”与“仪式”也就因此成为宗教的最重要的组成部分。具体来讲，“神话”相当于神与人交流时所使用的一种“元语言”（métalangages）。在神话当中，所有象征性的社会结构都被视为有完整的实际效果，并且比日常语言所能表达的事物复杂很多。而“仪式”则相当于人与神交流时所使用的由肢体动作和工具所组成的“类语言”（paralangues）。这一双向交流路线与整个理论体系当中的其他路线与层面是相结合的。亲属关系，经济交换以及宗教被因此视为一个文化结构中的不同层面。结构性地了解它们也就相当于弄清楚它们各自所具备的意义，并总结出它们之间的联系。

我们能够清楚地看到列维·斯特劳斯的理论规划。在正统的涂尔干式社会学（sociologie durkheimienne）体系当中，宗教被视为可以借以研究其他社会现象的基础社会现象。而列维·斯特劳斯则希望结束宗教的这一独立的社会学属性。但该理论规划并不是没有先例的。至少，牟斯方法论（approche maussienne）当中的“整体社会事实”理论就暗含了列维·斯特劳斯的理论。同样的说法从不同的角度来讲也同样适用于拉德克利夫—布朗（Radcliff-Brown）与马林诺夫斯基（Malinowski）的功能主义（fonctionnalisme）。但列维·斯特劳斯的结构主义（structuralisme）对语言的重视，使宗教几乎不能更深层次地嵌入到社会当中。因为在该理论体系当中，即便是社会也失去了它的基础性的解释作用，它不再被视为一个由各种关系所构成的功能性的或者表达性的整体。结构主义认为，社会主体的主观感受受制于一个“真实系统”的实效性。这一“真实系统”不是由社会主体所建立的，但它可以通过社会主体的语言与行为表现出来，并赋予这些语言与行为一定的意义。从这个角度来讲，“真实系统”就是一个用来交流语义的交流系统。在该系统当中，所有的人物、事物、财物以及词汇都会被编写成代码。编写这些代码所运用的思维模式被称为“象征思维”（pensée symbolique），也就是列维·斯特劳斯所说的需要“跳出意识框架”（Lévi-Strauss，1973，第 85 页）才能够研究的人类思维。因此，结构主义的任务是通过科学家的理解手段还原社会行为的意义，而不是通过社会生活中的集体意识本身对其进行研究。

不可忽视的残存

但我们是否可以认为，在结构主义当中，宗教还是悄悄地继续扮演着一个基础性的社会学角色？从方法论的角度来讲，我们是否可以认为，宗教是象征主义研究的最佳的侧重点？我们是否还可以认为，神话中的元语言与仪式中的类语言是研究一个文化“真实系统”的放大镜？对于上述问题，列维·斯特劳斯的答案是否定的。Michel Cartry（2010，第30页）曾转述过列维·斯特劳斯的回答：“如果说宗教现象在真实系统中有一定的地位的话，我们的研究原则是要去掉宗教现象的特殊性。”换句话说，列维·斯特劳斯致力于彻底打破宗教研究在人类学知识体系中的基础性地位。但在摒弃宗教特殊性的同时，列维·斯特劳斯并没有否认宗教的特殊性，就好像是宗教在结构主义中残存下来了一样。因为宗教传播保留了一个特殊的地方（Lévi-Strauss，1973，第84—85页）：

> 在一个相同的交流系统当中，神灵与那些普通的交流对象是不一样的。人类将神灵视为这一系统的（完全的或者部分的）映像。这就从理论上增加了一个额外的限制条件，但这影响不到系统原先的经济模式和基本原则。

这段说明引出了若干问题。由于某些原因，象征性思维不可能只局限于凡间的或者说是人与人之间的关系。当然，这里所指的并不是图像崇拜倾向——这种所谓的“宗教本能”（instinct religieux）属于18世纪哲学家所研究的“冲动与情感”范围（Lévi-Straus，1985，第255页）。这里所指的是“智力行为”，也就是同时涉及宗教之外各个层面的一种思维功能。要分析这种思维功能，我们就必须采用能够囊括所有这些层面的系统性研究模式。而列维·斯特劳斯所说的“额外的限制条件”其实也是牟斯所说的“不可忽视的残存”（Mauss，1996，第91页）。如果说宗教交流不会影响到整个交流系统，那么后者为何还需要前者的存在呢？这种使宗教交流具有特殊性的想象或者是遥想的需求是从何而来的呢？换句话说，宗教在象征功能中占据一个什么样的地位？我们如何通过了解象征功能来了解宗教？

人们可以认为列维·斯特劳斯是在神话领域中寻求上述问题的答案的。但这种看法并非完全正确。尽管神话领域有许多的研究意义，尽管我们可以扩大“神话”的含意，使之进入“仪式”的结构分析范围当中，但神话研究与前面引用的列维·斯特劳斯的原话并不吻合。在宗教交流中，人与神是区分开的，他们之间的交流方向也是错开的。而神话研究并不涉及这一问题。而对想象机制的研究在一定程度上可以解决这个盲点（即便它无法将其完全消除），因为想象机制与其说是象征主义的一条论据，不如说是象征主义的一个前提。换句话说，作为象征主义的组成部分，由于宗教象征主义的特殊性，即便我们放弃对神圣事物的现象学（phénoménologie）研究并最大限度地采用解构主义方法，宗教人类学既不会完全，也不会立刻被精神人类学（anthropologie de l'esprit）稀释，除非我们对精神人类学的定义跟列维·斯特劳斯的定义有所不同。

某些人类学家、心理学家以及哲学家也同样感受到了宗教研究的这一难点，并且试图采用列维·斯特劳斯在其神话研究中没有采用的方法来解决这一难点。尽管这些学者都承认受到了列维·斯特劳斯的影响，但与后者相比，他们更深层次地改变了社会科学探讨宗教现象的方式。

这其中尤为突出的是对象征主义概念的批判性研究。该研究旨在发掘象征主义背后暗藏的认知机理，并在此基础上重新定义“信仰”。这也相当于升级了结构主义掀起的理论变革，以至于将其替换为更符合神经心理学、乔姆斯基式语言学以及传播学最新发展的精神研究。① 在该体系当中，宗教研究完全脱离了象征主义研究。同时，列维·斯特劳斯出于谨慎所提出的宗教性质的“额外限制性因素 ”也在该体系中消失。这里要指出的是，该体系的一个目的是要完全重拾过去的一种研究方向，也就是对信仰的自然主义解释。

还有一些学者采用了一种截然不同的研究方向。他们依然在象征主义内部进行研究。同时，他们既不满足于列维·斯特劳斯在其神话研究中所开创的研究逻辑，也没有把象征主义归纳到其他的现象当中。可以说，这些学者依然遵循列维·斯特劳斯专注于象征形式研究的人类学方法论。但他们在研究象征形式的时候，并没有将其与社会活动以及象征形式的基础条件联系在一起，而只是强调象征形式从本质上讲是社会性

---

① 这里具体指的是丹·斯珀波（Dan Sperber）的研究成果。该作者最先在其 1974 年出版的 *Le symbolisme en général* 一书中阐明了自己的研究方向，并在 20 世纪 80 年代发展出了一套关于表象的认识论知识体系。关于此类自然主义性质的研究，另见 Boyer（1994）。

质的而非局限于生理或者神经层面。这一观点具备双层意义。首先，它摒弃了认知主义（cognitivisme）的研究方向，从而更好地体现列维·斯特劳斯是如何与杜尔凯姆相对立的，也就是说是如何拒绝通过社会层面来观察象征层面的（Lévi-Strauss，1948，1966）。其次，它还提升了宗教现象的重要性。①

尽管它们之间有很大的不同，但这两种研究方向在列维·斯特劳斯的理论体系之外又重新涉及宗教研究中的一个核心问题，即信仰与制度的相互关系问题。“信仰”在这里指的是人们相信超自然神灵并与其交流对话的精神机制，而“制度”指的是一定社会生活中的一些强制性规则。这一核心问题事实上已经暗含于19世纪中期出版的《古代城邦》一书中，尽管该书并没有将其理论化。

毫无疑问，杜尔凯姆的《宗教生活的基本形式》一书是对这一核心问题的首次真正意义上的理论化。我们应该都还记得杜尔凯姆对“宗教”的定义包含两个层面：首先是对神圣事物的感知；其次则是杜尔凯姆从笼统意义上所说的“教会”（Durkheim，1990，第65页）。显而易见，这一定义的第一条内容容易使我们陷入宗教现象主义研究的风险当中，也就是18世纪哲学家们所认为的“宗教本能”概念。然而，该定义的第二条内容则提前规避了这一风险。因为当神圣事物与崇尚某种特定行为准则的信徒团体联系在一起的时候，对神圣事物的研究就不会偏离它的社会学意义。每个社会都具备一个宗教基础。这并不是因为人们天生具备宗教信仰，而是因为社会生活要求“共同信仰”，而对人类行为具有约束力的神圣事物也就随之确立了。这便是我们在探讨杜尔凯姆宗教理论时所需要牢记的核心内容。但该理论体系并非完善，只不过它所存在的问题并不是我们能够直接察觉到的。杜尔凯姆坚持把社会关系视为一种道德关系，这一观点使其将宗教团体看作所有共同事物的一种范式，一种极致。这便带来了些许混淆。从整体上讲，杜尔凯姆的理论体系容易将

---

① 许多作者希望在象征主义以及结构主义的基础上革新宗教人类学。《象征功能》（Izard和Smith，1979）一书从整体上展现了这一革新，尽管该书在其前言部分表达了作者与列维·斯特劳斯相同的拒绝将宗教独立研究的意愿。该类研究的主要发表则集中于应用学院宗教科学研究部由Alfred Adler和Michel Cartry负责编辑的《黑非洲思想系统》丛书。

宗教关系和社会关系这两种不同的关系混为一谈，而这或许也最终解释了为什么杜尔凯姆有意将社会本身神圣化。但不管怎样，杜尔凯姆对宗教人类学有着关键性和基础性的影响，即强调宗教只存在于制度范围内。为了理解宗教，以及通过理解宗教来理解社会，我们需要重视“制度化信仰”这一矛盾现象。正如 Edmond Ortigues（1999，第 5—6 页）所说，只有这样我们才能够触及宗教问题的核心部分：

> 诚然，宗教的一些基础条件存在于人类的心灵中（从这个角度上说，人类是区别于动物的，因为动物只对其察觉到的事物有所反应，而人类的反应则更多地取决于他所想象到的事物），但对宗教的任何一种心理学解释都不足以帮助我们理解一个宗教的社会结构以及神学体系，无论这一宗教强调的是某种宗教崇拜或者是宗教信仰的准则问题，还是一种简单的只将正义和神圣联系在一起的古老习俗。任何一个玄学家或是神秘主义者都无法将对神的信仰和对社会制度的遵守分离开来。我们对这一“杜尔凯姆式”现象习以为常。然而，这却是一个值得深究的重要命题。

从本质上讲，学术界真正意义上与“宗教人”（*Homo religiosus*）概念划清界限是通过社会学与宗教心理学的划清界限实现的。正是从这个角度出发，我们才能够完整地看到宗教人类学的意义，并且不仅能够探讨宗教的永久性，更能够从中得出更为广泛的社会理论。当然，杜尔凯姆的宗教研究并没有到达如此深的层次，因为在解释宗教现象的时候，他依然只是强调人们由于社会生活需要所建立的神圣事物。就像列维·斯特劳斯看到的那样，杜尔凯姆是在用非象征性质但又能够奇特地产生象征符号的社会生活来解释象征现象的。当然，我们也可以把象征功能解释为一种“智力行为”，并将社会关系和社会准则视为这种“智力行为”的产物。只不过，这种与前者相比颠倒过来的因果关系同样无法令人满意。如果我们认同 Ortigues 所提出的命题，那我们就需要将这两种因果关系结合起来，也就是说，我们一方面需要知道，具有社会属性的事物一直都具备象征性质，另一方面我们也要看到，借助遥想和表象所形成的信仰在创立的那一刻起便嵌入到了制度体系当中。

而我们是否可以将这一“杜尔凯姆式”社会现象建立在其他的理论基础之上呢？其实，杜尔凯姆的问题并不在于他执着于对神圣事物的分析，而是在于他没有对神圣事物给出一个合理的理论解释，而这正是因为他没有采用结构性视角。对于杜尔凯姆来说，“神圣”是出自对异质事物的感知。它所指代的并不是某种符号或者某种本质，这也是为什么它能够脱离宗教的现象主义研究。它所指代的是刻印在人类经验里的一种裂态形式，这一形式涵盖了人类智力所能够生成的所有道德层面或知识层面的对立概念，比如说善与恶的对立，真与假的对立，以及常态与病态的对立。从该体系中，杜尔凯姆和牟斯提炼出了一条关于分类的理论。而列维·斯特劳斯也承认了这一理论的“社会学”前提在其精神人类学理论中扮演的基础性角色（Durkheim 和 Mauss，1969；Lévi-Strauss，1962）。但如果说“神圣”这一概念有助于对各种各样的事物进行区分，那么神圣事物之间是否也有区分呢？答案当然是肯定的，而且《宗教生活的基本形式》一书也探讨了这一问题。事实上，该书的一部分便是在描写神圣事物的不同级别，从形式鲜明的图腾到图腾背后难以言明的社会力量。但对神圣事物内部不同级别的研究并不能完全覆盖对神圣事物内部分类问题的研究。而后者恰恰是结构性视角所能够涉及的问题。从这一观点出发，我们需要寻找的是在一个对立概念系统当中，能够让宗教体系中的每一个事物获得一个特定地位的关系组织模式。

由此，对神圣事物的感知就只不过是人们对一个更深层次现实的直观感受。这种感受属于跟语言结构较为类似的宗教象征结构。这里，我们便进入到了学者们所熟知的结构主义人类学范畴。该理论体系以象征主义为前提将自己置于社会现象和语言现象的交汇处。以跳出神圣概念为目的来分析神圣概念，我们是否回到了列维·斯特劳斯在 1968 年创立的“整体社会理论”，即研究一个文化中的多层交流系统的理论？如果我们通过这种方式能够比列维·斯特劳斯更直接地触及他所说的“额外限制性因素”，也就是说更加把宗教视为一种特殊的象征模式，一种不同层级的事物之间所使用的交流模式，那么上述问题的答案就并非是完全肯定的。在这种情况下，我们需要通过观察各种宗教事物与人类之间的关系以及它们所构成的系统来描绘这些宗教事物之间的区别。也就是说，我们需要观察一个社会群体是如何敬仰它所崇尚的宗教事物的，如何获取它传达的信息的，总而言之，是如何信仰的。通过这类观察，我们便可以将一个超自然事物，一个神，一个灵魂，或是一个祖先与它之外的宗教事物进行区分。换言之，我们需要理清一个社会群体的成员是如何通过一个与语言结构类似的分类系统来对宗教事物进行分类，同时又遵循该系统自身的限制性条件的。只有这样，我们才能够真正地研究前文所提到的重要命题，才能够将宗教作为一种社会现象进行研究，也就是作为一种矛盾的制度化信仰进行研究。

根据列维·斯特劳斯提出的但并未阐明的一个观点，整个象征系统的投象和表象都作用在超自然事物上。他所说的“额外限制性因素”其实就是这种投象的限制性，就好像是象征主义的存在必须依靠表象以及“想象”，而宗教便是用来满足这一限制性条件的。然而，这种看问题的方式使我们无法用结构性的视角将信仰作为真正意义上的信仰来看待，同时也使我们无法研究由甫斯特尔最先提出并由杜尔凯姆明确阐述的核心问题，即信仰与制度之间的内在关系问题。而这样做的最终代价则是整个宗教人类学的瓦解。但宗教人类学并未遭受这样的命运。它在之前所说的重要命题重新获得重视的同时便复苏了。并且，在结构学的核心优势被充分利用的时候，也就是当我们不再用语言范畴来覆盖宗教范畴，而是通过运用语言学手段来理解宗教象征主义的时候，宗教人类学获得的将是一个更加广阔的发展。

一个关于传承的问题

与列维·斯特劳斯研究同时期进行的一项研究是这一学术方向的代表。它对宗教研究的影响极大，但同时它的结构主义性质也比较模棱两可。它的作者是杜梅齐尔。对于第二次世界大战之后接触到人文科学的读者来说，杜梅齐尔的学术系谱比较难以定义。它与音位学，甚至是与索绪尔的著作《普通语言学教程》毫不相干，而后者却是当今结构主义的标志性鼻祖。①

杜梅齐尔所强调的“可比较的现象”并非“本级现象”，而是“次级现象”。后者也是作者所说的“不同背后的相同处”。这些相同处可以通过研究词义扩展和词汇使用的历史来进行“比较、衡量和限定”。通过这种方式，我们可以观察到一种对神灵进行三元划分的“意识形态”，而这种意识形态不仅是一个语言，更是一个文化体系的基础（Dumézil，1992，第19—20页）。因而，与新语法学专家还原印欧语言体系不同的是，杜梅齐尔的研究是在缺少文献记录以及在无法证明古印欧人作为文化集体确实存在的情况下对印欧整个文化进行的还原。要做到这一学术转变，从本质上说就要对神灵进行区分，要了解“神灵之间所存在的关系以及这些关系之间的平衡”（Dumézil，1992，第65页）。然而，这些关系和它们之间的平衡是社会性质的。为了理解从中所体现出来的分类模式，我们并不需要借助于语言系统中的对立概念，而只是需要区别与社会结构及其产生的社会心态直接相关的三种功能，即圣职功能、战争功能以及生产功能。杜梅齐尔分析的对象并不是编译各种素材的象征思维，而是能够使一个文化历史主体具备并且展现其文化历史特征的宗教象征手段。毫无疑问，这种象征手段是建立在表象基础之上的。通过表象，每一个宗教形象的轮廓都会不停地与其他宗教形象的轮廓产生联系。与宗教现象学研究的风险相类似，宗教历史研究时常拘泥于盘点信仰的各种变迁（Ortigues，1962，第192—193页）。但着重观察信仰所依附的社会制度，以及致力于研究信仰的结构化过程的科学视角可以有效地规避这种风险。这种视角会使想象事物上升到另外一个表达层面。在这一表达层面当中，所有独立的表象会功能性地相互限定、相互区分，从而成为人们在社会生活当中所要遵循的“价值观”。通过对印欧文化宗教的解读，我们可以认为，该文化在本质上是对一个通过比较法还原的社会集

① 让—克劳德·米尔纳（Jean-Claude Milner，2002，第73—74页）曾很好地指出杜梅齐尔的学术灵感源自梅耶（Meillet）的比较语法学，巴黎时期的索绪尔，以及由甫斯特尔（Fustel）开创的印欧主义研究。杜梅齐尔在其结构法研究当中也运用到了比较主义研究法，但在方式上与列维·斯特劳斯有着很大的不同。就这一点，参见 Gildas Salmon（2009）于近期完成的博士论文。

体进行约束的制度性象征主义，是一个复杂的社会规范系统，也就是说，是一种使用相同方式来区分和组织一个特定社会群体中每一个成员行为的系统，无论这种社会统一性在真实情况下是如何表现的。为了得到这样的结论，我们并不需要通过象征主义对人类思维的统一性进行任何的假设。我们需要的是在研究一种宗教的时候，着重观察这种宗教对其神灵所进行的划分，以及从各种角度辨别它们各自与人类之间的关系。

通过这一角度，我们就可以看到宗教现象中特殊的社会层面。也就是说，只要我们能够将神与神之间的关系总结出来，我们就可以看到人与人之间的关系是和人与神之间的关系紧密相连的。而这样做的同时，我们也能够看到宗教现象中特殊的历史层面。事实上，在探讨“三元功能”（trifonctionnalité）的时候，杜梅齐尔特别提出了印欧“传承”了这一概念，并对该词画了重点。杜梅齐尔对这一概念的提出给出了如下解释：如果说我们在研究三元功能的时候既不能将其视为一种偶然（由于三元功能存在于许多文化当中，我们显然无法将其视为一种偶然），也不能用自然法则对其进行解释（由于三元功能同时又具备一定的特殊性，我们自然也无法采用一种具备普遍意义的假设），那么剩下的就只有遗传关系可以解释该现象了。另外，因为我们同样不能够认为三元功能是由一个文化发明并传播到其他文化当中的，所以这里所说的“遗传关系”指的是对一个古老本源的继承。从这个观点出发，我们可以说印欧文化从整体上是有不确定性的。尽管“印欧文化”是一个通过比较归纳得出的、具有普遍性的概念，但它终归具有地方性，印欧文化中关于三元功能的理论也绝非一条具有普遍性的人类学理论。换句话说，我们在这里看不到任何的“整体社会理论”。杜梅齐尔的研究说到底是一个历史研究，并且作者也一再强调自己是历史学家。然而，正是在这项历史研究当中，杜梅齐尔的认识论贡献得到了最好的展现。印欧文化传承表现的是对一个象征系统的传承。象征主义其实也就是一种具备传统性质的现象。通过象征主义建立起来的系统所经历的便也是一种线性发展。通过发掘印欧文化的传承，我们可以从深层次上革新我们对象征“传统”的结构与模式的研究。

三元功能是在一定社会制度结构基础上对神灵形象进行分类的一种

模式。这种模式从一个本源出发，然后在不同的层次和不同的历史时期发生一定的变化。也就是说，在研究某些宗教现象的形成，尤其是它们的特殊性的时候，我们总能观察到与其相关的制度化信仰的历史。更确切地说，当一个信仰被制度化的时候，它不仅是与当前的社会制度紧密相连：它更多的是一个文化传承问题，是一个结构本身如何在历史长河中延续下来的问题。我们不该把人与神之间的双向交流仅仅视为两个等级系统之间的相互关系，而是应该同时用历史性方法还原它的延续性和构建性。这一点对于本文所要探讨的认识论问题是十分关键的。总的来说，如果宗教人类学能够重新找回它的宗教研究方向，那便是通过上述所描述的途径：用更多的和别样的历史观来剖析宗教。也就是说，我们决不能忽视宗教的历史层面而仅仅去关注人类思维和象征功能方面的问题，我们要做的是把象征主义纳入到宗教的历史层面当中，让宗教的历史性获得新生。

在这里，我们同样也触及了正统结构主义在研究宗教现象时的第二个盲点：信仰作为传统的制度性特点。事实上，我们所提到的结构主义的两个盲点并非毫无关联。杜尔凯姆曾指出，“神圣”与“信仰团体”（com-munauté de foi）是同一事物的两种表现。这一点是远远不够的，因为我们还应该看到宗教的象征主义是在时间中沉淀出来的，信仰永远都是一种传统，并且只有在“传统”这一概念层面当中，围绕“神圣”这一概念所进行的事物划分才真正具有意义。这里要指出的是，通过强调宗教与传统之间的关系，宗教的规范性也会得到更好的体现。也就是说，从“传统”这一角度出发，我们可以更清楚地看到每一个信仰体系都伴随着一套赏罚分明的行为准则。并且，只有在我们认识到这些行为准则不仅可以代代相传，也可以将社会成员作为这一历史传承的积极捍卫者时，我们才可以明白为什么信仰下的行为准则特别具有效应。宗教现象当中所包含的社会凝聚力也因此可以得到更好的解释。要知道，宗教当中很重要的一点是将生者和逝者紧密相连，而宗教制度下的社会规范便是在这一联系当中不断得到巩固的。宗教现象中的传统性和规范性是不可分割的，正是这两者的结合才可以让人类社会在历史长河中得以生存并得到发展。如果我们能够认识到宗教的这一核心属性，我们便能更好地理解社会起源的象征性质。

总而言之，上述内容其实只是在详细讨论本文开头时所提到的社会科学和人们常识都共同认可的一点，即宗教从属于文化。而说到文化，我们尤其要注意的是，不能否认文化传承的构建性质：文化并不是对自然事物的二次加工，而是通过自身动力发生、发展的。同样的，由于人们是通过对文化的认识以及他们的文化传承者身份来吸收文化所要求的思维和行为模式的，因此也可以展现出文化的规范性。简而言之，如果说宗教在本质上是一种传统，如果宗教事物比其他事物更能够体现传承现象，那么我们便可以名正言顺地将宗教作为文化特殊性研究的理想工具。

传承与象征主义

当然，在没有明确“传统”这一概念的意义时，刚才所提到的观点依然过于笼统。但本文写到这里，我们其实已经可以对其进行明确解释了。“传统”这一概念最重要的含义事实上是传承过程的象征属性。也就是说，当我们提到“传统”的时候，它其实是一种通过象征主义渠道所进行的传承。这一点是理解宗教现象的关键，我们因而可以认为，宗教是一种具有活力的传统，它可以将文化规范与象征规范有效地传达给人们。从另外一个角度来讲，只要共时性（synchronie）的语言学研究和历时性（diachronie）的历史学研究能够在分析宗教现象时相结合，只要我们能够重新重视“传统”这一概念，那么宗教人类学就会重新焕发生机。这里要强调的是，这种转变并不是要脱离结构主义的研究原则。只不过，与列维·斯特劳斯在 1968 年提出的“整体社会理论”，也就是围绕亲属关系、经济和语言所建立的传播理论不同，我们所要倡导的是从“传统”这一概念出发，建立一套将重点放在人神交流的象征模式传承理论（théorie de la transmission des formations symboliques）。

我们可以在 Edmond Ortigues 的研究中看到这一方法论的基础。该作者对象征主义的研究结合了许多学科经验，比如人类学、语言学、精神分析学、宗教历史学、法律哲学，甚至还有神学。Ortigues 的这种跨学科研究绝非一种折中主义，他的研究一直都是围绕着宗教问题展开的，并且探讨的始终是同一组问题。如果非要给 Ortigues 的研究进行一个学科上的定义，我们应该视其为哲学研究。当然，这里所说的是一种能够容纳社会科学的广义哲学。[①] Ortigues 的一个重要学术贡献是把社会科学所塑造的宗教问题带回到哲学研究领域。这就让我们能够更加清楚地理解文化象征主义的三要素：传统，制度化信仰，规范。

在其题为《经书宗教与传统宗教》（*Religions du Livre et religions de la coutume*）（1981）的文集的开头，Ortigues 提出以下观点：宗教史具有一种认识论方面的特殊性。这种特殊性很少被人们提及，但它是宗教与其他文化现象，比如科学、艺术的区别所在。具体来说，与宗教史有所不同的是，在科学史和艺术史当中，对领域的界定以及对事物的定义可以在很大程度上抛开历史发展的眼光进行。比如说，在艺术领域中，我们可以只关注艺术作品的风格或者艺术接收层面的心理学机制；在科学领域中，我们可以只关注科学理论的逻辑构建过程或者实验手段。虽然 Ortigues 没有将这一观点延伸到语言学和语言史领域，但这样做也是完全可行的。当然，不管是艺术、科学，还是语言研究，研究所要运用的判断标准都是需要经过讨论和重建的。同时，我们也不能全盘否认上述研究领域对于历史的依赖性，只不过这种依赖性不是绝对的而是条件化的。而在宗教研究当中，我们对于历史的依赖性是非常强烈的：不光是特殊的象征现象本身，就连这些现象的客观化因素都是具有历史性质的。换句话说，任何能够用来定义宗教现象的判断标准在本质上都是历史的产物，它们是在历史中逐渐成为判断标准的。

对于宗教研究的这一特殊性，Ortigues 是这样解释的：“宗教思想与

① 对此，我们可以参见 Norbert Le Guerinel 和 Pierre Le Quellec-Wolff 在 Ortigues（2007）的一部遗作中整理的文献目录。对于人们在阅读 Ortigues 著作时会有的感受，文森特·德贡布（Vincent Descombes, 2005）这样写道：“有谁能够从总体上阐述 Edmond Ortigues 的学术思想，哪怕只是给他的研究作一个简介？如果有人可以做到的话，那他一定既掌握了当代哲学的基本知识，又掌握了人们几乎无法集于一身的跨学科知识（圣经学、宗教历史学、精神分析学等等）。”因而，后文对 Ortigues 的探讨是一个非常局部的，针对结构主义宗教人类学的可行性问题的探讨。

制度化和仪式化的传承体系是不可分割的。”（Ortigues，1981，第 7 页[1]）可以说，制度化信仰是 Ortigues 直接关注和探讨的一个学术难题。对于 Ortigues 来说，制度化信仰所对应的是一种仪式性的社会功能，而这一功能所体现的并非是一种笼统的交流模式，而是我们可以称之为“传统”的特殊交流模式。在这一结构主义视角下，任何宗教，不管它们的具体表现形式有多么的不同，都可以被视为一种统一体：作为一种特殊的文化现象，宗教归根结底是“具有历史状态的象征体系”（symbolisation à l'état d'histoire），亦或是“历史模式下的象征体系”（symbolisation sous forme historique）。因而，宗教现象的核心内容并非神圣事物，也不是教会，更不是对神的感知或是超脱，而是人们在象征主义的作用下进行的文化传承。

这里要指出的是，当我们这样理解宗教的时候，我们并没有违背结构主义将社会现象与语言现象相联系的研究原则。只不过，我们是要为宗教的结构主义研究提供一个新的元素，进而用一种新的角度来审视宗教这一特殊的社会现象。具体来讲，我们要做的是给索绪尔式的脱离历史的语言价值定义加入一个时间维度。在其题为《话语和符号》（*Le discours et le symbole*）（1962）的著作中，Ortigues 就曾阐释过这种相对特殊的结构主义研究法：诚然，语言现象的关键是意群（syntagme）和范式（paradigme）之间的相互关系，以及通过这一关系所产生的言语（parole）和语言（langue）之间的区别，或者说话语表达和象征符号的结构排序之间的区别。语义的形式条件是“结构法则，即一系列变化形式中恒定不变的结构关系”（Ortigues，1962，第 187 页），而范式便是这些结构关系的分类体系。但无论我们处于语言学分析的哪一个层面，我们都会面对两种关系：一种是联想和分类（即范式）关系，另一种则是口语当中音素的排列关系。而这也恰恰是语言学的一个难点：正是由于语言分析要考虑到上述两种关系的结合方式，因此，对话语当中的功能性元素（音素、词素、词汇、语句）之间所进行的分级就变得尤为重要。诚然，“有

① 我们这里引用的是“Les classiques de sciences sociales”网站（www. classiques. uqac. ca）所发行的电子书版本。

‘形式’便有‘选择性’”。但另一方面，“有‘功能’便有‘等级性’”（Ortigues，1962，第96页）。如果我们只关注语言形式之间的选择性，我们就会忽视语言现象中的一个基础性特征，即话语的构成不仅在于挑选功能性语言单位，更在于对这些语言单位进行等级排序。

这一点是非常重要的，因为这关系到语言的时间维度。如果说语言不光具有选择性，同时还具有等级性，那么这也意味着话语链在时间上是有所分化的，而且这种分化不仅表现在客观时间层面，同时也表现在逻辑时间层面。时间性和逻辑性便是“语义形式条件”的基本特征。也正是由于这个原因，我们需要重新定义索绪尔语言学中的价值概念。语言学绝不仅旨在对意群和范式进行划分。当 Ortigues 援引居斯塔夫·纪尧姆（Gustave Guillaame）的语言学理论的时候，他的目的便是要突破索绪尔语言学的局限性，也就是将时间概念，或者说语言的“时间冲突”（tensions temporelles）纳入到象征主义的定义当中，从而获得一种全方位的结构主义视角。这在认识论角度上讲是具有重要意义的。它意味着我们从此将能够突破结构主义初期对形式科学（science formelle）和历史科学（science historique）所进行的划分（Ortigues，1962，第73页；Descombes，2005）。也就是说，索绪尔语言学的方法论之争将从此失去意义。它只是过去的“历史实证主义危机”的一个缩影，而我们将会拥有一个全新的历史概念，并在这一基础上建立人文科学的统一性。从这个角度出发，传统象征主义将会变得尤为重要。当我们重新重视宗教人类学的时候，我们会发现它对于建立人文科学的统一性来说是具有核心作用的。在这一过程中，宗教人类学不再是一个简单的特殊学科，而是文化价值的时间性能够得到完美展现的科学平台。通过宗教人类学，我们可以意识到所有文化，不管其是以什么样的形式呈现的，都一定是历史的产物。

公正与命运

我们将宗教视为文化传承机制，或者说象征符号的价值源泉。从这个角度出发，宗教之间最明显的划分是经书宗教（religions du Livre）和习俗宗教（religions de la coutume）之间的划分。经书宗教强调的是拯救灵魂，它的传承模式是具有普世目的的布道。因而“经书”是它的一个重要工具，而“传教士”则是其中的一个重要角色。传教活动其实是一种终极的“传承模式”，因为它追求的是普世和大一统。相反的，与习俗宗教的“传承模式”相对应的则是社会学意义上的“传统”。习俗宗教并不追求普世，而是局限在特定的社会群体中，并只对本社会群体具有约束力。当然，这种区分并不是一种对立，它只是用来体现行为规范领域中的分化过程。当我们想要理解象征符号的传承模式的时候，我们首先需要研究习俗宗教。至于经书宗教，它只是从习俗宗教中演变出的一种特殊宗教体系。当然，“习俗”只是宗教现象的一个基础组成部分。而在“习俗”之外，宗教还有其他的组成部分，比如“信仰”，还有“超脱”。[①] 但这并不影响“习俗”在宗教现象中的主导性和永久性地位。而在庞大的宗教比较图当中，一神论的出现是极具研究价值的。拿原始犹太教来说，它的一大特点便是它自发地从习俗宗教转型成为经书宗教。也就是说，原始犹太教集中地表现了两大宗教体系的结构交汇点。[②]

现在我们明白，习俗宗教是民族性的。习俗宗教中的信仰源自在单个社会群体范围内所进行的文化传承，这种传承也让每个社会群体展现出它的特殊性。因此，在习俗宗教中，祖先崇拜扮演了极其重要的角色。同时，非洲社会民族志（Meyer Fortes，Edward E. Evans-Pritchard）非常重视的占卜也是习俗宗教中的一个重要组成部分。祖先崇拜表达的是生者与逝者之间依旧共同生活，以及现在和过去可以通过根源的概念产生联系。占卜表达的则是预言者和神谕对社会成员行为进行的规划。这两者是共同作用而非重叠的。那么问题就来了，我们该如何理解祖先崇拜

① 参见 Ortigues（1981，第 12 页）。在经书宗教领域当中，“信仰”（foi）一词有两种不同的意义，一种是教徒对教义的坚定信念（Ortigues，2007），另一种则是神秘感受（Ortigues，1984）。

② Ortigues 在一套学术丛书中发表过一部题为《一神论》（*Le monothéisme*）（1999）的十四行诗，他在该书中专门探讨了两大宗教体系的关系问题。另见 Ortigues（2003）的首章«Yahvé»。

和占卜之间的这种紧密的协作关系呢？这是我们在研究习俗仪式中的象征符号传承现象时所要提出的首要问题。而这个问题同时也会牵出一个关于西方或者说是印欧社会的问题，即古罗马宗教中祭祀与预言之间的关系问题。对于 Ortigues（1999，第 6 页）来讲，祭祀与预言毫无疑问是所有宗教制度在习俗结构方面的“两大基础”。从形式角度来讲，我们可以将两者的关系视为是相反的同时又是对称的结构性碰撞。而象征价值便是在这一碰撞中产生并且传承下来的。

我们于是可以认为，祭祀与预言组成了一个信仰仪式系统，而习俗中的社会规范便是在这个系统中产生并发展的。这一过程是一个象征符号双向的且对称的交换过程。在某些情况下，祭祀与预言是同时发生的。比如，祭司在祭坛上祭献牲畜的同时，他也可以通过牲畜的内脏状况进行占卜。表面上看，给予祭品和接收神谕在这种占卜性祭祀过程中是重叠的。但实际上，就像 Ortigues 强调的那样，两者之间并非是重叠关系，而是祭祀与预言对称性对立关系的一种极端表现形式，并且这种极端表现形式毫不影响祭祀与预言对称性对立关系的结构性功能（Ortigues，1981，第 37 页）。另外，祭品与神谕之间的流通也丝毫不会影响象征符号的偶然性特征，也就是说，象征符号永远都是来自“他方”——一个人类无法完全控制的地方。而这一特点也是象征符号字面意义的一个完美体现。在祭祀与占卜的相互关系中，人们实际上是把他们在常识层面所区分的两样事物结合了起来：一方面，人们与神灵建立关系，从而在现实社会中实现公平、公正的社会秩序；另一方面，现实社会中的突发事故经常会威胁到这种社会秩序，并且影响到这个秩序下的每一个社会阶层。简单来讲，宗教现象中的象征结构旨在解决所有人类社会必须要解决的两大问题：一个是关乎每个人社会地位的社会公正问题，另一个是每个社会成员的命运问题。

先说一下命运问题。任何一个社会都不是一个抽象的事物，因为它总是依托于它所处的生物环境，并总是会遇到各种各样危及其秩序的困难。结构主义的这一唯物主义基础是列维·斯特劳斯曾经着重强调的一点，然而这一点经常被人们忽略。只不过，当我们把占卜现象放到研究的首要位置的时候，结构主义问题的另外一个层面就会出现，也就是它更为主观的一个层面，即社会的每个个体成员是如何解决自身遇到的问题的。也就是说，当我们探讨占卜现象的时候，我们其实是在提升个体社会行动者的研究价值。人们在习俗范围内寻求的命运其实一直都是个体命运。然而，当我们认为占卜表现的是一种通过计算、预测来减缓焦虑的心理动机的时候，我们对命运的理解就会出现很大的偏差。要想真正地理解“命运”这一概念，我们需要从习俗宗教解释系统中的“奇异事件和让人情绪激动的修辞”入手（Ortigues，2007，第 194 页）。对于 Ortigues 来说，人们对于“命运”的误解是一个较为近期的历史事件，这种误解源自斯多葛主义和理性主义。事实上，占卜更像是一种魔法，它缓解人们焦虑的模式是把产生焦虑的奇异事件嵌入到一种节奏舒缓并且很有规律的咒语当中。这种模式有些类似于精神分析治疗中的解梦（Ortigues，1981，第 55 页）。当然，占卜和精神分析之间的联系很容易让我们想起列维·斯特劳斯关于萨满魔法实际效应的著名研究［参见 Lévi-Strauss，1958，《巫师与他的魔法》（*Le sorcier et sa magie*）和《象征符号的实际效应》（*L'efficacité symbolique*）章节］。总之，如果说象征主义有“实际效应”的话，它的这种实际效应并非来自象征符号本身，而是来自对原有情景的改变。不管怎样，通过传递具有权威性的信息，通过描述事物应有的样子，占卜可以为人们展现其生活环境的新秩序。从这个角度来讲，占卜与社会公正概念是相一致的，只不过社会公正所对应的是宗教仪式的另外一个方向，即祭祀过程中人与神主动展开的交流。

供奉神灵或祖先，其实是人们试图偿还自己欠神灵或祖先的债。我们还是拿古罗马作为例子，因为这个例子比较典型。西塞罗在《论共和国》一书中曾对“人民”这一概念下过一个著名的定义。大家应该都还记得这个定义的内容，至少读过奥古斯丁《上帝之城》（XIX，21，1）的人们应该都还记得：人民是“一群有着共同利益并且自愿遵守同一部法律的人们组成的社会体”。这是一个比较世俗化的定义，这也是为什么在这个定义中，社会是“共同利益”和“共同法律”之间的一个纽带，或者说是社会将这两者囊括在内，而非宗教。但是，完善的法律体系的形成必须要求社会拥有能够维护社会公正的神灵。人们通过习俗所要建立的秩序其实就是社会公正。而社会公正靠的是宗教和法律之间的紧密联系，这同时也要求祭祀和占卜这两项宗教活动能够正常运行。然而，就像理性主义让我们对“占卜”的理解出现偏差一样，当我们把人类社会的公正视为神界公正的附属品的时候，抑或是当我们认为人民对共同法律的认可只是一种默认，甚至只是一种被动接受的时候，我们同样也会错误地认识“祭祀”这一概念。要想真正理解“祭祀”和“占卜”，我们需要从另外一个角度出发。我们需要看到，祭祀和占卜所涉及的是一种用来维护社会公正和社会秩序的经济机制，参与到这个机制中的不仅是活着的人，还有神灵和祖先的象征性存在。在这一社会需求下，“人们共同接受的法律关系”所对应的“共同利益”就会有另外一个意义：它让社会正义不再是一种简简单单的只关系到个人的功利主义诉求。其实，在西塞罗对“社会”所下的世俗化定义当中，“社会”的概念已经明显超出了功利主义范畴。并且，与基督教思想家（比如批判西塞罗的奥古斯丁。参见 Gilson，1952，第 52 页及后文）宣扬的博爱不同的是，西塞罗所定义的社会强调的是神与人共同建立起来的社会公正。

公正对待每个人其实就是在世间万物之中重新建立起秩序，让每个人都可以根据他在这个世界里的位置以及他跟这个世界中其他人的相互关系获得他应该获得的东西。从这一原则出发，社会就必定会有一套神圣的宇宙论。不同的文化有着不同的习俗式规范，但任何一种习俗式规范的背后一定都有一套神圣的宇宙观。一套神圣的宇宙观的建立意味着人们对某种公正的世界秩序的认同，每个人都会认同社会根据他的社会地位所提供给他的东西。一个人的社会地位是与他的人格与名誉紧密相连的，我们甚至可以说前者就是后者的组成部分。在这些条件下，公认的社会准则在一个习俗体系当中扮演的主要是一个“社会关系认证”的角色。这些社会准则表现的并不是一种作用力（社会准则当中所谓的“作用力”是一个误区，这种误区的产生是由于当代学术界把“意愿”这一概念放在研究首位），而是对社会关系的一种认证。在社会生活中具有强制力的其实是公认的社会关系，而准则只是公认社会关系的一个规范性证明，也就是传统意义上的象征符号（symbole）。对于每一项具体的社会准则，我们不可以将其视为集体生活中的一个强制力，而是要将其视为整体社会秩序的组成部分之一。社会人之所以能够真实存在，是因为他们生活在各种各样的被认证过的社会关系之中。这也是为什么人们可以通过相互致意来表现社会公正。社会公正是人类社会属性的源头，是各种社会制度的起点，而与尊重合同相比，仪式化的致意更加能够从根本上体现社会公正的这一重要意义（Ortigues，1981，第 31 页）。

但如果仅仅是认识到仪式的社会认可功能的人类学重要性，我们依然无法回答以下问题：人们为什么会认为自己亏欠神灵或是祖先？这些人们看不到的神灵或祖先对我们认识真实存在的社会有什么样的帮助？为什么支撑社会公正的社会秩序不可以是一种完全世俗的，只关乎真实人类关系的秩序？对于这些关于神权的问题，Ortigues 给出的答案完美地展现了结构主义的研究意义（Ortigues，1981，第 72 页）。作者是这样回答的：

> 人们如果想要实现相互之间的形式上的社会认可，就必须在自然条件之外加入一些超自然或者亚自然条件。也就是说，人们需要在自然事物中加入或者提取出一些特定事物，从而建立一种"形式上"具有功效的信息。因为只有这样，自然法则才可以用来评判现实，让现实符合自然法则，而不是让自然法则去适应现实。

所以说，宗教问题的关键在于社会准则的建立，更确切地说是法律如何成为独立于现实生活和实际事物之外的体系。在融合了音位学和控制论的结构主义研究方法中，我们所关注的是一种信息价值的产生，一种可以让人们对事物进行划分，并通过事物之间的差别对事物进行评判的信息价值。这一过程其实也是在建立一种评价体系，一种用来审视现实的评价体系。就这一问题，Ortigues 这样写道：

> 如果人类不能够对事物进行评判，不能够惩罚某些行为，不能够将所有可能的行为分为"允许的"和"禁止的"，那么人类也就不会是人类……就像亚里士多德所说的那样，"生活"要想成为"美好生活"，人们就必须先要建立起一套能够规范行为的社会生活体系。建立这套体系最简单的例子便是把"行动"（action）转化成"姿势"

(geste)。姿势是一种未完成的行动，它是虚拟化的，是通过肢体语言来表现可能的行动（心理学家不正是把冲动视为行动的雏形吗?）。但除了姿势之外，人类还有纪念系统。人们可以纪念家族，纪念神社，纪念祖先等等。纪念系统的存在可以让人类社会拥有除了真实存在的社会成员之外的其他社会成员。这些非真实的社会成员便是传统深处的明灯。

Ortigues 的这段话是十分重要的。首先，他让我们知道，“美好的生活”或者说“公正的生活”是源自生活本身的创造性的。通过人类对事物的选择性区分，世界变得不再混沌，而是呈现出各种各样的形式。人类社会的存在正是得益于这种选择性区分。通过这种选择性区分，世间万物被分为“允许的”和“禁止的”，生命的发展从而也得到了更好的调节。从结构上讲，也正是由于这种选择性区分的存在，才有了文化方面或是传统方面的社会分层：如果你告诉我你在这个社会里可以做什么和不可以做什么，我就可以告诉你你在这个社会里的公认价值，因为你在这个社会里的位置是被承认的。否则，你在这个社会里就是毫无价值的，这个社会的成员就可以置你于死地。Ortigues 在塞内加尔进行民族志研究的时候就曾经历过这种情形：因为在他研究的社会里面，他本身是不受任何禁令约束的，因此，他的生命是无“形”的且无法被衡量的，而因为他的生命无法被衡量，他也就成了“可以被杀掉”的人。

其次，Ortigues 的那段话向我们展现了“姿势”的重要性。Ortigues 所说的“姿势”是生命形式的一种语言性表现方式。Ortigues 的宗教人类学主要体现的是一种关于“姿势”，以及从“姿势”所延伸出的仪式方面的结构主义研究。他的这种研究打破了学术界长期以来对“仪式”和“传说”所进行的过于严格的区分。“姿势”并不是“行动”。“行动”是人们在现实世界里实际做出的动作，即便人们不是每次都能达成行动目标。而“姿势”只是建立了一个属于它自己的空间，它的这个空间不属于现实空间而是与之平行的。比如占卜，尤其是土占。土占需要一个为事物进行归类和预测的地理空间，而“姿势”是创造这种空间最基本的一种手段。这也是为什么我们说“姿势”是一种未完成的行动，它所对应的只是一些可规范的且可能会发生的行动。不仅如此，Ortigues 还针对弗洛伊德所说的“冲动”进行了一个非常大胆的假设。他认为，“冲动”其实就是一种“姿势”。“冲动”本身不是一个正在完成的行动，它只限于表达生命中的可能性，从而让社会能够对这些可能性进行划分和规范。也就是说，“冲动”其实是一种具有创造性的抑制而非简单的释放。即使它是建立在生理基础上的，但它同时也是具有法律特点的，因为它为司法制度提供了素材。因而，在“姿势”所创造的虚拟现实和以神迹或祖庙为代表的物质化象征符号之间，我们是可以看到一种细微的但又直接的联系的，因为后者，也就是这些制度化的和“物化”（chosifié）的社会现象，其实就是“姿势”的凝结物，是“姿势”作为创造性未完成行动所建立起来的空间。正是在这样的一个空间当中，“姿势”才能够独立于现实行动。

以上便是结构主义视角下的宗教人类学的关键之所在。结构主义视角关注的是象征符号的传播形式。它能够让我们看到，尽管社会的公平、稳定表面上是由超自然的神灵在维护着的，但它实际靠的是社会内部成员的仪式体系。任何仪式都包含了一种“姿势”，这种“姿势”是用来表示祖先的存在的，而祖先的世界便是现实世界的象征化发源地。换句话说，生命是自然存在的，人们要想给生命这一自然产物赋予一种有价值的信息，从而使生命之间具有区分度，那就必须把一些逝去的人们想作现实生活的起源，也就是说要在现实生活当中建立起 Ortigues 所说的“有效性虚无”（vide efficace）。这种连接现实和非现实的有效性虚无便是社会传统中价值体系建立的关键性因素。从这个角度来讲，习俗式宗教的价值源泉在于祖先崇拜。祖先崇拜是唯一能够给生命赋予意义的方式，而社会正是靠祖先崇拜来筛选哪些是它认可的，哪些是它不认可的生命的。

逝者所创造的生命并非我们的自然生命，而是社会认可的生命，也就是说我们在一个社会里的地位。逝者在现实生活中扮演的是一个价值认证的角色，他们让每个活着的社会成员都能够在社会结构当中拥有各自的价值。家族当中的祭祖活动表现的便是逝者的这种区别化价值认证功能。但现实生活的维持同时还需要人们从祖先组成的虚拟世界中提取某种组织结构网，这种组织结构网是用来给社会成员传递专属于他们的信息符号，并以此来指导他们的社会生活的。而在祖庙中所举行的占卜活动便是用来获取这些信息符号的。人们尊重生命的方式其实正是尊重死亡。死亡的确是消极的，但逝者可以跟我们对话，他们可以指引我们的现实生活，可以预测和影响我们的未来。通过占卜，祖先所对应的时间线由过去转向了未来，祭祖从而成为一种管理性和指导性行为。从这个角度出发，祖先与生者之间不再是简简单单的自然生命传递的关系，对于生者来说，祖先更为重要的意义是它的社会管理作用，因为人们可以在祖庙中通过祖先留下的信息符号来规划社会的未来。而祖先的这种社会作用是在传统中发挥出来的。作为一种象征符号系统，传统的系统结构正是靠着祭祀和占卜的相互碰撞得以形成和维持的。所有这一切的关键都在于仪式，是仪式将信息符号传递与生活制度建立紧密地联系在一起的，也正是仪式才能帮我们打开宗教现象的神秘之门。

* * *

回到列维·斯特劳斯所说的宗教人类学中的“额外限制条件”，也就是在象征交流的通俗理论基础上，我们需要增加的对信息传递方和信息接收方的研究。通过上述所有分析，我们现在能够更好地体会这一“额外限制条件”的真正意义了，因为把握其意义的关键在于我们要了解，人对神在祭祀中发起的交流和神对人在占卜中发起的交流，这两种交流所蕴含的并非是一种信息传递现象，而是一种价值认证和价值展现功能。在祭祀和占卜的过程中，某些事物的价值得到了展现并被证实。神谕并不是简简单单地由祭司告知给人们神是如何安排他们的命运的，命运的真正力量在于它的存在是社会秩序建立与维护的基础性条件。习俗式宗教所展现的文化绝非一种文字性的东西，而是社会成员赖以生存的一种秩序。这种秩序所支撑的并不仅仅是人们自然层面的生活，更多的是人们社会层面的生活。至于宗教，世界上没有任何一种文化现象比宗教更能够体现一个社会是如何界定“人类的社会属性”的（Ortigues，1981，第196页）。

参考文献

Boyer Pascal, 1994, *Naturalness of Religious Ideas*, Berkeley, University of California Press.

Cartry Michel, 2010 [1987], «Le fait religieux», *Incidence*, «Le chemin du rite: autour de l'œuvre de Michel Cartry», 6, pp. 47 –54.

Descombes Vincent, 2005, «Edmond Ortigues et le tournant Linguistique», *l'Homme*, 175 –176, pp. 455 –474.

Dumézil Georges, 1949, *l'héritage indo-européen à Rome*, Paris, Gallimard (coll. «La montagne Sainte-Geneviève»).

—1992 [1949], *Mythes et dieux des Indo-européens*, leçon inaugurale au Collège de France, éd. par Hervé Coutau-Bégarie, Paris, Flammarion (coll. «Champs»).

Durkheim Émile, 1990 [1912], *Les formes élémentaires de la vie religieuse.* Le système totémique en Australie, Paris, Puf (coll. «Quadrige»).

Durkheim Émile et Mauss Marcel, 1969 [1903], «De quelques formes primitives de classifcation», dans Marcel Mauss, *Œuvres II. Représentations collectives et diversité des civilisations*, prés. et préf. par Victor Karady, Paris, Minuit, pp. 13 –89.

Geertz Clifford, 1973, «Religion as a Cultural System», *The Interpretation of Cultures*, New York, Basic Books, pp. 87 –125.

Gilson Étienne, 1952, *Les métamorphoses de la Cité de Dieu*, Louvain-Paris, Publications universitaires de Louvain-Vrin.

Izard Michel et Smith Pierre (eds.), 1979, *La fonction symbolique. Essais d'anthropologie*, Paris, Gallimard (coll. «Bibliothèque des sciences humaines»).

Lévi-Strauss Claude, 1948, «La sociologie française», dans Georges Gurvitch (ed.), *La sociologie au xxe siècle*, II, Paris, Puf (coll. «Bibliothèque de philosophie contemporaine»), pp. 513 –545.

—1962, *Le totémisme aujourd'hui*, Paris, Puf (coll. «Mythes et religions»）.

—1966, «Introduction à l'œuvre de Marcel Mauss», dans Marcel Mauss, pp. IX – LII.

—1973, *Anthropologie structurale II*, Paris, Plon.

—1985, *La potière jalouse*, Paris, Plon.

Mauss Marcel, 1966, «Esquisse d'une théorie générale de la magie», *Sociologie et anthropologie*, Paris, Puf（coll. «Bibliothèque de sociologie contemporaine»）, pp. 1 – 137.

Milner Jean-Claude, 2002, *Le périple structural. Figures et paradigme*, Paris, Verdier（coll. «La couleur des idées»）.

Ortigues Edmond, 1962, *Le discours et le symbole*, Paris, Aubier（coll. «Philosophie de l'esprit»）.

—1981, *Religions du Livre et religions de la coutume*, Paris, Le Sycomore（coll. «Les Hommes et leurs signes»）.

—1984, «Que veut dire "mystique"?» *Revue de métaphysique et de morale*, 89（1）, pp. 68 – 85.

—1999, *Le monothéisme. La Bible et les philosophes*, Paris, Hatier（coll. «Optiques»）.

—2003, *Sur la philosophie et la religion. Les entretiens de Courances*, propos recueillis par Pierre Le Quellec-Wolff et Marie Tafforeau, Rennes, Presses universitaires de Rennes.

—2007, *La révélation et le droit*, intr. par Dominique Iogna-Prat, éd. revue par Pierre Le Quellec-Wolff, Paris, Beauchesne（coll. «Bibliothèque historique et littéraire»）.

Salmon Gildas, 2009, *Logique concrète et transformations dans l'anthropologie structurale de Claude Lévi-Strauss*, thèse de l'université Paris I, sous la dir. de Jocelyn Benoist（dactyl.）.

Sperber Dan, 1974, *Le symbolisme en général*, Paris, Hermann（coll. «Savoir»）

第二部分

比较的方法

比较不可比较的事物：人类与灵长类动物比较研究的可借鉴之处及局限

弗雷德里克·朱利安

十几年前，我为梳理人类起源研究方面的新进展写了一篇文章，指出当今绝大多数关于人类进化过程的解释都是建立在动物行为学研究基础之上的。在这个课题的研究上，动物行为学已经渐渐取代了民族学[①]，成为其最主要的理论基础（Joulian，1998）。

这种学科范围和理论基础的转变，标志着人类起源研究的重心从文化和社会研究转移到了自然科学研究上，而这种变化从一开始到现在，都在不断地给人类起源问题研究提出认识论和方法论方面的挑战。这些研究中，有的是关于被比较事物的性质的，有的是关于其科学属性的，还有的是关于人类起源研究目的的。除此之外，这种变化过程中还出现了两种值得注意的倾向：一是将人性特征归于自然特征的泛自然化，二是将动物特征与人类特征相联系的泛本质化。

近几十年以来，史前考古学（这个学科是否属于社会科学还有待斟酌）的发展促进了社会科学领域中实证主义地位的上升，认知科学和遗传学也试图从各自学科的角度来研究所有的人类和社会问题（例如科技、文化、宗教等等）。尽管时常会遇到一些阻力，但实证主义以及脑科学和遗传学的理念，还是深刻而持久地影响了当代人文和社会科学领域。如今，经验主义和进化论的论调在人文科学界卷土重来，之前已经稳定下来的自然与文化，以及动物与人类界限的划分被打破，这些传统划分对

① Marcel Detienne（2000）后来借用了这篇论文的题目。

于科学探索和实验的指导意义也被否定了。单纯地区分人类、史前人类和动物已经不足以划分学科间的界限了，而造成这种认知上的倒退的一个主要的原因，可以归咎于学术领域里的这样一种对峙：一边是人类学、历史学以及哲学，另一边是认知科学和生物学，二者都在质疑对方研究人类起源问题上的权威性和作用，而这种对峙带来的消极影响远大于其积极影响。

其实产生这种对峙的关键问题在于，我们没有将具体的活动、行为以及情感作为出发点和关键点来研究进化问题。这既是我们人文科学自身的症结所在，也是人文学和生物学二者之所以互相混淆彼此研究领域和对象的原因（Cheveigné 和 Joulian，2008；Joulian，2009）。

目前，支持将人和猿放在一起研究的学者能提供的最有力的论据，通常是生物学家所使用的具有分类性质的论据，比如："我们与××99%的 DNA 都是相同的。"（Waal，1996）除此之外，还有一些具有实验操作性质的论据，比如："在保持其他变量不变的情况下，我们将 X 和 Y 的捕猎路径放在一起进行对比研究"。无论是前者的这种概括性论据，还是后者的实用性论据，它们也许比较符合大众传媒以及所谓的"硬科学"的口味，但却并不能够满足社会科学的需求，因为社会科学对科学性的要求更加严格——社会科学的科学性与"主体性"研究客体（objets «sujets»）的性质，以及社会学、心理学、历史学研究对象的复杂性是息息相关的。受篇幅和主题的限制，本文在此不进行详述。

回顾人文社会科学领域中对人类问题的研究，我们会发现，研究所谓"人类现象"的学者或著作越来越少，人文社会科学界似乎已经对这个问题的研究丧失了雄心和抱负。尽管如今的人文社会科学比以往任何一个时期都更加注重细节的描述、变量的控制以及实证，但却不再关注那些"重大人类学课题"，而是将其留给了自然科学。然而，自然科学仅从人类学那里获得了课题（例如"社会关系的起源""语言和符号的表达能力""文化的多样性""科技和经济变迁的原动力"等等），但却没有借用其发展了一个半世纪的方法论、知识以及理论体系。这种境遇也许从某种程度上可以解释为什么长久以来在诸如"动物文化"这类界限模糊的大课题的研究上，无论是在国际还是在法国国内的学术界，各学科既冲突不断，又成果贫乏。

在本文中，我会直面关于人类和非人类之间的比较问题。希望这里所提出的实施比较研究的框架和规则，能够为生物学和人类学双方提供一个对话的平台，可以使双方在数据处理和研究课题制定等问题上达成共识，并分别在各自擅长的领域取得研究的进展，最终促进人类问题研究的发展。

本文试图回答的中心问题可以表述如下：以人类和灵长类动物作为比较对象，在单纯地比较二者的生理构造之外，如何比较二者的行为，以及他们在物质（指器物）和非物质（指通过与同类合作，有意制造的，用于施加于其他同类的某种效果）方面的生产活动?

具体来说，基于现行的科学分类，本文所涉及的比较研究对象确定为以下三个：现代人（智人，homo sapiens），猿［grands singes，包括倭黑猩猩（pan pygmaeus）、普通黑猩猩（pan troglodytes）、红毛猩猩（pongo pygmaeus）、大猩猩（gorilla gorilla，gorilla bereingei）］，和人类最早的祖先［南方古猿（australopithèques）和人属（homo）］。将这三个种类都包括在内的大家庭叫作“人猿”（hominoïdés），这个类别既包括进化和生存至今的这类物种，还包括已经灭绝的物种。“人猿”作为灵长目下的一个总科，记载了一段漫长的历史时期内（约一千五百万年）种类繁多（约二十多个物种）的人类现象。在这个框架里，我们可以观察和比较上面三个研究对象在自省意识、语言能力、空间组织行为、避免乱伦的措施以及丧葬行为等等方面复杂而细微的行为表现。这些行为表现当中的许多已经成为今天我们界定“人类”这个概念的重要标准。

前面说到，本文的目的是建立一个比较研究的框架和规则。为了达到这个目的，我们还需要考虑一下研究策略方面的问题。比如，我们是应该针对一个具体的问题进行具体分析呢，还是应当尝试获得一个具有广泛适用性的理论呢？就本文而言，由于我们的目标是给自然科学和人文科学双方建立一个对话平台，那么在这个目标的指引下，我们的研究策略也就更倾向于后者。具体来说，我们既要考虑人类学所关注的普遍性（universaux）的问题，也要考虑行为学和心理学所关注（或曾经关注）的不变量（invariants）的问题。这样一来，我们就可以很好地揭示这两类学科彼此之间的误会，并探讨消除或避免这种误会的方法，即从关系和互动的角度，正确地识别并区别看待人类社会和动物社会各自的运行模式。

本文内容的安排将遵循以下顺序：批判性地描述、比较、汇总归纳。“比较”部分是本文的重心所在，重点讨论的是跨物种比较研究的方法和实践，以及这种比较研究对人文科学在方法和认知上的贡献。本文之所以在开头提出这些明确而详细的规范，是因为我们知道，只有系统和规范地进行比较才能让我们尽量少犯错误。如果只是简单粗略地比较，那么我们得出的结果也没有什么意义。比如说，如果我们粗略地用常识中的“动物性—人性”作为研究对象划分的标准，那么研究结果的广泛适用性就会很不可靠。本文旨在为比较法在“跨物种研究”这种比较“冒险”的课题中的应用提供一些指引和相应的注意事项。

为什么要比较人和猿?

人，是一种灵长类动物，一种高等的哺乳类动物。尽管人类有许多其自身独有的特点（比如双脚直立行走、强烈的不确定性、语言能力、改变自己周围环境的能力等等），但其实人类与其他动物——不管是不是灵长类动物——在生理构造、认知、行为以及社会关系等方面都有许多共同的特点。去比较人类与其他动物的相同点，以及那些与其他哺乳类动物，或其他灵长类动物共有的特点，可以让我们更好地把握这些特点的起源、历史以及结构。

以上这三个层面，即“起源”“历史”和“结构”，对应的其实是三个相互独立的研究探索过程，同时也是三个相互独立的学科领域。前两个层面常常有古人类学、心理学和语言学的参与，它们旨在研究各种人类独有特点（比如制造工具、直立行走、口齿清晰地讲话、自我意识等等）的起源。此外，史前考古学研究的是技术的发展，栖息地的构成和变化，以及生活方式的演变；至于比较心理学和认知行为学则被用来对比各物种能够区别于其他物种的行为、机制和结构方面的特征。不过，最后提到的这类研究一般不会关注这些特征的历史演变过程（Delfour 和 Dubois，2005），其基本思路一般是采用认知行为学的方法来进行研究（Tomasello 和 Call，1997），而不会采用心理学的方法（Vauclair，1998），因为学术界一般认为认知行为学的方法更适合用在人类与其他灵长类动物的比较研究中。

站在今天的角度重新审视这些问题，不仅需要我们了解动物社会的历时性（diachronique）和共时性（synchronique），还要求我们尽可能周全地考虑这两个层面。同时，我们还不能忘记考虑人类的起源问题（当然是在没有任何定论的情况下）。这里值得注意的是，在考虑人类起源问题的时候，我们不能仅局限于寻找所谓“人类最古老的祖先”，或者所谓“人与猿最后一个共同的祖先”[这种思路源于进化论里著名的“缺失的一环”（chaînon manquant）学说]，还应当思考那些使人区别于猿的、新的社会规则、社会条件以及社会关系等是如何出现的。

对这些特点起源层面的研究，其实就是在分析种种变革产生的原因和方式。这种研究非常重要，不过我们在这里不重点讲它，只是在它与我们比较研究的中心内容有关联的时候适当地提一下。这类研究主要包括行为学和社会学领域中有关创新方面的研究，还包括一些有关起源的实际模型和理论模型方面的研究。这里值得一提的是，十几年前关于语言起源的研究课题，以及关于仿生机器（更广泛地讲是动物机器人模型）的研究，都完全可以被归入到这个“起源”层面里[参见“从动物到仿生机器”（From Animals to Animats，1990－2010）系列学术研讨会的内容]。可见，那个时期的形式主义和抽象化倾向几乎跟我们今天所面对的情形差不多，而当时这种情形的出现，并不单纯是因为研究者们想从一个新的角度阐述起源或变革问题，还可能是因为，除了个别的“非主流”人类学者之外，主流人文社会学者越来越忽视进化方面的问题（Guille-Escuret，2008；Testart，2011）。

就古人类学和史前研究中对于人类起源，以及与之相关的物种接续问题的研究而言，即使其研究成果已经很好地被模型化和理论化了，但这些成果对于其他人文学科来讲只有很有限的借鉴意义。尽管在它们的论战之中，古生物学的“热带草原人类进化模型”与灵长目动物学的

“森林人类进化模型”（Coppens，1994；Boesch-Achermann 和 Boesch，1994）都有理有据，并且它们之间的对比也看似会给人类起源研究带来突破，但这二者之争不管是在内容上，还是在比较研究的框架上，亦或是在概念理解上都存在诸多问题。我们将在后文中详细探讨这一点。

对于人类进化方面的问题，或者确切地说，从最初开始直立行走到人类诞生的三百万年间的所有这些与生物和文化层面的演化机制有关的问题，在脱离人类今天的生活方式的情况下是无法得到解释的。因为直到今天，在人类社会中，所谓“原始的”和所谓“现代的”多种生活方式是并存的（例如，经济模式上：捕猎和生产；劳动方式上：不使用工具和使用工具；符号表达上：没有文字的语言和有文字的语言；社会组织上：权力分散的和等级制度严明的；等等），而人类进化史上所有的关键事件（例如，乐器的使用、语言的描述和表达、种植植物和驯化动物等）又都跟这些生活方式的转变有关，也正是由于这些生活方式及其演变才有了人类的历史。埃德加·莫兰（Edgar Morin）曾多次指出过人类进化问题的这种极端复杂性（Morin，1973；Morin 和 Piattelli-Palmarini，1974），它不仅体现在哲学和认识论层面，还体现在实际操作层面。我们必须充分认识到这种极端复杂性的存在，为此，我们应当将尽可能多的学科和知识体系纳入到考虑范围中，尽管这些学科和知识的性质可能相差甚远。

“为什么要比较人和猿”这个问题，除了上面说到的是研究进化现象的需要之外，还可以从比较法的作用角度来考虑：观察和对比人与猿的一些共同点，可以让我们更清楚地理解现代人的现状和过去，进而让我们得到一种更准确的、超越物种类别界限的知识。

在比较研究中找出人与猿的共同点，可以让我们打破许多对人类特有属性，或者独有属性的认识；而如果在比较研究中单纯地讨论所谓人类的独特性，那么比较就失去了意义。事实上，行为科学研究的一些重大进展（见下文）让我们意识到，为了研究人类的某些特质，我们不仅可以，而且必须将人与其他物种进行比较研究，否则，我们得出的结论常常会有严重的偏差。

这里我们来看一个灵长类动物的进化分支图（图 1，第 79 页），以及一个总结所有人猿的高等认知能力的表格（表 1，第 80 页）。我们可以注意到，有许多所谓人类特有的能力早在人属的物种出现之前就存在了，这就要求我们在进行相关分析的时候必须与别的物种作比较；而这些“别的物种”，既包括与人类有直接传承关系的“父辈”和“子辈”物种，还包括同系谱的其他灵长类动物。

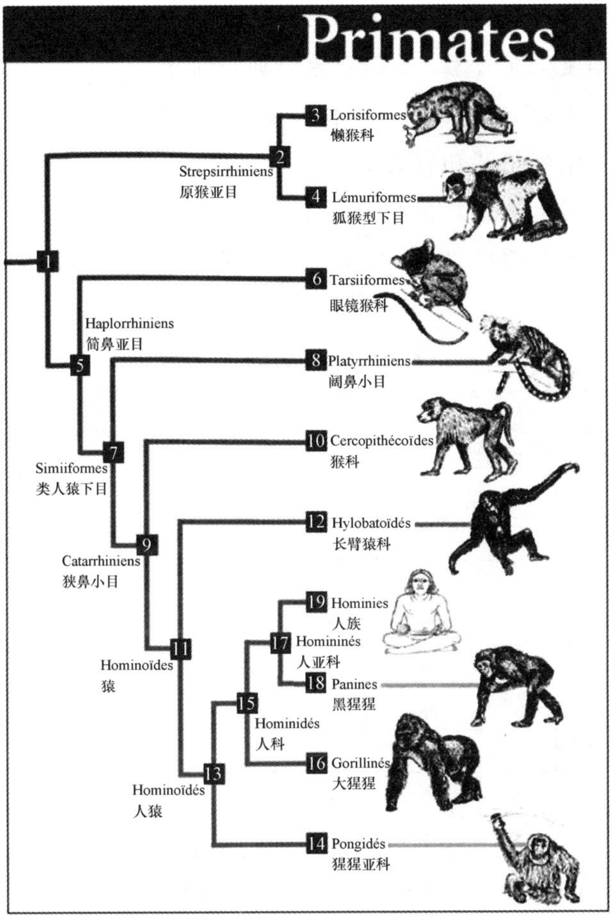

图1 灵长类动物的进化分支图

资料来源：Lecointre 和 Le Guyader，2001。

进化分支图是一个相对较新的工具，它为我们提供了相关物种进化的清晰和系统性的展示。图中展示的与人类最早的祖先有直接传承关系的灵长类动物，现存的共有两百余种。这些种类是通过综合考虑形态和基因两种特征而划分出来的。这个新工具与旧的分类法在显示出来的信息上有许多不同，比如说，进化分支图显示，人类与普通黑猩猩的关联性，比普通黑猩猩与大猩猩的直接关联性要强。将“13 号节点”当作一个整体来考虑，这不仅能够帮助生物学避免许多错误的思考方式和结论，对行为研究也有同样的效果。在对行为的研究中，我们不应当将人类单独列为与其他所有灵长类动物相对的类别，而是应当借助这类工具，从时间和空间角度全面考虑、比较对象类别的划分。

表 1 列出了以类人猿（anthropoïdes）及一些其他灵长类动物为主的不同物种的一系列与认知有关的能力。以作为模版，我们还可以制作出有关社交能力或运动能力的表格。通过这些表格我们可以强烈地感受到，研究人类的行为必须与“人类家族”的其他成员作比较。

表 1　　类人猿的高级认知能力

	人	倭黑猩猩	黑猩猩	大猩猩	红毛猩猩	卷尾猴	海豚	乌鸦
工具的使用	×	×	×	×	×	×	×	×
工具的制作	×	×	×	×	×	×	×	×
主动的传输	×	–	×	–	–	–	?	–
模拟	×	×	×	×	×	–	?	?
对工作任务的测试	×	×	×	–	×	–	×	×?
意向的分配	×	×	×	×	×	–	?	–
同情	×	×	×	×	?	–	×	×?
有策略的欺骗	×	×	×	?	?	–	×?	–
标记能力	×	?	×?	?	?	–	–	–
模仿能力	×	×	×	?	×	–	×	–

资料来源：Mitchell，2002；Shumaker，Walkup 和 Beck，2011。

比较什么?

从人类学的角度研究全部灵长类动物的社会，我们可以列出一个很长的问题清单，其内容可以包括社交能力，维持生计的方式，情感的作用，技术的发明和使用，社会生存的智慧，教导年轻一代的方式，学习能力等方面，这个问题清单几乎可以一直这样无休止地列下去。近三十年来，灵长目动物学和动物心理学在这些问题的研究上都取得了多方面的长足进展。然而具体到实际操作层面，应当如何处理实地发生的各种活动和事件，或者更确切地说，应当如何根据观察动物在其生活区域内的自发行为来进行系统性的研究呢？我们应当明确的是，既然我们的研究是进行一种跨物种的比较，而这种比较的目的，是对比较对象（即某个研究课题）进行性质上的区分和界定（在既不使比较对象脱离自然常态，又尽可能充分地观察比较对象的情况下），那么，我们不能仅仅满足于将比较研究的对象置于一种“自然的或者预设定的”状态下来进行这种研究。根据研究角度的不同，最终确定下来的比较对象应当相对于某个种群自身来说是一个变量对象，而相对于其他种群来说是一个非变量对象（例如，下文中“游戏”之于人和猿是一个共同的主题，也就是一个非变量对象，而这个对象在这两个种群当中的表现是不同的，也就是一个变量对象）。

在对一个机制（如亲属制度），一个现象（如分工的性别差异），或者一个行为（如睡觉的方式）下定义的时候，我们都要从不同的学科角度来考虑（例如，一个行为的生物学角度的定义和文化上的定义是不同的）；当一个机制、现象或行为需要从人类学角度来定义的时候，我们必须尽可能全面地考虑促使其发生的种种情况和背景，否则就有过度简化的风险。

接下来要考虑的是，我们应当具体围绕什么样的人类学问题来进行研究呢？根据这个人类学问题又怎么选择研究的课题呢？研究时应当深入到何种程度的细节，又应当进行何种程度的归纳呢？如果我们回顾第二次世界大战刚结束时日本灵长目动物学研究的起始阶段，我们会注意到日本学者在这个阶段的大多数研究关注的都是一些具有普遍性的人类学问题（例如，社会的起源问题、禁忌问题、文化问题等等）。同时，他们对猕猴的观察和研究也都是围绕这些问题展开的（Kawaï，1965；Asquith，2000；Nakamura 和 Nishida，2006；Ichikawa，2011）。再看看同一时期西方与人类学有关的研究，我们会注意到，那时候西方人类学研究就已经出现了今天我们所面临的学科间屏障的问题了。这就要求我们用不懈的努力打破这些屏障，促进动物学和人类学各自学科传统和知识之间的对话（Joulian，2011）。

但是不是所有的人类学课题对灵长目动物学研究而言都是有效而可行的呢？当然不是。那么，当我们找到了一系列可供观察、研究的素材，并以此确定了一个值得研究的课题时，我们怎么把它变成一个跨学科的比较研究呢？首先，就像我们刚才说到的，我们应当在课题开始时就明确课题的角度（历史研究，结构性研究，或是动态研究），并说明选择该课题和该角度的原因。

举例来说，我们拿“游戏”这个课题来研究人和猿。那么首先，我们就必须充分掌握不同学科之中与这个主题有关的理论和概念框架，以权衡其中的哪一个框架最适用于这个研究课题。我们需要考虑，在猿的生活中所观察到的游戏行为，我们是应该将其视为马瑟·牟斯（Marcel Mauss）所提出的著名的“整体社会事实”（fait social total），还是应当只将其看作一种有限的自我发展行为（或者说一种利于自我发展的学习行为）？定义的选择，以及观察尺度的确定都在这一刻变得具有区别性：不管是选择历史学和人类学的开放性定义，还是选择约翰·赫伊津哈（Huizinga，1951）所定义的“游戏人”（homo ludens），抑或是选择动物心理学的一系列确切定义（Bekoff，1998；Palagi，Cordoni 和 Borgognini Tarli，2004），这个决定都会给之后的比较研究和解读方式带来巨大的差异。此外，一切还取决于我们怎样界定不同物种的游戏的“自然性”，毕竟对于一个物种来说是“自然的”游戏，对另一个物种来说可能完全不是“自然的”（Moreau，2009）。我个人认为，研究游戏现象的关键便是对游戏的“自然性”（naturalité）进行界定，因为它可以让我们能够从实践角度去断定“这的确是一个游戏”（Bateson，1955）。不同年龄（幼年和成年）的同一种动物都分别是怎样清晰地识别出某种游戏或者是广义游戏的信号的呢？两种完全不同种类的动物是否可以摆脱对对方的攻击性或猎食欲的恐惧而在一起进行游戏呢（Joulian，1999）？在这些研究游戏的自然性的问题中，我们关注的重点不仅是对研究对象本身行为的定义（例如，是“模仿”还是“示意”等），还应该重点关注并确切描述这些行为发生时的环境。但如果是这样的话，我们又该如何在本质主义和客观主义盛行的人类学氛围中描述行为环境呢?

以上这个简短的例子展示了跨物种研究的一般方向：跨物种研究需要通过比较来创立一种新的描述思路，使我们可以从一个新的角度描述研究中所反映出来的一种之前未曾看到的“主体—客体”的关系。跨物种研究就是要不断地迎接这种认知上的新挑战。

与研究特定行为相反，普遍性现象——例如之前提到的“动物文化”——并没有被很好地研究，其原因应当是缺乏相应的研究逻辑准则。当然，众所周知的是，这一状况也与人类文化独特性研究中的象征因素、意识形态因素和哲学因素有关。现行的规则体系中，与动物文化有关的许多定义都是相互冲突的：有的太泛泛，有的包容性太强，有的已经陈旧过时，还有的是追加或特设的（对比 Boesch 和 Tomasello，1998 和 Ingold，1998），这直接导致近四十年来动物文化的问题完全没有得到任何明确的解释（Ducros，Ducros 和 Joulian，1998）。

关于非人类的物种的世界里是否存在动物文化（包括“多种不同的文化”，或者是“一个唯一的文化”这两种可能性）的问题，研究起来极具复杂性，因为它包含的范围广，涉及的学科多，要研究就必须让不同学科之间能够充分地交流起来。这个问题的复杂性还在于以下几个方面：我们认为，“文化”是一个社会内在的东西，是让每个成员感觉到“我们生活在文化之中”的一种存在；而所谓的“人类文化”，是一种能够让我们用它来描述人类集体中的各种形式和关系的工具［可以参照 Lévi-Strauss（1973）一派的理论］。“文化”，通常还是一种模式，一种规范（比如，我们会说：“我们依照文化习俗生活。”）（Ingold，1994；Joulian，2000）。最后这一点给我们提供了另一种——也是一种更加公正和动态的——分析视角。如果我们从这个视角来研究动物文化问题，那么就一定要直面自然科学和人类科学之间的论战。而为了让双方能够充分地交流，我们就必须共同构建一些能够让双方达成共识的定义，以实现在同一课题上的合作。

除了刚刚提到的建立语言和概念上的共识和实现合作以外，也许还有另一种更加实用主义的方式可以解决双方在彼此视角的权威性问题上的争议，那就是建立一个让双方的研究结果能够充分比较的平台。

目前，人与动物的区别主要是建立在双方的自然属性之上的：“人类是这个样的，大猩猩是那个样的。”另外，人类会“做”或者说“制造”东西，人类会针对外部世界做出反应，会创造，会生产。因此，自从人类制造了第一个工具，人类就成为自己历史的书写者。以上这些是马克思主义人类学者和结构主义人类学者之间少有的共识（Godelier，1984，1998；De Heusch，1963，2001）。值得注意的是，在以上叙述中，“动物—人类”的二分法，以及人类中心主义的思想贯穿始终。

具体到对人类社会内部的研究——对所谓“冰冷”社会和“温暖”社会的区分（Lévi-Strauss，1961；Hartog，2003）时，其实在结构上与上文中的人类中心主义思想类似，是一种欧洲中心主义的思想。回到人与动物的区分问题上来，我们会看到，如果说人类是自己历史的书写者，那么这是相对于动物而言的，因为动物只被视作外部变化的客体而非主体。然而人类的历史，或者用20世纪七八十年代盛行的说法，人类“从自然走向经济的过程”（Foley，1991），是很难被客观化的，因为人类同时是自己历史的“主人公”和“作者”。这一认识要求我们重新审视人类的这个双重角色，在人类和动物的比较研究中尽量多地偏重于对种群内部关系的分析，而不是对种群整体的生存和发展的分析。动物和人的行动，不仅可以从其生理构造、认知能力和生活环境角度来比较，还可以从其行为和物质表现角度来分析。动物的手势、有声沟通，以及通过各种各样的器物所进行的表达，都可以成为与人类同类型行为进行比较的素材。从这个意义上讲，比较二者的表达方式以及二者以物质为对象的行为，这两种比较对象就是我们一直在寻找的、能让我们将两个物种放在一起比较的平台，它们可以帮助我们打破本质主义的屏障，实现跨学科比较以及推论的客观化。

回到本章节开始的问题：我们应当比较什么呢？其实不管什么研究对象都可以被比较，只不过这种超出单一学科范围的研究有的时候有意义，有的时候则不尽然。还有的时候，即使是同一名称的研究对象，它在某一学科内具体所指的研究内容很可能与在另一学科里的并不一样。这就要求我们在比较研究中一定要充分考虑如何将一个学科的课题等价转换成另一学科的同一课题。比如说，关于“同情”的研究，我们看到这个之前被道德哲学重点研究的课题，经由动物行为学和心理学（Berthoz 和 Jorland，2004），如今其研究重心渐渐转到了脑神经科学领域。这种所属学科的转换，使得“同情”这个研究对象不同于其他学科中那些定义清晰的研究对象，因为它在不同学科中的含义常常是不同的，有的甚至是互相矛盾的。再比如说，20 世纪 80 年代被发现和记录的灵长类动物的“求和行为”（peacemaking，Waal，1992），这种行为在人类社会中是不是存在呢？如果存在，这种求和行为是否会具有人类特有的象征性和仪式感？如果有，这跟猩猩的象征性和仪式感是否性质相同？这些问题都很值得探讨。我们在此之所以提到这些课题是因为我们相信，研究这些课题可以让我们打破学科界限的束缚，从一个新的角度重新考虑一些既存的基本概念（如他人/他物、亲属关系、身份、性别等等），因为一直以来，正是对这些基本概念的定义上的分歧让跨学科研究阻力重重。

20 世纪七八十年代，人类行为学致力于研究人类与前人类（pré-humains）在行为上的不变量的问题（Eibl-Eibesfeldt，1989）。彼时，人类行为学其实原本可以与人类学一起讨论研究这个问题，因为那时的人类学所关注的，也都是一些在文化问题上游的、非常具有普遍性的课题（如语言、象征性、实用性等问题）。然而一直以来，甚至直到今天，这两个学科间的对话都非常有限，反而是社会学试图凭借自己所谓的科学性，渐渐成为研究这个问题的主流学科，而人类学几乎可以说是退出了对不变量（invariant）问题上的探索。人类学的研究方向逐渐转向了对人类社会内部的变量的研究，以及对不同社会领域和社会构造间的关系的探索。对文化不变量的探索，不应当建立在对单个行为的研究基础上，而是应当关注人类社会的结构和形态，关注这个社会中各种行为之间的关系（比如说，我们要判断行为是个体自发的还是有组织的，是有经济目的的还是象征意义上的等等）（Taylor，2002）。可惜的是，尽管一直以来行为学（ethologie）和民族学（ethnologie）都在尝试进行对话，两个学科之间却仍然存在着许多对对方的误解（Conférence Delwart，2001）。

作为不同学科的研究者，如果我们可以抛弃对学科界线的坚持，将不同动物（包括人类）的社会机制放在一起研究，比较人类和非人类社会中是否存在这样或那样的同类行为，如果有，各自又有哪些特点的话，那么人类的学术研究作为一个整体，将会有一个崭新的转折和突破。

比较谁的行为?

在“比较谁的行为”这个问题上，我们说过，要根据具体研究对象的具体研究问题和角度（进化角度，结构角度，或是起源角度）来决定。根据要研究的具体是什么样的行为（例如，我们要看研究的是人类，是当代灵长类动物，还是史前人类的使用工具行为），比较研究在原则和方法上会有本质上的差别。如果说我们需要在研究中根据现有的遗迹和资料，重现两百万年前原始人类维持生存的手段以及生活方式，那么供我们选择的就有两个模板，即“猿猴模板”和“人类模板”。而这两个模板，很大程度上又都是根据对现存这类物种的信息（比如关于其行为的功能、目的、方法，以及不具有实用性功能的物件的象征意义等方面的信息）所进行的考古学分析和解读（即通过相关属性的转嫁以及推理）来建立的。这种行为考古学的研究原则，使得具体研究结果的表达和组织（Isaac，1981；Sept，1992）以及实地考察的实施方案（Joulian，1996；Backwell 和 D'Errico，2001；Haslam，2012）都极具差异性。然而，由于这其中的大多数都是以研究“功能”为目的的（例如“这样或那样的工具是用来……的”，或者“这个工具是这样或那样使用的”等等），学者们缺乏对物种本身的具体分析。大多数研究中都是用被研究物种身体结构上的相似性，来证明行为相似的合理性的。显然，这种证明合理性的理由不足以让我们建立一个扎实的科学认识，因为它并没有对行为背景进行任何具体的描述，也没有对其采用的单维度视角进行任何解释——而我们说过，用个体行为的作用和效果作为单一解释的研究其实是不可靠的。

对于上述课题，我们还可以通过宏观尺度进行讨论。从宏观尺度出发，就是要求我们研究两三百万年前的原始人或者是人与猿“最后一个共同的祖先”（last common ancestor）的社会体系，也就是说，我们的比较研究应当涉及所有的人类社会和猿的社会。在这种时间跨度为成百上千年的情况下（见图 1 和表 1），分类学的因素就会对关于社会构造演化的宏观研究产生巨大的影响。

如果说一个复杂社会体系的存在，必然是由于组成这个社会的个体拥有预见能力、规划能力、伪装掩盖的能力、心智，以及反思和自我意识等等，那么所有具有这些能力的物种（包括大猩猩、红毛猩猩、黑猩猩、倭黑猩猩）都应该被纳入比较研究的范围之中。此外，我们还需要关注那些在进化过程中不太"走运"的物种（如新世界猴），以及超出人猿大家庭的其他物种分支（如鲸鱼、鹦鹉），并说明我们将这些物种排除在对比研究分析之外的原因。比如说南美的卷尾猴，尽管我们观察到它们在捕食及其他日常行为中展现出了超强的技术性（Visalbergh 和 Addessi，2009；Zattoni Milano 和 Auraujo Monteijo-Filho，2009），他们还是在大约四百万年前就与灵长类动物中的"旧世界猴"分道扬镳，成为"新世界猴"。然而，对南美卷尾猴的观察依然对我们的研究非常重要，因为它们的案例有力地说明了进化上的趋同性，从而让我们更好地理解了行为的多变性和灵活性。另外，卷尾猴相对其身体构造显得极为发达的技术能力，还可以避免我们过分地强调人类以及类人猿在进化过程中的思维因素和肢体因素。

"比较谁的行为"这个问题，除了应当根据具体课题的具体研究问题来决定，还应当根据比较研究的尺度和范围来决定。这种尺度和范围包括微观（例如，研究对某种材料的拉扯或挤压等简单行为的功能），中观（例如，研究食肉行为、梳洗整理仪容等行为在进化过程中扮演的角色）和宏观（例如，还原祖先的行为，或者研究互动结构的功能，比如分享食物的互动结构和不平等交换的互动结构等）三个层次。

在数据的内容上，无论是通过实验采集还是通过观察自然状态采集，其范围既可以缩到很小，又可以扩到很大；既可以以质化分析为目的采集数据，也可以以量化分析为目的采集数据。在我之前完成的，以比较研究黑猩猩和早期人科动物的工具为课题的项目中，我采用的数据虽然有力地证明了这两者在使用开坚果工具方面的相似性（Joulian，1996），但在研究结果的解读和归纳上，还是存在着许多的局限性。造成这种局限性的原因有很多，主要与不同的黑猩猩分支（而且我们也无法确切了解它们各自的祖先及历史），和不同的人科动物（有的是我们的祖先，另外还有许多是在两百万年前就已经灭绝了的人科动物）在进化过程中的非连续性和在进化节奏上的不对称性都有关系。

其实，如果我们的研究目标并不是非要给出一个关于起源的解释，或者一个完整连续的进化史，那么上面说到的这种非连续性就不是一个太大的问题。然而遗憾的是，即使实验数据显示黑猩猩和人科动物的行为都充满了多变性，绝大多数的关于进化的研究仍然都倾向于通过有限的数据建立一种与数据不相称的因果关系，或是一个与数据不相称的连续性进化史。不可否认的是，直到今天，模式化思维对人们的研究仍旧影响很深，许多对实验结果的解读都是带有成见的（比如说，某个动物社会被认为特别高效，或者说某个物种特别被看好，仅仅因为它们跟人类是最接近的）。这里可以举这样一个例子：尽管梅卡德尔对黑猩猩聚居地的考古研究非常有意义（Mercader 和 Barton，2007，该研究证明了类人猿会砸核桃这件事已经至少有四千三百年的历史了），但特别需要批评的一点是，作者总是在试图说明黑猩猩社会使用的器物与两百年前人猿社会使用的器物有多么接近。这就好像在说黑猩猩一直没有继续进化一样，而这种模式化思维其实是错误的，因为它根本没有考虑远古时候的黑猩猩所面临的真实环境因素。如果单纯从物种类别来考虑问题（例如根据“99%的 DNA 都是相同的”这一点来说），我们当然可以得出上面那个结论，但这是不公正的。让人遗憾的是，时至今日，学术界对不同学科的等级制度，以及不同学科解释理论的优劣问题（尤其是解释的精确度）仍争论不断（Premack 和 Premack，1994；Mesoudi，Whiten 和 Laland，2004。与他们的主张相对抗的是：Ingold，1998；Guille-Escuret，1994；Cheveigné 和 Joulian，2008）。

如何比较?

最后我们来谈谈“如何比较”的问题。这个问题所涉及的更多的是分析的技术和工具。值得注意的是，本文的目的在于给比较法的应用提出一些总的原则，而不是为比较研究设计具体的方案，因为毕竟每个比较研究的方案都要根据课题和数据的性质来具体制定。

尽管如此，在“如何比较”这个问题上还是有几个总的原则的。所谓“比较”，只有在被比较对象的主体性质和大小相当的时候才能进行，这就包括研究课题、尺度（即具体分析还是总体分析），以及被观察事物的“分辨率”（可观察到的细微程度）等。这一点确定了之后，在工具的选择上就很自由了，所有比较人类学和比较心理学的工具都是可以用的［参见 Leroi Gourhan（1971）的“不同级别的事实”，Martinelli（1988）对变量的分析，以及 Lemonnier（2010）对系统的分析等等］。

所有我们试图研究的现象（社会的、经济的、认知上的等等），都是历史，自然或文化，或是自然和文化造成的一些现象和状态（指在某个时间点上的特定的情况）。对于这些现象和状态而言，我们或是始作俑者，或是承受者，二者必占其一。而对这些现象——不管是生物现象还是文化现象——的历史层面的研究，都不可能离开对特定时间段的考察。即使我们是从比较人类学的角度——也就是从一个不强调时间连续性的角度——来研究这些现象和状态的，我们还是应当在比较研究中注意对时间性（例如不同的种族以及这些种族的不同的记忆、不同的产物等）的把握。

另外，只要是进行比较研究，我们就起码要注意以下两个事项的定义和其在实际操作中的应用：一个是比较的单位，另一个是各比较项目的比重。在进行任何比较之前，我们都应该对这两个事项进行清晰的阐述。这两个事项通常是研究惰性物质的科学才需要特别注意的，而我们为什么要在这里着重提到它们呢？这是因为，在人类科学研究范畴中的“自然”具有不对称性，即一边是人类，一边是其他动物。这种不对称性意味着，所有基于类人论（anthropomorphique）的推测和所有基于类动物论（zoomorphique）的推测都是具有极强的不确定性的。在对人类和猩猩的比较研究中，比较的单位和比较项目各自的比重也都是不对称的。回顾既存的文献不难发现，几乎所有关于人类和灵长类动物的比较研究都倾向于使用类人论来进行推测，甚至对不同灵长类动物的比较研究也是如此，常常是根据不同灵长类动物与人类在进化上的相似程度，来决定类人论推测的适用程度的。作为研究者，我们应当慎重考虑、评估并承认这种研究偏好的存在。这一点在前文中也已经多处提到了。

举个例子，如果说我们的研究课题是人类或类人猿的行动能力，那么很自然的，我们可能会想到去分析研究对象的直立行走、其行走特点，以及其在能量利用上的优势等等，也就是从人类自身的角度去思考这个问题。与之相对的是从四足动物的角度来思考这个问题。而如果选择了后者的角度，那就应该将其他四足动物与直立行走动物同等看待，揭示二者各自在适应性生存方面所做出的合理进化选择。简单来说，研究者面临两个选择：一个是以人类（当代人或是原始人）为参照物的比较，一个是没有固定参照物的比较。这里需要注意的是，研究者对类人论推测的偏好并不一定会给研究带来问题，但如果研究者没有充分意识到自己的这种偏好，那么这样的比较研究就是有问题的。

一直以来，学术界对类人论的批评可以说是随处可见。然而我们发现，在过去的二十几年里，学术界又产生了另外一个重要变化，并且这一变化让我们不得不重提那个被行为主义压制了近半个世纪的问题。这一变化主要表现在以下几个态度的出现上：首先是有关维护动物权益，寻求物种之间相互尊重的观点［Burgat（1997）及 Jeangène Wilmer（2008）的概述］。其次是关于研究方法的，这类观点认为，（对一种行为）进行类人化的解释其实是过度简化和偷懒的做法（Waal，1992）。最后，是 Véronique Servais（Renk 和 Servais，2002）提出的，也是我所主张的，对所谓“批判性类人论”或者所谓“方法论性类人论”（基于 Dewitte，1993；或参照 Jamard，1994）的批评。Bouissac（1981）证明了多个平行符号体系的存在，这些符号体系只会在极个别的情况下才会有交集。这个结论引起了 Véronique Servais 的兴趣，她试图建立一个分析框架，在其中设置一个双重描述系统，以记录不同物种之间的互动（详见她领衔的关于动物园里的大猩猩和小猩猩精神状态的研究——*Hommes et primates en perspective*，即将出版）。总的来说，我们认为，猩猩和人类在情感以及认知能力方面是同源的。我们还认为，从人类学的视角来研究灵长类动物，可以从一定程度上抵消类人论推测给研究结果带来的偏差（Joulian，

2000），毕竟在对同一课题的研究上，人类学所关注的问题与动物学是完全不同的。

如果说对人类独特性的研究并不那么重要，甚至几乎是无用的，相比之下，不同物种之间以及不同现象之间的相异性和可比性的问题就显得非常重要了，这个问题与许多理论和研究实践中的关键问题都有关系，因此绝对不容忽视。在社会学或者人类学中，当我们比较现存的两个人类社会的时候，即使它们是两个截然相反的存在，比如说二者在生产方式、政治或象征性组织、社会成员的具体种类和构成等方面都完全不同，但由于二者都是由一样的“现代人”（Homo sapiens sapiens）构成的（尽管外貌上有差异），其成员的体能和认知能力也都相同，我们对二者所进行的比较研究可以因此拥有相同的研究基准；而如果是相反的情况，即如果被比较的两个人类社会的社会成员在运动、社交或认知等能力上均有明显的差异，那么我们在比较研究时就会遇到很大的困难。

突破这种困难有以下几种方式：一是修改具体的研究问题（不从绝对意义上比较这两个社会，而是以本学科的某个具体的研究问题为出发点来作比较），二是修改课题（强调我们的研究对象是“半自然半构建”的，也就是我们所说的科学研究对象），三是修改具体的研究方法（着重于比较动物和人类各自进化史的动态进程）。

开放性结论

很久以来，关于人类的特殊性，以及“自然”与“文化”的分割，一直是基于一种哲学上的本体论思路的，也一直都是属于定性研究的。由于人类与动物在属性上的差异太多、太大，灵长类动物与人类长久以来无法被拿来进行比较研究，或者说无法被放到同一个分析框架内来研究。灵长类动物一直被当作进化中的一个反例，一个用来反衬人类的物种。这种二元论，常常被作为方法论来比较现代行为和两百万年前的行为（Isaac，1989）。而这之后，它又有了一个分析进阶的功能，人的进化过程因而被视为一种进阶过程。20 世纪 60—80 年代动物行为学与史前学研究的结合，更加强化了这种达尔文主义的主流地位。在过去几十年的时间里，我们一直沿用这种二元论来比较和记录史前人类和灵长类动物。在这些记录中，所有放在动物名称前的各种前缀（pré，anté，proto，para）都掩盖不了一个现实，那就是我们绞尽脑汁也没能在这些记录中充分地反映这两类物种的相似之处：所谓“前文化时期”（préculturels）或“原文化时期”（protoculturels）灵长类动物的提法，当然比把“文化”归为人类专属的东西要好一点；所谓“原始近似工具”（proto-outils）的提法也确实终于让我们能够在记录中指出人类使用工具的更早起源，并以此拉近了我们对人类和类人猿的整体认识。然而这些还是远远不够的。可喜的是，这些词汇和概念上的嫁接被后来灵长类动物学和心理学的观察和实验研究推翻了。这里我所主张的是，我们首先要充分意识到之前的那些定性研究和类别划分研究的局限性，然后明确现在要做的是要用一种开放的态度，为具体的研究案例建立具体的分析框架和时间框架，以便更好地研究与具体案例相应的人类技能和行为。

基于进化论的单线性分析框架可以说已经不再适用了；那些渐进主义的和间断平衡理论下的时间框架（Gould，2002）都太过泛泛，可以说也不适用于研究人和猿的多样且复杂的行为了（这很大程度上是因为人和猿的行为模式的转变往往只在几个世代之内就完成了）。今天，我们意识到，以进化论为基础的分析框架和时间框架包含了太多的生物学和历史学元素，它在人类学上的应用是彻底失败的。回顾过去五十年的研究不难发现，Leroi-Gourhan 一派的所谓“动作和言语”模型（Leroi-Gourhan，1964—1965）在当代人类学界几乎找不到任何佐证。当然，其中的原因是复杂而多样的，但我们可以说，这种佐证的缺乏并不单单因为有关该课题的当代研究太少或是可用的数据太少，最主要的还是与认识论的逻辑以及科学发展史的大趋势有关。

如果我们能够抱着一种开放的态度，以承认多种历史的平行存在为前提来进行研究，允许从单一起源和多个起源这两种角度来看问题，我们就会发现许多之前没有发现和想到的复杂的系统和新的特质。毕竟，在远古时代，许多物种，甚至是同属的物种（如南方古猿和人属）都存在过，甚至是共存过。而这样说来，历史就不应该是唯一的历史，或者说不应该是依据单一的历史框架，或依据单一的身体和大脑的进化路径而写就的历史；相反地，“历史”这个词应当是复数的，也就是说应当有许多个历史等着我们去回顾，去理解，去记录。同时，我们也无须从单纯以动物学为基础的、研究动物生理演化的历史，跳转到一个单纯以研究社会机制演化为目的的人类文化史上来。今天，摆在我们面前的，一边是直立行走的会制造工具的史前人类，研究他们所适用的分析框架是单线性的，而时间框架是近几百或几千年；另一边是四足行走的会制造工具的黑猩猩，研究他们所适用的分析框架是多样的，时间框架是久远的。今天的灵长类动物是不是比他们的祖先“更进化”了呢？也许是的。但这个问题已经不重要了，因为这个问题本身就是有问题的，毕竟我们缺乏回答这个问题所需的比较素材和方法，同时，用以回答这个问题的许多知识之间的界线也难以逾越。

跨物种比较的重要性毋庸置疑，不过在此之外，我还想最后讲一下非人类的其他灵长类动物的时间观念问题。灵长类动物没有音义结合的双重语言（langage à double articulation），没有依托实物的象征系统，然而它们却有自己特有的复杂而完整的交流系统，这是它们社会智慧的一种体现，它们甚至还能通过这种交流系统将自己掌握的知识跨世代地流传下去。我们的科学研究非常关注灵长类动物社会的多样性和差异性，因为这种多样性和差异性能够为我们带来许多启发，尤其是给我们关于人类特质问题的哲学思考带来新的角度（Fontenay，1998；Lenclud，2000；Schaeffer，2007）。这种超越了以人类为中心的研究角度，促使我们重新审视并克服了法国传统实证归纳法所忽视的许多问题。

非人类的其他灵长类动物的社会不具有任何词语或写作手段，只能通过基于共同生活的经历、共同经历的情感，或是一些无法长久保存的物品来维持一种集体记忆。我们应当如何看待这件事呢？其实，我们可以推断，旧石器时代的人类的狩猎采集社会也是如此。我们还可以推断，我们的祖先和非人类的灵长类动物，应该都是有时间观念的，只不过跟我们现在所熟悉的时间观念是不同的。那么我们的祖先和非人类的灵长类动物对时间的体验会是怎样的呢？

虽然我打算将这个问号留在这里，但我可以大体说一下我的想法：关于时间观念的问题，我们其实是将自己的视角投射到了史前人类社会和灵长类动物社会，而这种投射只在我们充分考虑了他们各自社会的群体记忆能力之后才有意义。我们现代人对时间的体验（包括对“过去”“现在”和“未来”的群体认识），是基于社会传统、社会结构、表达及传播能力和物种认识的，是综合了许多不同的时间体验而得来的。我曾经做过一个关于黑猩猩技术系统的课题（Joulian，1994），在这个课题中我发现，通过行为或生活经验来研究社会表征是非常重要的，我们应当把社会表征、群体记忆和传统行为紧密地联系在一起来考虑。

接下来的问题就是去理解这些在能力和行为结构上相差巨大的物种为什么能够进行互动，它们自古以来又是如何进行互动的。人类、红毛猩猩、黑猩猩还有狒狒等等，它们各自使用的符号体系差异巨大，这些符号体系可以一起生效吗？事实证明，不同的灵长类动物能够交流和互动，但什么样的心智理论以及物理理论能够解释这些交流和互动呢？由于自然科学研究中并没有这类跨物种研究，这些问题到现在都还是未解之谜。前文中提到了多个平行符号体系的存在，我始终认为这个课题是跨物种研究（例如研究物种之间的借用，以及创新行为等等）中特别值得继续探索的领域。

20 世纪 90 年代初，我在科特迪瓦的猩猩聚居地研究它们的行为时，多次发现这些类人猿在自发地使用一些人类的物件。物件、物件的使用、使用的技术，以及所有这些对于动物的意义，这一切都非常值得从动物社会的社会意义以及动物历史角度进行研究。不过这些都是后话了。

参考文献

Asquith Pamela, 2000, «Negociating science: internationalization and japanese primatology», dans Shirley C. Strum, Linda M. Fedigan (eds.), *Primates Encounters. Models of Science, Gender and Society*, Chicago, The University of Chicago Press, pp. 165 – 183.

Backwell Lucinda et D'Errico Francesco, 2001, «Evidence of termite foraging by Swartkrans early hominid bone tools», *Proceedings of the National Acade-*

my of Sciences, 98 (4), pp. 1358 – 1363. Bateson Gregory, 1955, «The Message "this is play"», dans Bertram Schaffner (ed.), *Transactions of the Second Conference on Group Processes*, New York, Columbia University, pp. 145 – 241.

Bekoff Marc, 1998, *Animal Play. Evolutionary, Comparative, and Ecological Perspectives*, Cambridge, Cambridge University Press.

Berthoz Alain et Jorland Gérard, 2004, *L'empathie*, Paris, Odile Jacob.

Boesch-Achermann Hedwige et Boesch Christophe, 1994, «Hominization in the rainforest: The chimpanzee's piece of the puzzle», *Evolutionary Anthropology*, 3 (1), pp. 9 – 16.

Boesch Christophe et Tomasello Michael, 1998, «Chimpanzee and human cultures», *Current Anthropology*, 39, pp. 591 – 614.

Bouissac Paul, 1981, «In what sense is a circus animal performing?» dans Thomas A. Sebeok et Robert Rosenthal (eds.), *Annals of the New York Academy of Science*, 364: «The clever Hans phenomenon: Communication with Horses, Whales, Apes and People», pp. 18 – 25.

Burgat Florence, 1997, *Animal mon prochain*, Paris, Odile Jacob.

Cheveigné Suzanne de et Joulian Frédéric, 2008, « Internalités et externalités des natures de l'homme», *Techniques & Culture*, 50: «Les natures de l'homme», pp. 10 – 15.

Conférence Delwart, 2001, « Dominance-domination/coopération-réciprocité. A dialogue between anthropologists and ethologists», Luc De Heusch et Francine Rozenfeld (coord.), Fondation Jean-Marie Delwart, Louvain-la-Neuve, Belgique.

Coppens Yves, 1994, «East Side Story: The origin of humankind», *Scientifc American*, 270 (5), pp. 88 – 95.

De Heusch Luc, 1963, «Réflexions ethnologiques sur la technique», *Les Temps modernes*, 211, pp. 1022 – 1037.

—2001, «Ethnologie, éthologie», *Réseaux*, 91 – 93: «Nature et culture: source d'une pensée nouvelle?» pp. 11 – 16.

Delfour Fabienne et Dubois Michel-Jean (eds), 2005, *Autour de l'éthologie et de la cognition animale*, Lyon, Arci, Presses universitaires de Lyon (coll. «Éthologie et psychologie des communications») .

Detienne Marcel, 2000, *Comparer l'incomparable*, Paris, Seuil, (coll. «La librairie du xxe siècle») .

Dewitte Jacques, 1993, «La donation première de l'apparence. De l'anti-utilitarisme dans le monde animal selon A. Portmann», dans MAUSS, *Ce que donner veut dire. Don et intérêt*, Paris, La Découverte (coll. «Textes à l'appui»), pp. 20 – 32.

Ducros Albert, Ducros Jacqueline et Joulian Frédéric (eds.), 1998, *La culture est-elle naturelle ? Histoire, épistémologie et applications récentes du concept de culture*, Paris, Errance (coll. «Hespérides») .

Eibl-Eibesfeldt Irenaüs, 1989, *Human ethology*, New York, Aldine de Gruyter.

Foley Robert, 1991, «Introduction: Investigating the origins of human behaviour», *The Origins of Human Behaviour. One World Archaeology*, Londres, Unwin Hyman, pp. 1 – 11.

Fontenay Élisabeth DE, 1998, *Le silence des bêtes. La philosophie à l'épreuve de l'animalité*, Paris, Fayard.

From Animals to Animats, 1990 – 2010, The International Conferences on Simulation of Adaptive Behavior, publiées dans la revue *Adaptive Behavior*. Disponible en ligne: http: //adb. sagepub. com (consulté en septembre 2012) .

Godelier Maurice, 1984, *l'idéel et le matériel. Pensée, économies, sociétés*, Paris, Fayard.

—1998, « Quelles cultures pour quels primates, défnition faible ou défnition forte de la culture?» dans Albert Ducros, Jacqueline Ducros et Frédéric Joulian (eds.), pp. 217 – 222.

Gould Stephen J. , 2002, *The Structure of Evolutionary Theory*, Harvard, Belknap.

Guille-Escuret Georges, 1994, *Le décalage humain. Le fait social dans* l'évolution, Paris, Kimé (coll. «Anthropologies»).

—2008, «Le syndrome Micromégas. Les glissières du rapport nature/culture: l'exemple du cannibalisme», *Techniques & Culture*, 50: «Les natures de l'homme», pp. 182 – 205.

Hartog François, 2003, *Régimes d'historicité. Présentisme et expériences du temps*, Paris, Seuil (coll. «La librairie du xxie siècle»).

Haslam Michael, 2012, «Towards a prehistory of primates», *Antiquity*, 8, pp. 299 – 315.

Huizinga Johan, 1951, *Homo ludens. Essai sur la fonction sociale du jeu*, trad. par Cécile Seresia, préf. de Johannes Tielrooy, Paris, Gallimard.

Ichikawa Mitsuo, 2011, «Anthropologies japonaises en Afrique», *Techniques & Culture*, 57: «Geste et matière», pp. 120 – 141.

Ingold Tim, 1994, «Introduction to culture», dans *Companion Encyclopedia of Anthropology*, Londres, Routledge, pp. 329 – 349.

—1998, «Comment to: Chimpanzee and human cultures», dans Christophe Boesch et Michael Tomasello, *Current Anthropology*, 39, pp. 591 – 614.

Isaac Glynn, 1981, «Stone age visiting cards: Approaches to the study of early land-use patterns», dans Ian Hodder, Glynn Isaac et Norman Hammond (eds.), *Patterns of the Past. Studies in Honor of D. Clarke*, Cambridge, Cambridge University Press, pp. 131 – 155.

—1989, «Cutting and carying: Archaeologically emergence of the genus Homo», dans John R. Durant (ed.), *Human Origins*, Oxford, Clarendon Press, pp. 106 – 122.

Jamard Jean-Luc, 1994, « Trop humains? L'anthropomorphisme méthodologique: éthologie animale, IA... anthropologie», *Techniques & Culture*, 23 – 24: «Cultures de bêtes...Outils qui pensent?» pp. 159 – 218.

Jeangène Vilmer Jean-Baptiste, 2008, *Éthique animale*, préf. de Peter Singer, Paris, Puf (coll. «Éthique et philosophie morale»).

Joulian Frédéric, 1994, «Peut-on parler d'un système technique chimpanzé? Primatologie et archéologie comparées», dans Bruno Latour et Pierre Lemonnier (*eds.*), *De la préhistoire aux missiles balistiques: l'intelligence sociale des techniques*, Paris, La Découverte (coll. «Recherches»), pp. 45 - 64.

—1996, «Comparing chimpanzee and early hominid techniques: Some contributions to cultural and cognitive questions», dans Paul A. Mellars et Kathleen R. Gibson (eds.), *Modelling the early human mind*, Cambridge, McDonald Institute for Archaeological Research, pp. 173 - 189.

—1998, «Hominization and apes: an unatural kinship. Genes and humanity's past: A renewed dialogue», *Diogenes*, 180, pp. 73 - 96.

—1999, «Observer les primates dans la nature. Réflexion anthropologique autour de l'habituation», *Gradhiva*, 25: «Observer l'animal», pp. 79 - 91.

—2000, «Techniques du corps et traditions chimpanzières», *Terrain*, 34: «Les animaux pensent-ils?», pp. 37 - 54.

—2009, «Non-human primates», dans Gil Bartholeyns et Pierre-Olivier Dittmar (eds.), *Adam et l'astragale. Essais d'anthropologie et d'histoire sur les limites de l'humain*, préf. de Jean-Claude Schmitt, Paris, Éditions de la MSH, pp. 325 - 336.

—2011, «Du Japon et d'ailleurs», *Techniques & Culture*, 57: «Geste et matière», pp. 6 - 13.

Kawaï Masao, 1965, «Newly acquired precultural behavior of the natural troop of Japanese monkeys on Koshima island», *Primates*, 6, pp. 1 - 30.

Lecointre Guillaume et Le Guyader Hervé, 2001, *Classifcation phylogénétique du vivant*, Paris, Belin.

Lemonnier Pierre, 2010 [1983], «L'étude des systèmes techniques», *Techniques & Culture*, 54 - 55: «Cultures matérielles», pp. 46 - 48.

Lenclud Gérard, 2000, «Et si un lion pouvait parler... Enquêtes sur l'esprit animal», *Terrain*, 34: «Les animaux pensentils?» pp. 5 - 22.

Leroi-Gourhan André, 1964 - 1965, *Le geste et la parole*, 2 Vol., Paris, Albin Michel.

—1971 - 1973, *Évolution et techniques*, 2 Vol., Paris, Albin Michel. Lévi-Strauss Claude, 1961, *Race et histoire*, Paris, Gonthier.

—1973, *Anthropologie structurale II*, Paris, Plon.

Martinelli Bruno, 1988, «Après Leroi-Gourhan: les chemins de la technologie», dans *André Leroi-Gourhan ou les voies de l'homme*, actes du colloque CNRS, mars 1987, Paris, Albin Michel, pp. 60 – 89.

Mercader Julio, Barton Huw *et al.*, 2007, «4300 year old chimpanzee sites and the origin of percussive stone technology», *Proceedings of the National Academy of Sciences*, 104, pp. 3043 – 3048.

Mesoudi Alex, Whiten Andrew et Laland Kevin N., 2006, «Toward a unifed science of cultural evolution», *Behavioral and Brain Sciences*, 29 (4), pp. 329 – 347.

Mitchell Robert W. (ed.), 2002, *Pretending and Imagination in Animals and Children*, Cambridge, Cambridge University Press.

Moreau M., 2009, *Les chimpanzés jouent-ils le jeu? Étude anthropologique des interactions ludiques chez des primates non humains captifs*, mémoire de master de l'EHESS, sous la dir. de Frédéric Joulian (dactyl.).

Morin Edgar, 1973, *Le paradigme perdu: la nature humaine*, Paris, Seuil.

Morin Edgar et Piattelli-Palmarini Massimo (eds.), 1974, *l'unité de l'homme I. Le primate et l'homme*, colloque de la Fondation Royaumont, Paris, Seuil.

Nakamura Michio et Nishida Toshisada, 2006, «Subtle behavioral variation in wild chimpanzees, with special reference to Imanishi's concept of kaluchua», *Primates*, 47, pp. 35 – 42.

Palagi Elisabetta, Cordoni Giada et Borgognini Tarli Silvana, 2004, «Immediate and delayed benefts of play behaviour: New evidence from chimpanzees (*Pan troglodytes*)», *Ethology*, 110 (12), pp. 949 – 962.

Premack David et Premack Anne, 1994, «Why animals have neither culture nor history», dans Tim Ingold (ed.), *Companion Encyclopedia of Anthropology*, Londres, Routledge, pp. 350 – 365.

Renck Jean-Luc et Servais Véronique, 2002, *L'éthologie. Histoire naturelle du comportement*, Paris, Seuil (coll. «Points Sciences») .

Schaeffer Jean-Marie, 2007, *La fin de l'exception humaine*, Paris, Gallimard (coll. «NRF Essais») .

Sept Jeanne, 1992, «Was there no place like home? A new perspective on early hominid sites from the mapping of chimpanzees nests», *Current Anthropology*, 33 (2), pp. 187 –207.

Servais Véronique, à paraître, «Dialogues avec les singes. Émotion, communication et attribution d'états mentaux dans des interactions visiteurs/primates en zoo», dans Frédéric Joulian (ed.), *Hommes et primates en perspective*, Paris, Éditions de la MSH.

Shumaker Robert, Walkup Kristina et Beck Benjamin, 2011, *Animal Tool Behavior. The Use and Manufacture of Tools by Animals*, Baltimore, The Johns Hopkins University Press.

Suddendorf Thomas et Whiten Andrew, 2001, «Mental evolution and development: evidence for secondary representation in children, great apes and other animals», *Psychological Bulletin*, 127, pp. 629 –650.

Taylor Anne-Christine, 2002, «Invariants et variabilité en anthropologie», dans Jacques Lautrey, Bernard Mazoyer et Paul Van Geert (eds.), *Invariants et variabilités dans les sciences cognitives*, Paris, Éditions de la MSH (coll. «Cognitique»), pp. 269 –287.

Testart Alain, 2011, «Les modèles biologiques sont-ils utilespour penser l'évolution des sociétés?» *Préhistoires méditerranéennes*, 2. Disponible en ligne: www. revues. org (consulté en septembre 2012) .

Tomasello Michael et Call Josep, 1997, *Primate Cognition*, NewYork, Oxford University Press.

Vauclair Jacques, 1998, *L'homme et le singe. Psychologie comparée*, Paris, Flammarion (coll. «Dominos») .

Visalberghi Elisabetta, Addessi Elsa *et al.*, 2009, «Selection of effective stone tools by wild bearded capuchin monkeys», *Current Biology*, 19, pp. 213 –217.

Waal Frans DE, 1992, *De la réconciliation chez les primates*, trad. par Marianne Robert, Paris, Flammarion.

—1996, «L'activité sexuelle pacifcatrice des bonobos», *Pour la science*, 211, pp. 70 – 77.

Zattoni Millano Marja et Auraujo Monteijo-Filho Emygdio, 2009, «Predation on small mammals by capuchin monkeys, *Cebus cay*», *Neotropical Primates*, 16 (2), pp. 78 – 80.

法律、历史以及比较法

保罗·纳波利

要以“比较法”为主题，从历史角度来研究法律，就必须要在一开始就对一系列的问题进行初步的澄清：首先我们要明确的是，比较研究法的应用是否只是针对一般法学研究方法的一种微调，旨在将某个特定历史时期和特定地理范围内的法学理念的适用范围进行扩大；还是说，比较研究法的应用是出于一个一贯的、基本的认识论前提，即以某个特定历史时段为基准，进行历史纵深的和结构上的比较？换句话说，我们首先要考虑，比较研究法究竟是近期才出现的一种法学新视角，还是一种自始至终都伴随着法律发展的法学要素，哪怕“比较法学”（droit comparé）这个学科概念是直到19世纪下半叶才出现的？其次，从目的上来看，我们在比较的时候是不是纯粹地为了识别特性和差异［先识别不同的种族，再识别不同的法律和立法程序，继而识别各国的法律制度（相似的或相差甚远的等等），最后识别是法典法系还是案例法系。如果是法典法系，再细分是罗马—日耳曼分支还是罗马—法兰西分支］？另外，如果说智慧的进步，尤其是法律智慧的进步，首先表现在概括理论的发展上，那么作为一种精神活动的比较法是不是也应当被用于从不同的法律个案中归纳（induction）出一些共通原则？还是说，比较法应当将法律从简单的类比逻辑和单纯的法律技术的影响中抽离出来（要知道所有的法律技术都是建立在相同/相异的两分法基础之上的）？还有，比较法是不是能够根据不同的制度体系和主题自动进行调整，让我们可以找到一条可以串联不同司法体系的主线，以研究它们的趋同和趋异？最后，当趋同和趋异接近中和的时候，我们是否应该相信全球共同法（这是20

世纪初的法学家们所梦想的，也是今天“小国论”的捍卫者们所害怕的）是一个无法实现的目标？

在法律历史的“下游”细致地比较过去和现存的法律，并以此寻找人类法律的共性，这样的比较主义同时也希望自己成为法学的基石。这种比较主义已经不仅仅是传统史学家或法学家在辩证思维下所进行的一种研究自我归属的方法，更不是一种打着“发掘和保护其他文化”的幌子来为大国的地缘政治服务的政治工具。要知道，这种口号只不过是过去和当今殖民主义者用来掩盖自己殖民目的的伎俩而已。如今的比较法所寻求扮演的是一个更为前沿的、更具开创性的角色，目的是为了建立一套能够诠释人类法律的通用理论。这种既幼稚又荒唐的愿景一上来就会遇到一个问题：在一堆不同历史和不同区域的现象中总结出一个普遍规律，实现这一目的的唯一方式是要对所有这些现象有一个全局把握，或者用康德的话说，是要有一个统筹性（régulatrice）把握。然而，我们很难相信有什么人类普世观能够做到这一点，尽管在说法上，所有人权法案都有普世价值方面的主张。

现代法律的命运充满了现实的偶然性（contingence）。正如亚里士多德在其著名的概念“或然”（endechomenon）中所表达的那样，现代法律经历了太多既非一定发生也非不可能发生的事件。[①] 如果说建立一种全球共同法是可能的（即使只是为了通过一种规范模型有预见性地去顺应这种现实的偶然性），那么这就要求我们不能只着眼于“人”自身的观点，尤其不能将“人”与“自然”的关系看成一种竞争对手关系。事实上，如今越来越多的观点认为“自然”比“人”更应当被视为法律的主体（Hermitte，2011）。坚持以“人”为中心来进行法律比较，就等于是选定了一个西方文明所特有的人类学观点来研究，而这是完全错误的。研究法律统一性这个课题，要求我们不能从观点着眼，而要从事实着眼。

---

① Luhmann（1992，第3章）引用了 Elisabeth Mensch（1982，第18页）对批判法律研究（critical legal studies）运动的评价：“对法律来说，最具破坏性的莫过于现实的偶然性。”

中世纪：法律比较研究的开端

在“比较法学”作为一个新晋学科诞生[①]之前，“比较”作为一种思考方法和具体行事方式，早已被法学专家——无论是法律学者还是法律从业者——所熟悉了：一个最直观的例子就是我们所说的“公共法”（droit commun）在中世纪的创立。与当今扭曲的（但仍是主流的）意识形态下的观点相反，我们认为这个事件的历史意义值得更多的关注。12世纪时，在大学培养出的博士所著的所有有关实践和科学研究的著作中都提到，应当重新重视起古罗马法在人类技术和知识上的贡献，尽管古罗马法在西方文化中的价值和地位似乎一直是被忽视的。古罗马法是珍贵的人类知识和文化的遗产，是深受古罗马“三艺”（trivium）、“四术”（quadrivium）古典文化熏陶的知识分子们的才智和道德观的优雅体现。在它复活于中世纪的“新生命”中，古罗马法又先后成为出身于博洛尼亚“大学之母”（*Studium* de Bologne）的，意大利北部、意大利南部和法国中部的法学家们所必需的社会政治工具。在对《民法大全》[Corpus Juris，又称《查士丁尼法典》，包括《法学阶梯》（*les Institutes*）、《法典》（*le Code*）和《学说汇纂》（*le Digeste ou Pandectes*）三部分]的解读上，法学家们大量使用了辩证法[亚伯拉德的“是与否”（sic et non）]思想。其中用于“区别”（la distinctio）的逻辑图形起到了关键性的作用——通过它，第一代中世纪法学家们（glossateur，直译应为“诠释者”——译者注）不仅诠释了法律条文的具体意思，还将法律与其期望实施的具体的社会模板进行了整合。致力于此的中世纪法学家们，试图通过这项工作将古罗马法的内容彻底地“为我所用”。为了实现这个目的，他们对古罗马法的条文进行了长时间的比较，因为他们深知，比较法是当时能够让他们总结和制定出一套适合他们社会情况的法律规则（des regulae）的

---

① 历史上第一个“比较法学”研讨会于1900年在巴黎召开，来自欧洲各地的法学专家齐聚一堂（Congrès，1900）。

唯一方法。可以说，这套法律规则，是法学家们在法律比较研究方面的一份严谨的总结报告。从这个意义上来讲，中世纪制定并流传至今的这套基于古罗马法的民法体系，究其根源，实际上就是一套比较法律（droit comparé）。以理顺概念为方针，中世纪的法学家们试图用比较法来清除古罗马法律系统中自相矛盾的地方，写成一套完整的法律规则。这个任务之所以能够完成，是因为法学家们用了事实和权威相结合的手段——这里所说的权威，就是法律教义（dogmatique juridique）（Wieacker，1967，第 3 章）。中世纪法学家们的这种做法，与古典的经院哲学的研究法一脉相承——一边要具体分析、解构和理解古罗马法的条文，一边要用类比推理的方法，将古罗马法条文中描述的某个案例，与某个与之相似的其他案例放在一起对比，以提炼出其法学教义。① 总的来说，中世纪的法学教义就是通过寻找不同个案的相似性来构建法律系统，而这一点是与古罗马的法律原则截然不同的：古罗马法律是单纯从决疑（casuistique）的角度制定法律规则，并不试图建立任何概念性的法律体系。在古罗马，任何基于真实案例的抽象化，至多只是通过比较的方法，从个案中找到对现实行为有指导作用的东西。这种抽象化，绝不会以构建某种法律逻辑的思考框架，或是构建某种完整统一的概念体系为目的。

近年来，一些史学史研究显示，古罗马的那种受古典知识和道德体系所支配的决疑法有很大的局限性。此外，史料还表明，古罗马实行的这种针对个案的比较法，并不要求在过去和当下情况下的个案之间做一个合理的取舍或折中。古罗马法律只是将比较法作为法治的工具，或者说为法律在社会中赢得一席之地。而中世纪法学家们的视角与古罗马法这种保守而过于细致的视角完全不同，他们通过对案例的分析和利用，提出了一系列具有强制力和普遍适用性的纠纷解决办法，继而将这些办法建立成一套行为准则。中世纪的决疑法，对合理抽象、渐进式归纳，

---

① 后来，法国所谓“高卢风格”（mos gallicus）的人文主义法学家认为，当时神学和法学的这种通用的研究法是一种繁文缛节。人文主义法学家们倾向于基于“阅读相关章节并从中选取最好的版本”（la prolectio）、“分解问题”（la divisio）、“范例模式”（le casumfigurare et le darecausas）、“比较归纳”（la summatio et la connotatio）、“区别、放大和限制”（distinctio，amplificatio et limitatio）等模型来解决异议（Calasso，1954，第 594 页）。

以及在新案例判断上所遵循的适度原则和参照先例等做法都是不提倡的。“适度”“量准”“平衡”这些比较主义研究法所固有的理念都被中世纪法学家所摒弃，取而代之的是通过个案（cas limite）归纳通案（cas normal）的比较研究原则。[①] 单纯从法律技术角度上来讲，中世纪法学家之所以能够这么做，是因为他们根据中世纪时期的现状，在他们的法典里对古罗马法条文进行了回归、类比推理、转喻暗示和引证等一系列的处理。可以说，中世纪时期的法学家们实际上是创建出了一套抽象化的规范体系，同时也为这套规范体系配套了包含规则内容、对规则的解释、对规则的引用以及对规则引用的解释等方面的多重话语层次（la pluralité des niveaux discursifs）。最重要的是，他们还为规则的解释者们提供了超越具体语境来阐述规则和应用规则的可能性，让法律可以被应用于从未发生过的新案例上。中世纪的这种决疑法，是用类比推理取代了比较。类比推理法的使用，同时还保证了法律的弹性，因为它让法律在对不同个案应用的解释上变得非常自由。

不可忽视的是，中世纪的这种决疑法激起了法学教义派法学家们的普遍反感：它所反映出的中世纪法学家们过度丰富的想象力被看作典型的经验主义表现，而它对类比推理的应用，更是与法学最根本的演绎法相去甚远，因为它并不能像演绎法那样用严谨的方式从法律的一般原则中推出适用于个案的具体原则。法学教义派思想对决疑法彻底的批判和否定，根据我们在前文中的分析，其实是否定了比较研究法对法律知识体系的贡献。然而，法学教义派思想和决疑法之间的冲突和对立实际上是一个误会，因为二者只是角度不同——前者是从法律学科内部的视角来看问题，认为后者反映的并不是法律应有的逻辑；后者则是从历史和社会演变的视角来看问题，认为对任何规则的认识和制定都要经过一种

---

① Yan Thomas（2011）讨论了个案在法学思维方式中的地位。他在论述中指出，对个案的分析可以使决疑法更加具有开放性，能够促进法律规则的演进。这与 19 世纪萨维尼（Savigny）早期所持的教义思想对个案封闭性的批判正相反。Thomas 认为，决疑法偏重于对具体事件的记录，而教义法则偏重于对条约的描述；决疑法的判案逻辑建立在对个案具体的调查、分析和角度转换的基础之上，教义法则依靠对某个先验的判断标准在个案中的有效性或无效性来发挥法律的作用。

从零到整的归纳过程。不过，从历史过程来看，却也正是这种误会推动了寻求法律规范性的思想的萌芽。19世纪时，萨维尼起初对决疑法以及对中世纪罗马民法体系的看法及后来的转变更是印证了这一点。其实，18世纪时法学界就已经有了类似的倾向，只不过当时的学者们没有像萨维尼那样通过对法律史的研究得出“私法是唯一真正的法律”这一结论而已。这里值得一提的是，经验性方法原则和教义性方法原则的对立还体现在另一个虽然不具备严格法律性质但却具有规范性质的社会领域，即公共管理领域。在这个领域中，两个派别的公共管理理念，即法国派和德国派一直是对立的，双方对对方的误解都很深。二者之间相互的不可理解性源自二者对于把握社会准则所应当使用的认知方法有着不同的主张。在古罗马法被重新发现的一百年间，用于制定社会准则的法学框架与传统的科学框架产生了分离，所以当时的人们需要一个新的认知体系来应对这一现象。而面对社会准则世俗化的倾向，德国采用的是官房学派（caméralisme，又被称作“重商主义官房学派”），在大学设“官房学”一科，给政府培养公务员。作为一种学术体系，官房学要求从学科的基本原则中演绎（déductive）出一些具有现实指导意义的具体规范。这个实用性很强的学科迅速成为公共管理人员的必修科目，基于其科学性强的特点，官房学也被广泛认为是优于任何经验性方法的公共管理理论。在官房学对经验论的批判中，统计研究法和类比推理法都被视为不可靠的方法，因为这些方法无法做到完全的客观和稳定，而在公共管理领域，任何涉及“近似”“概率”或“意外情况”的方法都应当被排除在外。基于莱布尼茨（Leibniz）的逻辑演绎法，克里斯蒂安·沃尔夫（Wolff）制定了一套适用于所有学科的一般研究方法，并将这种理性主义观念注入到了公共管理所涉及的泛法学领域。沃尔夫的这套“泛教义”在形式上明显优于个案推理法和归纳法，在几十年后发展成为今天我们熟悉的“民法学”。

相较于德国学者从政府公共管理视角发展出来的官房学派，公共管理学在法国的发展就不那么尽如人意了。一直以来，法国人都是倾向于用归纳法（inductive）来制定公共管理领域中的准则的，这就没能让他们有机会比较和借鉴德国这种通用准则的构建方法。从这个意义上讲，重农主义的代表人物杜邦·德·奈穆尔（Dupont de Nemours）对德国官房学派学者尤斯蒂（Von Justi）的著作《公民的日历》（*Les Éphémérides du citoyen*，1769）所作的法语版书评，一方面可以说是一部社会科学关于准则问题的观点备忘录，另一方面还可以说是决疑派和教义派之间深刻误解的体现（Napoli，2003，从第274页起）。这也就不难理解为什么在20世纪初，比较法学作为一个新学科，在诞生伊始就坚决要对这个认识论上的问题进行澄清了。①

现在还是让我们回到中世纪时期。还有一个问题值得我们思考：前面我们说过，比较研究法是跨国界法学研究（例如中世纪法学家对古罗马法的研究）的关键，而这件事同时也让教会法（droit canonique）在法律制定中扮演了一个决定性的角色——我们发现，教会法与《民法大全》有很深的渊源，这主要体现在它们对法典的重视上。作为教会法法典化的开端，《教会法大全》（*Corpus iuris canonici*）逐渐形成，而在其形成过程中发生了以下两个重大事件：一个是《格拉蒂安教会法汇要》（*Decretum de Gratien*）的出版（约1140年），格拉蒂安是一位著名的教会法汇要学家，教会法汇要学家的任务是提供对教会法的专业解读，与中世纪法学家是同行；另一个是许多“教令集”②（décrétales，所谓“教令”，是教皇对地方教会所提出的具体问题的一般性回答）的出版——这也使得关于教令的解读层出不穷（这种情况一直持续到14世纪末），而对这些教令进行解读的人被称作“教会法学家”（décrétalistes）。至此，民法和教会法促成了两套法律并行的二元化局面（utrumque ius），这种局面促进了中世纪晚期法学领域中民法和教会法之间在教义层面和实践层面的

① 雷蒙德·萨莱（Raymond Saleilles）清楚地说道：“法律上的构建不应该在开头，而是应该在结尾进行。让我来具体解释一下：我们不能在一开始就凭借先验构建出一个理论，然后再依据这个理论逻辑演绎出各种结果；相反地，我们应当先从结果出发，通过结果推断该行为可能的目的，以及与之相关的一系列现实行为上的一致性。只有当我们对行为的目的和一致性达成共识的时候，我们才能构建理论，也只有这个时候我们才可以按照各自的想法来构建。”（见Congrès，1900，第12页）

② 《格列高利九世教令集》（*le Liber Sextus de Grégoire IX*，1234）共五卷，之后还有《卜尼法斯八世教令集》（*le Liber Sextus de Boniface VIII*，1298），以及《克里孟五世教令集》（*les Clementinae de Clément V*，1305－1314）

广泛交流和相互影响。民法专家和教会法专家的专业分工要求双方都必须遵从辅从性原则（principe de subsidiarité），而这一原则的合理性同时也因为教会禁止教士研习民法而得到了巩固。教会之所以有这个规定，是因为一直以来，教会中拥有行政司法职位的世俗神职人员全都习惯于参照古罗马法。于是，古罗马法原则可以在教会法庭中被援引，而世俗法庭则同样也可以援引教会法（Wieacker，1967，第4章）。也就是说，中世纪时可能会常常出现这种情况：两种法律规范制度下的法律专家分别从各自的角度去研究一个实际案例或是某些社会职能，并用各自的结论来体现法律逻辑的多样性，要知道，同一个机构是可以在不同的法律逻辑间游走的。举例来说，当需要裁定某个公共管理者之于他被授权管理的公共财产的特权的时候，民法体系和教会法体系在定义公共管理权方面的不同之处就会凸显出来——古罗马法认为，公共管理者是一个监护人（tutela），而教会的世俗法学家可以通过对这个古罗马法概念的比较研究和借鉴，将其作为强化教会和主教在公共管理领域中至高无上地位的工具。正如 Jean le Teutonique 在其对《格拉蒂安教会法令集》（*Décret de Gratien*，1215—1217）的一般解释中所言，“监护人不是被监护人财产的所有者，而主教才是教会财产的所有者。监护是一种责任，主教的职位是一种荣耀。因此，主教享有相对自由的公共管理权”（Gl. in c. 5, q. 3, c. 3, quia episcopus）。红衣主教 Franciscus Zabarella（约 1335—1417 年）曾在一份“意见”（consilium，对各种实际情况中出现的法律问题的特别指导意见）中确认道：“主教和神父享有比普通监护人更大的权力。”这一点在 Albericus de Rosate（约 1351 年）的法学辞典中也是有据可查的。① 与此相似的例子还有很多，这类事例都证明，比较法和辅从性原则从各个层面都渗透到了“欧洲式的”法律实践和话语表达当中，而考虑到“欧式”法律在起源上的一致性，我们就可以理解为何这些异质性极强的法律规范体系之间还是存在着许多联系的。当代法学家通常认

① 见 Franciscus Zabarella 所著的“*Consilia*”（Venise，Porta 1581，cons. 95，n°. 4）。Albericus de Rosate 的原话是：“Administratio praelatorum maior & liberior est，quam aliorum administratorum”，见“*Dictionarium iuris，tam Civilis，quam Canonici*”（Venise，1601，fol. 12r.）。

为“杂交”的法律理念是后国家时代（postnational）才有的，然而我们清楚地看到，法律的“杂交”早在中世纪就已被法学家们所熟悉了。不仅如此，这种理念还体现在象征层面上：在给格列高利九世的《教令集》（约 1253 年）撰写的《前言》（*le Proemium*，§12）中，红衣主教 Hostiensis 将教会法比作骡子，因其具有“半马（神学）半驴（民法）”的性质。

现代法学课题

前文中我们讲到，中世纪的法学家通过对近一千年前古罗马法律的研读、比较、注解，不仅将古罗马的法律技术“为我所用”，还将教会法（以及伦巴第法[①]）与民法之间的关系变得“势均力敌”，而这正是法律比较研究所需要的。可以说，中世纪的法学家为比较研究的思维方式在法学上的发展作出了很大的贡献。在这一点上，梅因爵士（Henry S. Maine）的评论现在看来还是意义非凡的——在他所著的《东方和西方的村落社会》（1889）一书中，他对于通过简单的罗列比较了当代国家的法律体系和法制机关，并寻找其中相似性的研究方法，是这样评价的（第 8 页）：

> 我们下面将要进行的比较研究并不属于当今法学家们（我甚至觉得是我们学科的创始人们）所说的“比较法学”（législation comparée）。事实上，常规意义上的“比较法学”并不会给法制史研究带来任何新视角或新启发，它甚至都无法体现法制史当中哲学和

① 自从中世纪晚期，讨论教会法与民法之间不同点的文献就层出不穷（Portemer，1946；Wolter，1975，第 23—52 页）。伦巴第法（le droit lombard）早在中世纪早期［《伦巴第法典》（*Édit de Rothari*）颁布于公元 643 年］就在意大利出现了。而该法从“*Apparatus*”的发表到 Carolus de Tocco 在 13 世纪初完成“*Lombarda*”（威尼斯，1537 年；1964 年都灵再版）。期间，已然成为比较研究古罗马法时的一个必备参照物。参见 Andrea Bonello 在 13 世纪发表的《*Differentiae inter ius romanum et ius longobardum*》（威尼斯，1537 年；1964 年都灵再版），和 Biagio da Morcone 在 14 世纪发表的《*De differentiis inter jus Longobardorum et Jus*》（那不勒斯，1912）。

> 原则层面的内容。比较法学的研究充其量是将两个不同社会或民族的两套不同的法律体系放到一起，以法律上的某个元素作为比较对象来对比二者的异同……它只侧重其选定的比较对象在其选定的某个时期的状态，而对于二者完整历史的重塑工作并没有丝毫的兴趣。

当然，梅因爵士并没有完全否认这种传统比较法学的有用之处，因为它确实可以有效帮助国家法律实现一些具体的、有实际操作性的目标。只不过，梅因爵士将他的比较研究转到了另一个方向，也就是运用了比较哲学和比较神话学等其他学科所善于使用的比较方法。作为当时的一个高官，梅因爵士曾被英国皇室指派到印度工作多年，也正是这段经历让他发现梵文在凝聚没有共同方言的人们时所发挥的重要作用。而这也解释了为什么雅利安文化的种种制度、习俗、法规、理念及信仰在欧洲发生了很大的变化，而在印度却被更好地保留了下来。以欧洲和印度的财产制度问题为例，实地观察可以帮助我们看到二者在财产制度方面的差异性，同时也不影响我们承认二者在分类、命名、理性经济等方面所具有的诸多相似性。西方社会所熟悉的“地产”“动产”“租金”“利润”“交换”“竞争”等等这些概念在印度都是存在的，但它们在西方和在印度是有不同特点的。据此，梅因爵士发现，德国历史学派耗费大量精力并历经数世纪所完成的上百部关于欧洲财产原始形态问题的学术作品，由于没有运用到具有关键作用的比较法，它们很有可能是不完整的（Maine，1889，第289页起）。一个新的并且能够应用于法律科学的理论体系由此诞生。比较法和历史研究法之间的紧密联系也从此变得毋庸置疑，司法领域的观察家和分析家甚至承认：他们之所以对遥远他国的司法和社会现象情有独钟，是因为他们对本国的司法历史知之甚少。这里，我们有必要完整地回顾梅因爵士极其重要的一段论述（Maine，1889，第12—13页）：

> 我们先选取一些当代的事物——例如一些理念、习俗——作为研究对象。为了了解它们的过去，我们会采用推理归纳的办法，回顾历史上与之相关的事件，收集历史上这些理念或习俗残存下来的

> “标本”，并将二者结合起来，从中寻找当代元素的影子。当我们通过种种努力，切实地做到脱离狭隘的世界观和对人性狭隘的理解这一点时……当我们能够考虑到整个人类社会的多样性，对社会的各个层面的各种现象都做出一些还算恰当的认识时，尤其是当我们充分认识到在我们西方社会之外，还有许多未被探索的地区和社会，认识到我们不应当将它们排除在我们对地球和人类的思考之外的时候，我们会发现，我们所谓的“过去”和“现在”，它们之间其实是没有任何区别的。有时候“过去”就是“现在”，有时候，或者说通常情况下，二者之间只是隔着一段距离，只不过我们无法在编年层面确切地表述或者计算这段距离。这时，作为被研究事物的直接观察者，我们就需要求助于历史学研究了；同样的，历史学家们常常也会遇到需要向我们求助的情况。历史学研究过程中的一个典型难题在于，除去极少数情况，历史学家无法在研究中添加既存史料所反映的史实之外的任何元素。而实地观察研究的一个典型风险是，作为被观察对象的一部分，我们是被牵涉在我们所研究的社会或法制现象之中的，而对于这些现象我们并不熟悉，在这种情况下，我们很有可能会将眼前的现象，与我们所熟悉的、存在于西方社会的“同类”现象进行不恰当的类比和归纳。不过，那些最优秀的当代历史学家们——无论是英国、德国，还是别的地方的——都会通过比较研究法来努力增加他们所掌握的史料，并以此增加他们的研究素材。然而，只要我们在东方国家切身生活过，我们就会很遗憾地发现，许多关于东方法律思想和习俗的细致研究还是会有缺陷的，而这些缺陷存在的原因正是由于研究者对西方法律史的一些基本事件缺乏了解。

梅因爵士所进行的与印度的比较研究，给所有的西方观察者们提供了一个难得的机会，他让他们看到了他们本国司法体系的基础，这让他们不再局限于研究一个文化给另一个文化带来的影响、变化，尤其是文字化的司法系统对习俗式的非文字化的司法系统产生的强制性影响。在英国和印度的比较法律研究中，我们看到，西方法律对当地习俗的侵蚀太过久远和频繁，以至于历史学家都无法分辨出哪些才是印度村落社会祖传下来的与法制有关的元素了。在这种情况下，比较研究法的应用能够帮我们实现的是，在分析被观察对象的所有层面的显著特征的时候，将这些特征与相应时期的官方历史描述对应起来分析。比如说在印度的这个研究案例中，比较法就是用来判断，当西方的法制和政治体系被强加到印度之后，印度的村落社会是如何在此框架之外自行组织他们的生活的。在历史描述中，这种体系上的强加首先体现在政治上——印度建立起了西方式的君民关系，随后是各种概念、制度和机构（例如法令，权利，义务，处罚，法院等等）在当地的植入。可以说，当历史研究法和比较法相结合的时候，起初很难放在一起比较的两种形式便可以产生联系了（Maine，1889，第 90 页起）。

专注于观察者身边事物的现在时视角与追根溯源的过去时视角的相互结合，便是法律比较研究的意义所在。任何旨在分析事物现状的“横向”研究都不可能在抛开历史背景的情况下进行，因为真正具有当代性的研究都是建立在“现在”和“过去”这两个时间维度的碰撞之上的，当代法律比较研究当然也不例外。也正是基于这个原因，梅因爵士才恳切地提醒他的同胞，法律的历史和哲学研究需要以下两方面的知识（Maine，1889，第 33 页）：

> 首先我们应当充分了解印度，因为印度就像一个巨大的博物馆，而在这个巨大的博物馆里，我们可以找到有关法制的所有古老的理念和操作方法，其中许多都值得今天的我们去思考和验证。再则我们应当充分了解古罗马法及其原理，因为如果我们仔细审视古罗马法的演进过程，我们会明白那些古老的理念和操作方法是如何与我们这个时代的法制体系相联系的。

这种认识在很大程度上解释了为何在 1900 年巴黎的“比较法学”研讨会上，许多学者都认为这应当是一个社会科学的学科，而不是像之前一些法学家所认为的那样，是一个更具规范和教义倾向的法学学科，或者说是一个服务于政治以及立法机构的工具，抑或是，更广义上讲，一个国家的实证法（droit positif）。如果按照第一种说法，即比较法学是一个社会科学的学科，那么，在继法国的塔尔德（Tarde）、英国的波洛克（Pollock）和德国的科勒（Kohler）之后，这个学科的任务就是要搞清楚一个社会的历史或民族志与该社会的法律之间的关系。而这也就要求我们从时间和空间两个层面来进行比较，将现行法（Weltrecht）和现行法的原始形态（Urrecht）相结合。这两个要素之间的对比，最早是在瑞士法学家 Georg Cohn 与 Raymond Saleilles 的往来书信中提出的（参见兰伯特的会议纪要，Lambert，1900，第 34 页）。相反，从教义派的视角来看，比较法学应该更注重研究各国法律向一个共同法趋同的假设，而不是专注于研究特定的法律规则在人种志和历史方面的独特性。围绕私法制度（家庭、物权、义务、继承等方面）所建立的司法合理化理念促使比较法学学者去探索另外一种可能性，即在民族国家“碎片化”的背景下寻找一种统一的法制体系。基于这个目的，比较法学的研究重点就回到了对共同法的探索上，不过，这里所说的“共同”，与过去的古罗马法学体系中的“共同”，以及与 19 世纪潘德克顿学派①所强调的“共同”都截然不同。兰伯特的会议纪要显示，教义派在会上提出的“共同”理念，实际上是在具有民族主义色彩的反古罗马法“假共同”理念的运动潮流中产生的，教义派所追求的共同法，是在对表征各异却具有同质性的、各国不同的法制体系进行对比研究之后，得出的一种真正的共同法。共同法，通常是一些民族成分相似，经济和社会发展水平相当的地区所共同承认的法律体系。在法国，共同法是在习俗式通用法律基础上演变而来的；而在德国，则是通过将日耳曼主义的法律理念移植到德意志司法体系上而形成的。这也是德国比较主义的一个理想形式，因为德国的比较

① 潘德克顿学派（pandectisme）是统治 19 世纪德国法律研究的一个学派。19 世纪后半期，其学说的统治范围甚至超出了德国，呈现出向其他国家发展的趋势。该学派的主要成果是建立了一部“法律经济思想史”（la *Dogmengeschichte* du droit）：通过使用一套编码严格的概念工具，潘德克顿派的法学家建立了一个新的概念框架，以此来重新归置古典时期和中世纪时期的古罗马法。这套体系在学派内部应用甚广，提高了学派内部学术交流的效率，而由于它本身的复杂性，它的使用几乎阻断了该学派与外界的学术交流，因此也受到了广泛的批评。法律教义发展的历史观认为，法律会自然而然地经历一种析出过程（processus de décantage），这会让法律渐渐失去其最初的实效功能，变成一种抽象而深奥的事物。

主义会很自然地倾向于拉丁和日耳曼两大法律体系之间的相互渗透，而对于盎格鲁—撒克逊体系则不是特别感兴趣，毕竟德国法学家在某些制度方面表现出的对于英美法系的好感并不足以抹去英美法系由于缺乏法典性质所呈现出的奇怪的特点。但从另一方面来说，这样的比较法学也只是将各个国家不同的法典和法律制度单纯地放在一起进行简单的对比，这也就使其在观察法制意识演化方面常常显露出滞后性。分析法庭的判决结果及促使其作出判决的动机，对于法律比较研究以及教义辩论而言极其重要，因为它能给比较研究找到一个合适的角度和切入点，去观察、对比和适配（或者总结），即法律比较研究的三部曲①。比较法学的法学家们擅长解决实际问题，其宗旨是在认识和理解现实的基础上提出建设性意见。基于这一点，他们往往会重点关注比较法学的历史学家们不是特别重视的问题——对比较法学的历史学家们而言，对现行的或过去的某个法律的认识，只是测量社会演进程度的诸多方式中的一种，也就是说，他们认为，通过某个特定法律来观察一个社会法制状况的研究方法并不是特别重要。相对于这些历史学家，比较法学的法学家则认为，我们没有必要非要通过找到一条（或几条）现行法制系统中具有趋势性的发展路线，来证明“隐藏在不同法律条文背后的法律发展的共同趋势的存在”（兰伯特，被引用于 Congrès，1900，第 51 页）。虽说法学家们都具有目的论至上的“天性”，然而在很多时候，他们还是需要面对这些关于趋势性发展路线的研究，还是需要面对“如何为不同法律制度下的法律机构之间的冲突问题找到一个统一的解决方案?”这个难题。其实，比较法学的研究对象并不只是规范性的法律条文和法律制度，还包括法学家本身的研究方法。为了在不同法律制度所提供的众多解决方案中选出一个最合适的，法学家就需要从其他学科（如经济学、统计学、公共法学、法律史学等）的角度来思考。也正是通过这种“二级比较”的研究过程，

① 对于这三个步骤，雷蒙·萨莱耶（Raymond Saleilles）这样阐述道：“首先是从经济和社会的角度，对每个国家的法律体系分别进行批判性研究。然后寻找存在于这些国家法律体系之间的，可能能够反映一种共同演进趋势的连接点。最后给每个特定的法规和制度选定一个或几个恰当的模式，以建立一种可以使几个社会状况相近的国家都能接受的法律政策。”（被引用于 Congrès，1900，第 174—175 页）

法学家们才能够总结出一些通用的规范标准（Congrès，1900，第 52 页）。从这个层面上讲，我们其实是把实证研究转化成了一种批判性的比较研究。这种批判性比较研究的目的，并不在于为某个法律项目找到一个最恰当的法律形式，也并不在于依照某个指定的模板建立一种等级制度；我们批判，只是为了搜集不同法制体系针对某一特定法规问题所提供的不同解决方案，并对它们在特定社会框架下的运行机制进行分析（Congrès，1900，第 168 页）。对制度的比较历史研究主要依据的是事实，而社会学研究主要依据的是社会的演进规律。位于二者交汇处的比较法学学者便是通过分析以上这两个学科分别提供的具体数据，来界定出自己的研究范围，并由此建立起一套该学科所独有的法学逻辑的（Congrès，1900，第 174 页）。

迁徙的法律

无论是法律的执行者还是研究者，当他们遇到执行规范或研究规范不充分的情况时，都会求助于比较法，而这是在任何法制体系、层面和范围里都有可能发生的。当社会需求的增长与既存的法制体系能够提供的解决方案之间产生了对接上的困难，不可避免的，社会的各个公共和私营部门及利益相关者就会调动一切——无论是内部的还是外部的——可以利用的监管资源去满足这些新增长出来的需求。通过对这些基本社会现象的观察，我们发现，随着历史学研究在比较法学中逐渐崭露头角，法律和比较研究法之间的关系出现了一个决定性的转折，这是 20 世纪比较法学学科最为重要的特征。不仅如此，在广泛阅读了当代法学研究中关于所谓“法律移植”（greffes juridiques）问题的既存文献之后，我们可以很有把握地说，历史学研究对比较法学的影响程度，或者说是比较法学对历史学研究的接纳程度（réception），还远远不够。

“接纳”这个概念，最早是被用来解释古罗马法这种具有文化霸权性质的法律对日耳曼本土法律产生的影响的。这个概念能够反映一个法律制度如何独立于所有权威控制实现自我评价。在众多的法学家中，Franz

Wieacker 对“接纳”这一概念的研究可谓最为深入。他在其分析中着重体现了这个概念的二元化特征，即将“传输”和“接纳”所涉及的两个不同的文化并列考虑。Wieacker 坚决地否定了 20 世纪实证主义对“接纳”的典型认识。对于 20 世纪的实证主义者来说，“接纳”只是将特定的法律规范或者古罗马法架构机械地“拷贝”到其他法律制度里，而完全不考虑目的地的人们是如何对这些内容进行接收、消化，以及如何将其转化为自己法律体系的一部分的。这种过度简化的认识，让人无法看清和了解“接纳”过程所涉及的科学方法的社会政治范围。这种认识的传播者（尤其在德国）大多是从南欧（尤其是从意大利）来到德国的法学家，而他们可谓是将南欧先进公共生活的合理化秩序（强行）带到欧洲中部的“主力军”。正如 Wieacker（1967，第 7 章）所言，“接纳”其实是一个极其漫长的过程，欧洲中部对这种南欧秩序的接纳甚至可以追溯到 11 世纪。这个过程需要接纳方从精神到物质的各个层面都做出努力，而其涉及范围远远超出了单纯的法律层面。

不过，我们可以发现，Wieacker 的观点仍然是建立在一种二元化的、外源性的思维上的，这种思维所强调的依然是“接纳者”和“传播者”之间的差异性。不仅如此，他还认为这种“接纳”是注重精神价值连续性的历史哲学体系的一部分。精神价值就像基因信息一样，“传播地”的价值观会传递到“接纳地”，使当地人通过联系自己切身的社会实际，给这种价值观找到一个合适的“归宿”——这个过程就如同遗传（Wieacker，1967，第 2 章）。总体上说，Wieacker 对“接纳”的理解过分重视精神，因而忽视了许多诸如地理位置等物质上的因素。但如果我们将考察的范围扩大到整个欧洲而不是仅限于德国，我们就会像 Erich Genzmer 一样，发现古罗马法的传播模式绝不是一种广泛性的传播模式，而是一种类似于教会法在欧洲大陆传播发展时所遵循的地方性传播模式（Wieacker，1967，第 7 章）。考虑到这一点，我们难道还能继续简单地认为不同法律制度间的碰撞遵循的是内/外二元逻辑（Fögen 和 Teubner，2005），是一个具有侵略性的法律尝试，其目的是修改甚至替换被侵略地的法律吗？

另外还有一些别的关于接纳过程的描述，这其中有许多对真正的历史比较研究来说很有意义。要进行真正的历史比较研究，我们可以首先关注这样一个问题：当代法律的跨国界配置中呈现出的动态和趋势——即所谓的“法律全球化”——是否充分理解和考虑到了这个对外源性事物的接纳问题？以下列出的，是需要我们参考的几个关于法律全球化的基本特征：卡尔·施米特（Carl Schmitt）所描绘的“大地之法”（le nomos de la Terre）的衰落期，主权原则的危机，全球范围内对所谓基本权利的肯定，法定时间的转换，以及来源秩序的再分配（la redistribution de l'ordre des sources）（Rodotà，2002，第563页起）。同样需要我们考虑的，还有国家间法律现实的交叉，以及对特定诉讼程序、与特定诉讼程序无关的事物在界定上的多种可能性等等，这些特征都是独立于国家间领土边境的划分而存在的，它们是将现实进行了另一种基于部门性的划分（Teubner，2004）。此外，我们还需要考虑的是，当代经济的发展——尤其是越来越多的跨国性质的和后工业时代的经济的发展——一直在寻求一些在应用上比硬性的法律规定更加灵活的司法工具，例如那些由非国家立法机关（通常是由美国式的律师事务所）拟定的非格式合同等等，以求满足全球性大市场中各种企业的特殊需要（Galgano，2005，第93页起，以及第115页起）。最后，我们还需要考虑一个效率问题：当今法制体系中，通过判例法（jurisprudence）得出适用于全球范围的普遍性规则这一做法，似乎已经成为一种通行的惯例，这一现象让法学家们重新重视起管辖权（iurisdictio）优先的原则。

在结合以上这些全球化的典型特征来考虑法制趋同问题以后，我们也就不难发现为什么今天我们一定要重新审视Wieacker对“接纳”概念的理解了。在与Wieacker相对的几种理念当中，我们首先可以关注一下Yves Congar（1972）从神学角度对Wieacker的批判，以及Congar所提出的有别于Wieacker的、关于“接纳”的不同理解。①Congar认为，Wieacker的论述中最主要的问题是他对一些具有“合一运动”内涵的语言表达方式的应用——这里说的普世教会合一运动，是趁第二次梵蒂冈大公会议之机掀起的，旨在全面限制天主教教会权力的运动。在其1972年的文章

① Congar的主要观点来自于Grillmeier（1970）。Alberigo和Jossua（1985）对此提出过明确的质疑。

中，Congar 援引《教会宪章》（*Lumen Gentium*）中的原则，强调说，如果各主教们的行为是得到了教皇的“全面允许和接纳”（libere recipiat）的，那么主教们的行为就是“真正的天主教教务会的行为”（verus actus collegialis）。由此，Congar 提出了一种超越了大公会议权威和教皇权威之间差异性的理念，提出了一种对“接纳”概念的一元论的解释，将“接纳”处理成了一个“完全属于教会内部”的事务（Congar，1972，第 370 页）。基督教教会的历史中有很多受历次大公会议影响的痕迹，其中有许多都是东方教派大公会议（conciles d'Orient）的种种决策被罗马圣座（Saint-Siège）所“接纳”的事件。除此之外，还有许多大公会议决策难以被“接纳”的情况，一个典型的例子就是特伦托会议（concile de Trente）所通过的新政在各地方教会引起了广泛的异议。不过总的来说，“接纳”并不完全是一个大公会议权威和教皇权威之间的角力，它还与教会的其他日常息息相关，它所面临的实际情况，远远超出了传统的法学视角和传统的教义研究视角所涉及的范围，而这些具体的实际情况也正是 Congar 提请研究者们关注的。

在摆脱了外部视角和所谓“流行性”学说的束缚之后，Congar 提出，我们应当重点研究本土预设（le présupposé communautaire），即目的地本土社会或团体对“接纳”支持与否，特别是其支持“接纳”的条件。Congar 认为，能够接纳这些外来法规的社会都有如下特征：在不与外界交流的情况下，其自身常常受到法规缺失的困扰，也就是说该社会内部对一套真正有效的、外来的法制体系具有一种内生性的需求；一旦在与外界交流时遇到这样的法规体系，它是已经预备好去接纳它们的。不过，“接纳”不会在各参与方势力不平衡的情况下发生，因为我们是以这样一个公式为前提的：当 X 向 Y 输出了一样东西，Y 不用把这个东西作为额外得到的东西，而是应该把它吸收到自己的整体里，这样 X 和 Y 就还是势力均衡的个体。“接纳”是开放式的，是具有扩散性的，它本身实际上就是一个涉及所有基督教社会的整体性的过程，而不仅仅是一个仅涉及“收”“发”双方的孤立过程。基于以上特征，“接纳”是一个内生式发展的结果，也就不是一种强制性的“内”“外”统一的结果。这也正是为什么我们认为，学术领域关于“接纳”问题的相关文献更能确切地描述跨国法律问题研究的现状。对此，Congar 也清楚地表示（Congar，1972，第 370 页）：

> 我们所说的某个（地区）教会“接纳”某种教义，其实是这样的一个过程：教会从内部认可了该教会自己从前并未意识到应当去下的一个决心，认为应当接受这样一套规则，并通过给定的方式在其被内部树立起这套规则体系，而决定这样做的原因是因为这套体系是符合其自身生存和发展的需要的。“接纳”的含义，远比传统经院哲学所指的“服从”要丰富得多：经院哲学中的“服从”，是一种出于对权威的尊敬而做出的行为，服从的意愿源于一种隶属关系，服从的具体行为依据的是一系列的《箴言》。而“接纳”不是某种上级命令的单纯实现，相反地，它是一种出于自愿的行为——当然，这种“自愿”的含义也有可能包括了一种价值判断，即通过做出这种自愿行为，来表达该教会对自身精神世界源头的某种敬意。

这也就是说，“接纳”所呈现的并不是一种隶属关系，也不是一种迫于法律或象征意义上的力量不均而导致的强制关系。Congar 所描述的——同时也是与我们的视角更为相近的——这种地区教会内生性的、对普世教会（ecclesia universalis）的“接纳”，是通过一系列言语或非言语的行动来实现的。这些行动既是对接纳方接纳该规则这件事的社会价值的肯定，又是对接纳方原有的社会价值的肯定。这里所体现的是一种对等的、相互的认可，而这正是“接纳”的根基。“接纳”行为的主体，是一个鲜活的、能表达自身意志、能做出价值判断的存在，这与 Wieacker 所说的那种对外部模型的简单的集体接受和照搬截然相反。这两种视角最关键的区别在于，前者眼中的接纳过程，发生在一个由多个平等的教会组成的、有着共同的普世教会思想的多元化宗教团体里，而后者发生在一个等级森严、权威单一的教会体系之中。如果说我们要进行的法律比较研究是超越了狭义的法律比较，关注到了法律之外的世界（这里指的是神学）的研究，那么这种区别对我们来说就是非常重要的——前者所说的接纳是平等自愿的，而后者则只是一种服从。

这里需要注意的是，不管接纳的过程是平等自愿还是被迫服从，它对判断被接纳的法律本身是否具有合法性没有任何意义。如果说精神上对神的信仰是教会生命意义的全部，那么只要是教会在精神上被完全说服，自愿地认为接纳某种法律是因为要遵从神的旨意，该教会就会全身心地投入到其所认同的这种教会生活当中，这也就包括对新法律的全盘接纳。也就是说，这种接纳只是一种表示拥护的宣言，而不是对具体法律规定的内容及其有效性的赞成。正如 Congar 所言，“所谓‘统一教会’，只可能是信念上的统一”（Congar，1972，第 396 页）。作为一个多元化的团体，教会并不是所有成员的简单的总和，而是一个有机的整体结构。无论是从历史还是从神学意义上讲，教会都是由共享着一种共同财产的、各不相同的有机体构成的，而不是一种简单的等级结构。说某个权威机构的某个行为是具有合法性的，是因为这个机构是具有合法性的，这个机构的合法性证明了这个行为的必要性。教会体系中的“接纳”行为并不是基于（地区）教会中每个个体同意与否的意见的总和，而是基于“总体，例如教会的集体记忆。这也正是‘自我认同’（ego consensi）和‘提前认同’（subscripsi）的意义所在：在这件事上，我与整个教会达成一致，因为这是教会的意志，而教会依据的是绝对的事实，遵从的是上帝的意志——大公会议的权威就是这样在老神父们心目中建立起来的”（Congar，1972，第 396 页）①。也就是说，“接纳”并不是基于对法律——无论是教义法、教会法还是道德准则——判决结果本身的信服，也就并不是一种对该法律纯粹的认可，不是对该法律有效性的承认。“接纳”这个过程在当时的意义与其在当代的意义是不同的：比如，现在我们说的对一个法律接纳与否，是说根据现实的规范需要，判断对某条国际法修订案的内容是否同意和通过；而当时的“接纳”，其实指的是审查法律的具体内容与教会的理念是否一致。正如 Congar 在其结论中所言，

① 这里其实是 Congar 对 Paul Hinschius（1879，第 349 页）的引用：“‘接纳’并不能提供有效性，也没有在一开始就把有效性作为接纳的前提；它只是声明，所有这一切都是在‘一开始’就被决定好了的。从另一方面讲，‘不接纳’也并不能否认某个法律的有效性，不能阻止该法律在有效性上的进步，因为很多时候，‘不接纳并不是因为法律本身有问题，而是因为该法律的‘出身’有问题。”

这也正是为何地方教会“对大公会议决议的接纳过程还是如此高效”，即使“‘不接纳’也并不能否认某个决议的有效性（因为‘不接纳’只是说明该决议在当地没有生命力）”（Congar，1972，第 399 页）。的确，“接纳”的含义，其实应该只是指某个决议在现实环境中的、单纯操作层面上的“生命力”（force de vie）。具体来说是指，一个决定如果被接纳，那么肯定是因为它是能起作用的、有效果的，也就是能建立起秩序的。“接纳”这个行动，与被接纳的决议的具体内容没有任何因果关系，因为神学上的一个根本假设就是“普世教会不犯错”（ecclesia universalis non errat），也就是说决议内容不会是错的。当然，具体的人或机构在落实决议的时候，是有可能由于对内容的不了解或了解不够而出错的，这也是为什么我们会觉得接纳过程本身看上去像是一个“验证”的过程。事实上，这个“验证”并不是验证被接纳的这个决议的对错；它所起到的只是一个传播媒介的作用，决议内容就是通过这种验证，将教义转化成社会现实的。

如果将“接纳”这个教会学模型借用到法学研究领域，我们会发现，它是比传统的“帝国”隐喻更恰当且更实在的一种对法律迁徙的描述。与“接纳”相比，“帝国”模型在解释法制体系中结构的动态变化上太过笼统，甚至是很有问题的（Jouannet，2008，第 14 页）。借用 Kelsen 在描述司法规范的现实时所用的两个概念：相较于一套规范本身的有效性（validité），“接纳”理论更注重效率（efficacité）。这里说的是树立一套规范——或者广义来说，树立教义或法制原则，以及建立一系列社会最基本的行为准则——的过程层面上的效率。值得注意的是，政治对法律影响最大的领域就是在法律的批准和通过的过程层面上：特定法律的制定，需要有一个专门的立法机关来对该法律的有效性进行评估，再由权威机关决定法律是否通过。然而，在以 Congar 理论为代表的“接纳”模型中，这个政治层面，或者说权威机构对规范的树立可以说是没有任何影响的。今天，法律全球化的最显著的特征也正是这一点：一个全球普适的法律准则的最大的现实特征，就是其生命力，也就是其在被推广过程中的效率。在一个没有绝对权威的全球化社会里，我们只能寄希望于自愿原则来建立全球共同法。这就需要重新审视提高这种效率的所有规范性和技术性问题，考虑如何才能在各个法律部门最大限度地获得来自不同国家、不同地域、不同社会的支持，排除任何具有地方主权性质的，或是在等级制度上更高一级的机构或实体对全球共同法的建立可能带来的干涉。在这个平等的空间里，各种国际惯例和国际公约与判例法一道，扮演着“圣灵”之于普世教会的角色，为这个空间提供统一的原则和行动准则。这两种情形之所以相似，是因为在这两种情形里，都没有主权国家或地区的权威（或者说主权政府）的干涉。这些国际通用准则的建立过程的关键，不再是像普通法律一样，由立法机关来决定被统治者该遵守什么。我们看到，在国际法的实际应用中，一直有各种不同的国际惯例和国际公约等提案在不断涌现，这些提案受到认证和认可并最终变成法律，有时是通过国际仲裁委员会的裁定，有时则更倾向于借鉴国家法律体系中的判例来作为处理国际案件的判例法①。其实，在教会法领域也是如此：一个教会决议的被“接纳”也是需要被认证的，需要让地区的合法政府明确地表示，承认其“接纳”是自愿的。不过，后者与前者的区别在于——刚才我们提到的——教会决议（即某种准则）的被“接纳”并不说明决议内容的有效性，“接纳”只是一种表示拥护的宣言，证明该准则是作为被“接纳”的“整体”的一个部分而被接纳的。总的来说，“接纳”模型是唯一一个既能让普世教会成为现实，又能让全球共同法成为可能的模式：它是一种符合新千年使命的、跨越地域局限的、多级化的秩序，是一个试图摆脱地域上的规则限制，单纯追求效率的当代法制工具。全球共同法与普世教会的类比，让我们通过对“接纳”问题的历史学考察，更加深切地感受到了当代法学研究对比较法的强烈需求。

移 植

倾向于用流行性理论（la réception endémique）来解释法律被接纳过

① 这其中最有代表性的当属商人习惯法（Lex Mercatoria），这个过程也值得今后的法律国际化借鉴（Galgano，2005，第 199 页起）。

程的历史学家们需要面对这样一个难以解决的悖论：一方面，他们需要用一种一元论的视角来看待这些共同法，将“接纳”看作一种旨在克服各地不同法律秩序特殊性的过程，将一元论看作共同法在形式层面——或者至少是在物质层面——的必然要求；另一方面，他们又不得不看到，共同法的这种一元论的使命常常使接纳地遭受意识形态上的侵犯和扭曲，尤其是在接纳过程没有充分考虑接纳地本土的背景和实际的时候（这里所说的本土背景和实际不单单指当地之前的明文的法律，还包括长久积累下来的习俗以及对法律范畴的不同认识等等）。在这种瓶颈局面之中，比较研究法的应用常常会带来突破：如果说我们将流行性理论视为全球法律扩张现象的最有效的解释，那么接下来首先要寻找的，就是一个最具思想扩散性的机构来作为“发出者”，以保证特定的法律技术规范以及相应的法律一致性思想在国际上的传播。这里说的就是“法律移植”。所谓法律移植，指的是基于目的国的宪法要求，在一系列备选法律组成的“法律菜单”（*un droità la carte*）中选择相应的法律来完善本土的法制体系[①]（Watson，1993）。这种受经济学和商业视角影响颇深的“法律选购”（*lex shopping*）观念，在比较法学领域其实非常常见，持这种观念的比较法学学派，将“法律移植”视为规范模型在法律体系相同的国家之间（英美法系国家间或是大陆法系国家间）的一种传播，这种传播所呈现的是一种从中央向四周发散的形式。这种法律移植的形式与长久的殖民历史有密切的关系，就如同英美法系和大陆法系之间的区别论所主张的一样——这种理论认为，法律移植的形式以及英美法系和大陆法系之间的

---

① 这里所用的“法律菜单”的描述是一种比喻，起到的仅是一个结构上的指示作用。不过，这其中所涉及的具体的法律内涵也不能完全忽视。从这一点可以联想到，历史上有许多游历世界的法学家（大多数是从西方国家去发展中国家），他们到达目的国，是为了帮助该国制定类似宪法等的法律文书，而通常，这类文书对这些国家而言都是非常陌生的，是该国原来的法律制度现实中所没有的。这种现象很值得关注。与之相似的是，直到今天，还是有很多商业法律顾问，会把依照自己国家相应法律而制定的格式文书直接发送给位于其他国家的与之有法律业务往来的相关方。关于单一国家法律对别国法律的影响、渠道，以及全球总体形势的讨论，可参考 Spamann（2009）。Spamann（2009）还为我们提供了有关此话题的非常丰富和详尽的参考书目清单。从另一个侧面来说，“法律移植”的历史还是充满了抗拒和失败，这种失败的发生，是由于法律的异国移植没能找到很好的历史接收条件（Berkowitz，Pistor 和 Richard，2003）。

区别都是殖民时期遗留下来的。一些学者（Gordley，1993；Legrand，1996）认为，这种区别论已经过时了，至少这并不是非西方国家在法律体系选择上所体现出的差异的主要原因（Mattei，1997）。其实，区别论所主张的法律移植观可以说是 Wieacker 式的外源性接纳理论的翻版，而之前我们已经讨论过，这种外源性的接纳论在解释具体历史事件上所表现出的局限性。此外，一些对法律现象的经济学分析认为，法律移植可以说是一种经济行为，这种经济行为达成的前提条件是，接受移植的目的地必须自身已经显示出对某种法律的需要，该法律移植的提供方只是单纯地为了满足这种需要才向目的地输出他们的法律的（Berkowitz，Pistor 和 Richard，2001）。

法律移植（*legal transplant*）的拥护者认为，法律移植是一种天然有利于法制体系进步的工具；而反对者则认为，法律移植是对目的地原有的社会秩序的不敏感，对推动变革的力量的强制性的不自知，以及对接受移植后当地对该法律的自行解读的不重视（Halpérin，2009，第 27—55 页）。对以上两个学派进行比较研究可以让我们清楚地观察到，分别从历史角度和从操作角度来评价法律的规范化，其结论可以说是截然相反的。这两派对法律移植的评价，呈现的正是一套既存的法律规范——连同其时代背景——是如何进入到一种循环的（或者说历史的）关系里的。从这个角度上讲，如果说 Watson——作为比较法学的史学家和法律移植论的拥护者——所指的“法律移植”是这样一种与“法”（la loi）这个概念一样古老的概念，那么他对法律移植论的拥护也就无可厚非了。当今社会科学的主流观点认为，法律所表达的是一个特定地区、特定历史时期的社会需求。而历史法学比较研究（la comparaison historico-juridique）则可以从一种与社会科学主流观点完全相反的理论出发来讨论问题，而这个出发点是所有正统历史学家都不敢采用的：历史法学比较研究可以追踪一套法律规范被接纳的具体的技术性操作步骤，研究它之所以容易被接纳的具体特征，也可以说是研究它为自己的被接纳而“创造”适宜环境的能力。值得注意的是，我们所说的这种创造适宜环境的做法，是无法以任何先验性的知识（指的是所有既存的、关于“规范的内在合理性”的理论）为依据的，只能通过该法律原产地的背景来推理。一言以蔽之，比较法必须消除法律移植在实际操作中所引发的分歧。它必须重点处理两个完全不同却又密不可分的过程之间的辩证关系：一个是通过抽象的规范性的描述，完成对社会现实的司法构建，一个是基于这个社会现实给出的司法解释——后者其实是前者的一部分，只是后者必须是基于这个构建出来的社会现实给出的一个具体实施方案，给移植过来的法律赋予实在的意义。从这个意义上说，运用比较法，就是首先承认了法律规范本体的循环性这个前提，正是这个前提才让我们能够依照该法律诞生地的背景——也是我们可以确切了解的唯一背景——来推断、描绘和创造能够实现该法律移植的一般性背景。

这样的比较法学，实际上是向决疑法完全敞开了大门，并与此同时否定了所有形式的（不管是最初的还是后来重新兴起的）教义主义的历史观及其对一个特定法律的现实经历的忽视。说到这里，我们可以思考的是一个语言多元化的问题。语言多元化的理念是一种对多样性的恰如其分的诉求，因为它不是对所谓建立一个通用语或共同语（lingua franca）霸权制度所提出的单纯的抗议，而是要求通过保护语言来保留一些该社会特有的表达方式，维护一种民族认同感。如果说我们所进行的比较研究，不是迫于国际上的多方压力而匆匆赶制出来的、仅以方便交流为目的的、权宜的产物，而是一种从科学角度出发的、作风严肃而严谨的学术研究的话，那么语言多元化就是这种比较研究的一个重要的必备条件。我们必须能够控制相应法律规则在不同环境下（例如在不同国家、不同国际层面、不同行业、不同专业领域中等等①）的可理解性和适用性，与此同时还要注意，该法律规则的采用给当地的个人、团体和机构所带来的政治、经济和社会层面的影响。这可以说是法律移植实践中最关键的所在了，与其关注接纳方原有法制文化对法律移植的阻力，不如关注以上这两点。其实，用“法制文化”来描绘接纳方的情形也许太过笼统，不能让我们准确判断那些决定接纳方当地人具体行为的原因。这个概念

---

① 正如我们观察到的，任何一次“法律移植”都应当保证该法律的有效性：“该法律应当在其被采纳的新‘上下文’中是有实际意义的，这样，当地人才会积极地运用这个法律，才会积极地要求当地负责落实该法律的权威机构去进一步落实和改进该法律。”（Berkowitz，Pistor 和 Richard，2001）

用在这里，是出于语言上的简化考虑。这里所谓“法制文化”，是指某一地区诸如“法系”“法制体系”以及“法律传统”等等一系列在学术领域在传统上被经常使用的词汇所涉及的全部范畴。不过，“法制文化”这个词在欧洲范围内的使用，常常偏重于指代国家层面（而且也确实是有一派学者是鼓励这种倾向的，见 Sunde，2010，第 20 页）。然而，不管这个词的具体意思如何，所指代的范畴是大是小，最重要的是，按照“法制文化”这个概念在比较法学研究的使用意味着接受了这样一个原则，即在考虑任何法律的技术和机构层面的具体步骤（包括解决争端以及树立规范等）的时候，都不能脱离该法律所处的大环境，而这个大环境“是由一个特定人群的思想、态度、对法律的看法和价值取向，以及特定的法律体系和法律机构构成的”①（Friedman，1995，第 53 页）。公正，是人们对法律最根本的要求。而通过司法程序实现公正，正是法律的历史意义所在。从这一点出发，我们就相当于是将构建法律的能力看作实现普世的社会价值的一种方式了。不过，这样做的风险在于，我们很有可能忽视了一个事实，即法律是一种主权行使行为的实践（*praxis* souveraine），具有所有主权行为共有的内在特征；而任何主权行为都不可能是单纯地以实现某个普世价值为目的的。

也许现在是时候强调一下“实践”这个概念的重要性了——尽管一方面潘德克顿学派（le pandectisme）曾不顾过度框架化的危险性，试图将法律构建成一套结构完整、严格的思维体系，并且完全抹杀实践对法制的意义；而另一方面，实践又常常会被归到社会学的研究范围中，被认为是无定式的，是现实的社会构建的一部分，或者说是我们刚刚所说的“法制文化”概念的一个衍生物。然而事实上，“实践”本身就是一种思维方式，它可以不受在它的外部形成的任何理念的影响。在这个思维过程中，法律并不是一个单纯的“被思考”的“客体”，而是一个“主体”，因为它一直以来的使命就是塑造一种有“主观意识的”②“具有人

---

① “*Ideas, attitudes, values and opinions about law, the legal system and legal institutions in any given population.*”

② 指的是唯物主义的一个基本命题（参考马克思《关于费尔巴哈的提纲》），我们认为这个命题仍然有效。

性和理智的人类活动”。对司法工具和技术的一种潜在的无国界使用（尽管这种使用还是要面对许多当地条件的限制）不可能不涉及该司法工具或技术内在的时间性，或者说是其“结构上的重复性”（Koselleck，1997，第175页）。影响政治和社会系统的种种事件，都是由一个外在的时间划分框架来整理和归置的，而所谓结构上的重复性则会不停地改变这个时间划分的框架。具体到法律移植问题上，司法工具和技术自身特有的重复和传输机制，就是不停地在给时间划分的框架带来其内部的时间性，改变原先的时间划分的框架，而这种改变同时又会带领相应的法律移植事件脱离其原先的时间划分框架。在历史的长河中，这种时间秩序上的位置的相对移动所显示出的是法律流程和法律规则的力量，而实现这种位移也就可以说是我们进行历史比较研究的一个最重要的目的。在这样的历史研究中，历史的连续性——或者从另一个方面说，历史断裂的程度——并不十分影响研究的结果，因为法律实践史的坐标并不单纯是时间，而是各种政治理念、经济、思想、文化形态和意识形态史的各个阶段。这也正是为什么我们说比较法学界的史学家在研究时不应当以时间限制假设为导向——因为这个学科一开始就是以“在事件和时间之间自由穿梭”为前提的。如果说时间尺度的建立是历史重现和比较重现的必然结果，那么我们完全可以回到过去的时代来解释当代的法律现象。

这里可以举的是软法（soft law）研究的例子。软法，是在一些社区性机构的运行中产生的一种内在的规范。历史比较法似乎在对这个形成历史距今并不遥远的现象的研究上并没有太多建树。而当我们把关注的重点从机构层面转移到技术层面的时候就会发现，今天这个通过建议书、白皮书、绿皮书或者指南等方式形成的所谓的“软法”，其“家族传统”和历史沉淀不可谓不深厚——事实上，早在很久以前，就已经有一个古老的组织想到了，应当通过提醒、激励和引导等方式，而不是通过义务或制裁上的硬性规定，来建立和贯彻实行一套规范制度。这个古老的组织就是教会。历史上，在人类社会所有的大型机构中，教会是第一个意识到单纯依靠“管辖权”的理念是不足以领导群众、指导群众行为的。自从史上第一个基督团体的出现，或者说是从公元1世纪至今，教会组织开发并制定出了一系列的行政管理工具，这些工具的发展史给我们对司法制度的思考提供了丰富的素材，让我们可以从一个实践的角度——而不是单纯地从传统的“维护公正”的角度——来考虑法律制度的根基问题。历史上，教会的这种软性的管理工具取得了长足的发展，逐渐成为一种平行于正式（即法官判案式的）司法制度之外的、具有自律性质的规范制度：自12—13世纪起，神学家和教会法学家就共同把这套规范定义为“内部规范”（for interne），以区别于正式的司法用或诉讼用的规范（for juridictionnel ou contentieux）（Prodi，2000，第104页①）。一种“法律”就这样诞生和发展起来了。这种法律不再试图对一些相互冲突的主观意图作裁决，而是旨在确保一个结果——而且是一个非常重要的结果——的获得，而这个重要的结果指的就是灵魂的救赎。这一旨在将行为导向一个正确方向的过程，其实并不是严格意义上的法律，因为它并不对当事人进行审判，而是用一种针对不同个案因地制宜、因势利导的方式对其进行软性的统治，或者说管理。在硬性的戒律之外，法律逐渐开始尝试发展自身的适应能力，以及其对周边环境和人的、以某种理想型为模板的塑造能力。我们看到，当代的比较法学家们所关注的问题常常是通过类似“建议书”等软法的形式提出的——比如，2005年欧洲委员会提出的关于在线音乐服务领域的著作权的跨国界管理的建议书。然而，如果他们回顾历史，就一定会发现以下两个足以让他们震惊的事实：首先，对“建议”这个法律术语的官方定义是“一个旨在引导市场向正确方向发展的、不具约束力的法律文书”[欧洲议会（parlement européen），《关于软法的使用对制度和司法的影响的报告》，2007年6月28日，第6页]。而基于这个定义，欧盟正是通过这种比法律更软性的方式，给自己赋予了引导市场向正确方向发展的权力，而这与几个世纪前天主教会在地方教会推行教会法的做法异曲同工。第二个让人意外的，同时也是值得担忧的事实表现在，一种用主观视角替代原先的客观性原则的看法的兴起。因为，如果说教会是出于使全体教众都得到灵魂救赎的目的来指引教众的行为的，那么，对于上面这个例子而言，欧盟也正

① 关于所谓“内部用”和“外部用”的法律概念之间，意识（秘密）领域与政治（公开）领域之间，以及聆听告解的神父与法官之间的相互影响，详见Chiffoleau（2006）。

是出于一个与此类似的目的来引导市场的——可见，在当今社会，我们的灵魂已经牢牢地被一种市场逻辑所控制。通过以上的分析可见，我们是用一种比较的研究方法得出了这个我们已经司空见惯的真相。从这个意义上讲，比较法在法学研究的应用不是一种对当代学术界新潮流的顺应，而是因为从古至今它都是为我们揭示真理的一盏明灯。

参考文献

Alberigo Giuseppe et Jossua Jean-Pierre (eds.), 1985, *La réception de Vatican II*, Paris, Éditions du Cerf (coll. «Cogitatio fidei»).

Berkowitz Daniel, Pistor Katharina et Richard Jean-François, 2001, «Economic development, legality, and the transplant effect», *William Davidson Institute Working Paper*, 410.

—2003, «The transplant effect», *American Journal of Comparative Law*, 51, 163.

Calasso Francesco, 1954, *Medio Evo del diritto*, Milan, Giuffrè.

Chiffoleau Jacques, 2006, «Ecclesia de occultis non iudicat?» *Micrologus. Nature, Science and Medieval Societies*, 14, pp. 359 – 481.

Congar Yves, 1972, «La "réception" comme réalité ecclésiologique», *Revue des sciences philosophiques et théologiques*, 56, pp. 369 – 403, repris dans Yves Congar, *Droit ancien et structures ecclésiales*, Londres, Variorum, 1982.

Congrès international de droit comparé, 1900, Paris, 31 juillet – 4 août, Procès-verbaux des séances, Paris, LGDJ. Disponible en ligne: www. archive. org (consulté en septembre 2012).

Fögen Marie-Thérèse et Teubner Gunther, 2005, «Rechtstransfer», *Rechtsgeschichte*, 7, pp. 38 – 45.

Friedman Lawrence M., 1995, «Some thoughts on comparative legal culture», dans David S. Clark et John H. Merryman (eds.), *Comparative and Private International Law. Essays in Honor of John Henry Merryman on his Seventieth Birthday*, Berlin, Dunker & Humblot.

Galgano Francesco, 2005, *La globalizzazione nello specchio del diritto*, Bologne, Il Mulino.

Gordley James, 1993, «Common law und civil law: eine überholte Unterscheidung», *Zeitschrift für Europäische Privatrecht*, 1, pp. 498 –518.

Grillmeier Aloys, 1970, «Konzil und Rezeption. Methodische Bemerkungen zu einem Thema der ökumenischen Diskussion», *Theologie und Philosophie*, 45, pp. 321 –352.

Halpérin Jean-Louis, 2009, *Profls des mondialisations du droit*, Paris, Dalloz (coll. «Méthodes du droit») .

Hermitte Marie-Angèle, 2011, «La nature, sujet de droit?» *Annales HSS*, 1, pp. 173 –212.

Hinschius Paul, 1879, *Das Kirchenrecht der Katholiken und Protestanten in Deutschland*, t. III/1, Berlin.

Jouannet Emmanuelle, 2008, «The disappearance of the concept of Empire. Or, the beginning of the end of Empires in Europe from the 18th century», dans *A Just Empire? Rome's Legal Legacy and the Justifcation of War and Empire inInternational Law*, Commemorative Conference on Alberico Gentili (1552 –1608), New York University School of Law, pp. 1 –24. Disponible en ligne: www. univ-paris1. fr (consulté en septembre 2012) .

Koselleck Reinhart, 1997, «Histoire, droit et justice», dans *L'expérience de l'histoire*, Paris, Gallimard-Seuil-Éditions de l'EHESS, coll. « Hautes Études», pp. 161 –180.

Legrand Pierre, 1996, «European legal systems are not converging», *International and Comparative Law Quarterly*, 45 (1), pp. 52 –81.

Luhmann Niklas, 1992, *Beobachtungen der Moderne*, Opladen, Westdeutscher Verlag.

Maine Henry S., 1889 [1876], *Village-Communities in the East and West*, 3e éd., trad. dans Henry S. Maine, *Études sur l'histoire du droit*, trad. par René de Kérallain, Paris, Thorin (coll. «Bibliothèque de l'histoire du droit et des institutions») .

Mattei Ugo, 1997, «Three patterns of law: taxonomy and change in the world's legal systems», *The American Journalof Comparative Law*, 45 (5), pp. 12 - 40.

Mensch Elisabeth, 1982, «The history of mainstream legal thought», dans David Kairys (ed.), *The Politics of Law: A Progressive Critique*, New York, Basic Books.

Napoli Paolo, 2003, *Naissance de la police moderne. Pouvoir, normes, société*, Paris, La Découverte (coll. «Armillaire») .

Portemer Jean, 1946, *Recherches sur les* Differentiae juris civili et canonici *au temps du droit classique de l'Église*, Paris, Jouve.

Prodi Paolo, 2000, *Una storia della giustizia*, Bologne, Il Mulino.

Rodotà Stefano, 2002, «Un codice per l'Europa? Diritti nazionali, diritto europeo, diritto globale», dans Paolo Cappellini et Bernardo Sordi (eds.), *Codici. Una riflessione di fne millennio*, Milan, Giuffrè, pp. 541 - 578.

Spamann Holger, 2009, «Contemporary legal transplants. Legal families and the diffusion of (corporate) law», *Brigham Young University Law Review*, 6, pp. 1813 - 1878.

Sunde Jørn Ø., 2010, «Champagne at the funeral-An introduction to legal culture», dans Jørn Ø. Sunde et Knut E. Skodvin (eds.), *Rendezvous of European Legal Cultures*, Bergen, Fagbokforlaget.

Teubner Gunther, 2004, «Societal constitutionalism: alternative to State-centered constitutional theory», dans Christian Joerges, Inger J. Sand et Gunther Teubner (eds.), *Transnational Governance and Constitutionalism*, Oxford, Hart, pp. 3 - 29.

Thomas Yan, 2011, «L'extrême et l'ordinaire. Remarque sur le cas médiéval de la communauté disparue», dans Jean-Claude Passeron et Jacques Revel (eds.), *Penser par cas*, Paris, Éditions de l'EHESS, 2005, repris dans Yan Thomas, *Les opérationsdu droit*, Paris, Gallimard-Seuil-Éditions de l'EHESS (coll. «Hautes Études»), pp. 207 - 237.

Watson Alan, 1993, *Legal Transplants: an Approach to Comparative Law*, Edimbourg, Scottish Academic Press.

Wieacker Franz, 1967, *Privatrechtsgeschichte der Neuzeit unter besonderer Berücksichtigung der deutschen Entwicklung*, Göttingen, Vandenhoeck u. Ruprecht, 2e éd.

Wolter Udo, 1975, *Jus canonicum in iure civili. Studien zur Rechtsquellenslehre in der neuren Privatsrechtsgeschichte*, Cologne-Vienne, Böhlau.

科技文化遗产的比较历史研究

——比较18世纪和19世纪英法两国对创造发明作品的收集和存储方式

莉莉安·伊莱尔·贝雷

随着消费以及文化经济的发展，近来，有越来越多的研究指出，在18世纪的欧洲，知识的商品化对于科技公共空间的创立起到了重要的作用（Stewart，1992；Hilaire-Pérez，2007；Hilaire-Pérez & Thébaud-Sorger，2006）。店堂的商品陈列，以及组织对店堂、手工作坊及车间生产的参观活动等等，这些视觉展示手段不仅可以满足消费者不断增长和变化的好奇心，还可以激发不同的受众群体对科技的兴趣（Berg，2005；Hilaire-Pérez，2000b，2008b；Bennett，2002，2006）。

正是基于这种考虑，James Bisset于19世纪初在英国伯明翰开了一家"商店兼博物馆"，既卖自己的艺术作品（包括装饰品、纪念章画像等），又展卖知名画家的画作（Berg，2005，第199—204页）。其实，这种集创意，商业和艺术鉴赏、收藏于一身的混合体早在汉诺威时代的英国就已经出现了：大约在Bisset那个时代的一百年前，擅长制作音乐时钟和活动画幅的著名的平契贝克（Pinchbeck）家族就在伦敦建立了自己的仓储库（Repository），用于在销售商品的同时展示机械工艺及理念上的创新成果（Hilaire-Pérez，2008b）。有的展品（例如一台起重机）还获得了艺术协会（Society of Arts）的嘉奖。作为一个学术团体，艺术协会也有自己的仓储库，克里斯托弗·平契贝克也是该协会的成员。如Celina Fox所言，英国18世纪时的这种文化与科技存储相融合的形式（Fox，2009），体现的正是流淌在英国国民血液中的、跨越技术和艺术两个领域的原创性和创造力（Berg，2005）。

对创新理念的收集和展示的制度化，更加强化和鼓励了那些原本就兴起于商业领域的创新品的收集和展示活动，同时也促进了发明家群体的社会形象的积极转变——需要指出的是，在这之前，英国的发明家们被赋予的一直都是投机者和垄断资本家等负面形象。在这一点上，Christine MacLeod 发现，在维多利亚时代的英国，那些旨在对创新理念及产品进行收集和存储的一系列制度化措施，都对 19 世纪的英国发明家英雄化、偶像化运动起到了至关重要的作用。这些制度化措施，包括 19 世纪 20 年代对詹姆斯·瓦特（James Watt）的大型纪念活动、不久之后举行的水晶宫展览，以及前身是专利署博物馆（Patent Office Museum）的专利署（Patent Office，由 Bennet Woodcroft 领衔）和科学博物馆（Science Museum）的建立等（MacLeod，2007a，2007b；Liffen，2010）。全国各地随之兴起了广泛的游行活动，国民联合倡议为大发明家们铸造雕像，以纪念他们的丰功伟绩。这种国民在公共空间里所发出的呼声也正说明，发明家在英国的社会形象已经从负面转为正面。可以说，英国之所以能够成功地建立起这种崇尚发明和创新的"民族纪念碑"（"lieu de mémoire" de la Britishness），是因为来自政府的公共投资（包括财政层面和象征层面）和来自民众的消费主义文化的力量都充分发挥了作用，而且是同等重要的作用。

那么在这一方面，法国的情形又是怎样的呢？不难发现，法国对创造发明活动的政治化倾向传承自启蒙运动。在启蒙运动的直接影响下，发明作品存储与公共空间的做法，在莫尔塔涅工业展览中心（hôtel de Mortagne）和法国国立工艺学院（Conservatoire des arts et métiers）以及许多其他的公共空间都陆续开展了起来，这些其他的公共空间，包括从文艺复兴末期到法国大革命之前所谓"旧制度时期"（l'Ancien Régime）就有的工艺学院、学校、企业、社团、博物馆及各种地方性质发明创新机构（Hilaire-Pérez，2000a）。可以说，在 19 世纪的法国，创造发明活动政治化的遗留仍清晰可见——工业企业的仓库、工业展览（见 Benoît，Emptoz & Woronoff，2006；Margairaz，2005，第 11 章），以及众多地方工艺学院（例如里昂工艺学院）等纷纷建立起来，通过政治化和制度化的方式大力推进了发明创新的收集和存储活动的开展。最近，学界正在进行对各地地方工艺学院藏品的一系列研究，不出所料，这些研究也发现，地方工艺学院对发明创新的收集和存储等活动，与 19 世纪法国国家工业与展览联合会（la Société d'encouragement pour l'industrie nationale et les expositions universelles）密切相关（Corcy, 2010），这是 19 世纪的法国创造发明的收集和存储政治化现象的有力佐证。这些国家性质的鼓励发明创新机构的大规模建立，说明在法国，发明与创新被建构为一种“国家事务”（affaire d'État），而发明家们被赋予的则是一种较为平民化的形象。

基于上述分析，我们或许可以说法国与英国同时期的情形大不相同，然而需要注意的是，至此，我们还没有详细分析在同时期的法国商业领域中发明和创新的情形。我们还应注意到，除了受启蒙思想的直接影响，法国的创造发明公共申报制度的建立还与许多其他因素密切相关。比如说，这种申报制度的成功建立其实很大程度上是因为它适应了当时的社会需要——在旧制度末期，工业领域的发明创新不可避免地带来了个体利益追逐者（例如资本家）与社会整体进步之间的矛盾，而发明申报制度的建立正是对该矛盾起到了一定的调停作用。

18 世纪时在英法两国首都出现的创造发明的收集和存储手段，或者说两国由国家主导的对创造发明的收集和存储方式，体现的正是两国对各自历史文化遗产的确认模式。在国家层面，无论具体的制度规范如何，出于对政治因素和对国家形象等方面的考虑，国家对创造发明成果的认定总是从该国的历史文化遗产角度出发的。两国博物馆和展览馆对启蒙运动时期创造发明成果的收集和存储方式所展现的，可以说是一部关于科技在两国文化和政治领域地位提升现象的比较史。

下面，我们首先将比较两国国家层面创造发明的收集和存储方式，然后再从地方层面对创造发明的收集和存储方式进行比较。通过比较研究可以发现，地方层面的情况通常比国家层面的情况复杂、微妙得多：事实上，英法两国国家主导的、对创造发明成果作为历史文化遗产的确认之所以能够顺利实施，很大程度上得益于两国的地方精英阶层对此的全力支持。然而，由于国家性质的鼓励发明创新的机构与地方和私营性质的商业机构间不可避免地存在着利益冲突，这种国家主导的对发明成果作为历史文化遗产的确认，并不能保证发明创新活动的可持续性。这就造成了一种国家中央文化遗产确认机构与地方科技博物馆对峙的局面，而事实上常常是后者占据了先机。接下来，我们将通过对法国里昂的案例研究具体论证这一点。我们可以看到，自 18 世纪以来，里昂市就建立了对创造发明成果的市政管理机制，至 19 世纪，人们对这种将地方发明成果“文化遗产化”（包括确认、维护和利用等）的看法逐渐多了起来，雅卡尔织布机的传奇也是这次文化遗产化潮流的一部分（Cottereau，1997，以及其即将出版的作品①；Jarrige，2009）。

伦敦艺术协会的仓储库

伦敦艺术协会的全称是“艺术，制造业和商业促进协会”（Society for the Encouragement of Arts，Manufactures and Commerce，下文简称“艺术协会”）。该协会成立于 1754 年，是欧洲艺术协会及工业促进协会兴起运动中的典范（Hilaire-Pérez，2000a；Hahn，1963，1981）。

艺术协会的资金来源大部分依靠私人投资，也可以说是基于特定社交圈子的集资能力。协会的这种金融运作模式及其社会符号的形成过程，在很多方面都给后来人提供了许多值得借鉴的东西。首先，艺术协会非常注重信息的流通——关于这一点，协会档案中的交易记录（自 1783 至 1851 年间多达 57 卷的档案，由协会与发明者们的信件往来构成），以及各种通讯文章和系列出版物②的发行都是很好的证明。此外，艺术协会还与国外的学者及知识分子——尤其是与国外（法国）的重农主义学

① 感谢 Cottereau 在其文章正式出版之前就提供给笔者用于本文的写作。

② 早在 1764 年，艺术协会就发表了《商业博物馆——艺术协会成员关于农业，商业，艺术和制造的论文选集》（*Museum Rusticum et Commerciale or Select Papers on Agriculture*，*Commerce*，*Arts and Manufactures by Members of the Society of Arts*，共六卷，1764—1766）。在 1778 年，艺术协会又发行了 Robert Dossie 的《农业以及其他经济艺术备忘录》（*Memoirs of Agriculture and Other Economical Arts*，共三卷，1767—1782）和《艺术协会授予过的奖金和奖品备忘录》（*Register of Premiums and Bounties Given by the Society of Arts*，1754—1776）。

者们①——广泛地建立了联系，购进了许多国外学者的著作。

再者，在创造发明的收集和存储方面，艺术协会的做法也有许多可圈可点之处。1761 年，艺术协会建立了自己的仓储库，专门用于存放和向公众展示得到协会嘉奖的工业发明成果。在这些获奖作品之外，艺术协会仓储库的展品还包括与工业发明相关的许多其他成果，例如同时身为英国皇家学会（Royal Society）和古物学家协会（Society of Antiquaries）成员的艺术协会成员亨利·贝克（Henry Baker）送展的各种金属、贝壳和矿物，再如协会创始人，画家威廉·希普利（William Shipley）送展的化石等等。艺术协会还非常关注受众的需求，积极进行展品用途的多元化展示，旨在为前来观展的市民们提供全面的信息，以满足他们对这类展览日益增长的兴趣。艺术协会的这种仓储库展览形式的成功也与那个时代的英国在发明成果展示领域的“非专利认证化”趋势密不可分：比如说在伦敦，各种发明成果既被作为一种公共文化财富展示在正统的官方机构［例如建成于 1753 年的大英博物馆（Sloan，2007）］，又被展示在如类似 Pinchbeck 仓储库的许多商业场馆中，而后者与前者一样，都是这种发明成果展览“公共财富化”（非专利认证化）运动的一部分（MacLeod，1988）。

艺术协会仓储库所展览的受嘉奖的作品都会被授予“艺术协会奖”（premium society）奖牌，该奖项的评选标准注重纯粹的科技创新性，同时也很重视创新产品的实用性。所有获奖作品都被展示在位于伦敦最时尚的阿德尔菲区（Adelphi）的艺术协会一楼大厅。展品数量相当可观：据记载，1783 年时有 158 件展品。仓储库给了发明者们一个通过公共财富化（la patrimonialisation）渠道来使自己的作品得到认证，同时保护自己专利权的机会——对于那些囊中羞涩的发明者来说，使自己的作品得到认证和保护在以前几乎是不可能的，因为传统的专利认证程序费用极高（Fox，2009，第 161 页）。Fox 还发现，对于许多发明者——其中就包

---

① 例如，Dupont de Nemours 经常性的将法国期刊《公民年鉴》（*Les Éphémérides du Citoyen*）带到艺术协会来；再如，通过档案中的交易记录可以看到协会与法国里昂的修道院院长 Rozier 先生的交易信息，他先后为协会订购了法国的《物理学观察》（*Observations sur la physique*）、《自然史和艺术史》（*l'histoire naturelle et sur les arts*）和《物理学期刊》（*Journal de physique*）等刊物。

括 Christopher Pinchbeck——来说，在艺术协会仓储库展览自己的作品是“非常有效的促销手段”：仓储库在展品陈列上颇费心思，橱窗和陈列架都是交给当时非常有名的雕塑家、室内装潢大师 Thomas Woodin 做的（Fox，2009，第521页）。不仅如此，因为与艺术协会在二层陈列的精美艺术藏品仅一墙之隔，仓储库的展品也被赋予了工业价值之外的格调。这一切都使得仓储库所展览的创造发明作品魅力倍增。艺术协会这种收集、保管、展示和宣传发明作品的做法，可以说是将科技发明创新融入了城市文化生活之中。艺术协会仓储库的这种社会功能的形成，是英国社会科技文化建立过程中的艺术社团演化运动的一个缩影。通过对科技发明作品的直观视觉展示和艺术格调附加，艺术协会仓储库的科技发明展为发明作品提供了一系列的实用性和象征性方面的包装。

从另一个层面来讲，这也正解释了为什么我们很难准确评估艺术协会的这种创造发明作品的收集和展示在实用性能推广方面的功效。如果非要评估，那只能说功效甚微。正如 Fox 在书中提到的一位负责讲解展览中的一台液压机的艺术协会专属机械师（John Smeaton）所说的，虽然仓储库的发明作品展览里有许多具体的展品实用性能演示，但展览的重点似乎仅限于模型的复制和传播，以及帮助观众更好地理解作品的功能，而非着眼于向例如工业生产商等实业部门的推广（Fox，2009，第165—166页）。

不过，下面这个事例也许为我们揭示了另一种可能性：Thomas Brownhill，曼彻斯特的一位制造农业生产工具及农业用车的企业家，在他1781年的广告传单里提到，他的企业受艺术协会仓储库的相关展品的启发，制造出了一系列的新设备。广告传单里提及的这些新设备中，一台筛粒机是仿照仓储库所展览的一位名叫 Evers 的发明家的作品制成的，还有一台由 Thomas Hope 制作的耕犁，该耕犁在1773年获得了艺术协会对发明作品的嘉奖。[①] Brownhill 还在传单中号召他的广大客户群体都去参观一下艺术协会仓储库，以便更细致地了解各种不同种类的耕犁的性能。

---

① 皇家艺术协会，活页书第七卷：“获得成立于伦敦的协会的嘉奖……”，1774年，第49页；《手稿》（*Manuscript Transactions*）第七卷。

这一事件说明，企业经营战略和高雅文化活动之间存在着的某种重叠。Brownhill 的广告所宣传的，其实是一种对被认可的发明作品的复制和应用，它鼓励企业的客户也同样根据各自的需求去关注、比较和应用这类发明作品。

也许艺术协会仓储库的展览并没有对发明作品在实业领域的推广产生很直接的作用，但我们并不能因此否认其展览对建构英国“机械科技大厦”的奠基作用。艺术协会委托其两位领导成员，用图谱汇编的形式发行了许多机器及工具的作品目录（Bailey，1772；Bailey，1782）——在这两位协会领导成员中，一位是 William Bailey，仓储库模型演示负责人，同时也是协会 1767 年至 1773 年的理事，另一位是 Alexander Mabyn Bailey，协会 1773 年至 1779 年的理事。Fox 认为，艺术协会作品目录之所以采用图谱汇编这种形式，是受法国人 Jean-Gaffin Gallon 在 1735 年至 1777 年编纂的七卷《皇家科学院自成立至今获得批准的机器和发明目录及简介》（*Machines et inventions approuvées par l'Académie royale des sciences depuis son établissement jusqu' à présent; avec leur description*）的启发。Gallon 的这套目录及简介是为了记录自 1666 年法国皇家科学院建立以来所有受其嘉奖的发明作品（其中前六卷记录的是 1666 年至 1734 年的作品，第七卷发行于 1777 年，记录了 1735 年至 1755 年的作品）。这套汇编的原始材料都是基于莫尔塔涅工业展览中心自建立伊始所收集的馆藏，其用途是为了给工业中心专属的机械师们提供一套便于复制和直接投入生产应用的详尽图纸（包括透视图、投影图以及多角度详细视图等等）[①]（2009，第 160、288 页）。

即使我们说旧制度下的巴黎对创造发明作品的收集和存储方式并没有呈现出“英式”（或者说亚当·斯密式）的这种与技术和审美的紧密结合，即使说法国对发明作品收集和存储形式更多地存在于所谓的革命性

① 艺术协会的资料证明，莫尔塔涅工业博物馆的机械师和发明家 Charles Dellié 为 Anglais Almond 提供了图纸并制造了一台纺织机。《艺术协会手稿》（*Manuscript Transactions*）第一卷（1771）回顾了 John Almond 的所有被艺术协会认可的创造发明作品，其中提到此事。另外，此事在《艺术协会图谱汇编 A》，以及 Bailey 的汇编中也都有记录（国家档案［Archives nationales，AN］：F/12/2219）。

创造领域中［例如技术职业高中（lycée des Arts）建立的例子，Hilaire-Pérez，2004］，我们需要看到的是，与英国相似的这种对新科技进行收集和存储的社会需求，以及这种对知识进行规范性管理的社会需求，都在18世纪末的君主制法国重现了：法国18世纪末的国家机器发明收集管理制度的建立就是最好的证明。

科技的制度化：从启蒙运动到大革命

受艺术协会嘉奖的发明作品可以说是占了英国所有发明作品收集和存储量的很大一部分，但艺术协会所做的一切并不属于英国鼓励发明创新的政府行为。这与法国的情形正相反：莫尔塔涅工业展览中心对创造发明作品的收集和存储则是纯粹的政府行为。莫尔塔涅工业展览中心位于巴黎市内的沙罗纳街（rue de Charonne），是被国家收购的Jacques Vaucanson工坊的旧址（1782年，在Jacques Vaucanson先生离世后）。这个国家级的发明作品的收集和存储空间的建立在当时的欧洲可谓独树一帜。

莫尔塔涅工业展览中心所展出的既非王公贵族出于好奇心收藏的机巧，亦非正统科研机构——卢浮宫法国科学院的藏品（Frémontier-Murphy，1996）。莫尔塔涅工业展览中心开创了技术知识的国家遗产化。这一国家遗产化现象延续到大革命后法国国立工艺学院的建立（1794年）。法国国立工艺学院建立伊始时的展品约有三百余件，这些包括各种物件、设计手稿和印刷品在内的展品，绝大多数都传承自莫尔塔涅工业展览中心（De Place，1983，1984，1994）。① 这种传承性还体现在展品管理人员的组成上：在莫尔塔涅工业展览中心，负责展品收集和存储的是Alexandre-Théophile Vandermonde，一位由国家商贸局（国家财政部门直隶机构）任命的科学院院士；而他从1786年开始就带领Claude-Pierre Molard一同

① Dominique De Place所列的工艺学院展品清单表明，在1791年之前，学院所筹备的230件展品中有185件都来自莫尔塔涅工业博物馆。1791—1796年，又有50件新展品以及许多设计图纸（De Place女士未标明图纸的具体数量）被加进了展品清单。

工作，以便后者在成为国立工艺学院院长后顺利接手这些展品的维护和管理工作。这些有学术背景的开明的公共管理者们深受启蒙思想影响，相信科技创新对经济发展的推动作用，因此，他们建立了这种一脉相承的国家对创造发明作品的收集和存储制度。在启蒙运动之后的一个世纪，这种制度对发明创新起到了长久的鼓励和促进作用。

值得注意的是，紧接着，1782 年，国家对 Vaucanson 工坊（包括工坊所有的六十余件展品）的收购之后，法国政府对创造发明作品的收集和存储行为呈现出集中增长的趋势：在 1783 年至 1791 年这短短 8 年间，有 185 件展品陆续被建成或被纳入了莫尔塔涅工业展览中心的展览。这一集中增长与以下三大政策因素密切相关。

首先，此时越来越多的发明家希望并试图通过官方登记形式记录自己的作品并确认和保护其知识产权。这一需求很快就有了政策层面的回应——国家行政管理机关对发明作品的收集和存储方面的要求也越来越严格。而这种要求其实是出于两方面的原因：一方面，国家希望在公众面前展示受到国家嘉奖的科技发明作品；另一方面，国家也希望保证发明家们能够优先享受自己作品所产生的利益，并保证在专利项目公共申报制度（创立于 1791 年）中，国家之于发明专利作品的权益。需要指出的是，后来，这项国家级的发明专利登记、保有和发布权被下放到了国立工艺学院（Emptoz 和 Marchal，2002；Galvez-Behar，2008）。这种市场与国家文化遗产认证间的交锋在下文中多有体现。

其次，莫尔塔涅工业展览中心对发明作品的收集和存储行为是一个国家主导的百科全书式的项目的一部分，其目的是收集所有可能收集到的知识和科技进步的证据（例如模型、图纸、说明等等）。正如法国著名政治家 Grégoire（Henri Jean-Baptiste Grégoire）在国立工艺学院成立之时所言，“这种对科技进步证据收集对于记录一个国家的艺术和技术发展史是十分必要的，因为随着时间的流逝和工业化程度的提高，许多机型都会被淘汰掉，不再留存于世，只有图纸和文字说明形式的文献会流传下来，忠实地记录下当时的一切。”（De Place，1981，第 83 页）这种做法的意义一则在于对已经发生的创造发明运动的兴起过程进行系统性的历史纪录，二则在于为以后的科学技术发展提供扎实的史料文献基础（Picon，

1994，1996）。这种国家官方主导的发明作品的收集和存储制度可以说是为创新思想的语言（即图纸和文字说明等）与实践（即发明作品本身）之间建立起了一种紧密的联系，而这也正是所有正统学院派（即科学院院士，“les académiciens”）和百科全书派（“les encyclopédistes”）学者所期望看到的。这种收集和存储制度是法国新科学技术诞生的一个重要标志，因为新科技时代要求创造发明活动的实践者掌握其所属专业的一套标准化的技术语言，能够运用这套语言准确地解释其所发明的模型、绘制的图纸以及发表的著作。1783—1791 年，在莫尔塔涅工业展览中心所存储的 185 件展品中，约三分之一都是根据图纸和说明在展厅现场建造起来的。这些图纸和说明大多是发明者本人提供的，还有许多是通过当时的主要科学技术出版物这一渠道获得的：《艺术和手工艺说明》（主编是莫尔塔涅工业展览中心负责展品收集和存储的 Vandermonde）、狄德罗（Denis Diderot）和达朗贝尔（Jean le Rond d'Alembert）的《百科全书，或科学、艺术和工艺详解词典》以及上文中提到的英国艺术协会的汇编等等。据莫尔塔涅工业展览中心 1791 年的记录，当年有 9 件展品就是根据 Bailey 的汇编中的说明制作而成的（Bailey 的这套汇编是莫尔塔涅工业展览中心最主要的国外藏品）。

最后一个因素可以说与前者有着较为密切的关系：建立标准化的技术语言体系并熟练地运用这种语言，也是为了满足当时法国社会对科技演示教学的迫切需要，而这一点从 Molard 接手莫尔塔涅工业展览中心这件事上就可以略见一斑。工程师出身的 Molard 非常希望能够打破法国技术传承中传统的小规模作坊学徒制的垄断地位，开创更面向大众、成材率更大的教学方式（Fontanon，1994）。这种社会需求也体现在国家层面：商贸局多次组织发明家为机器使用者集中讲解发明作品的性能、用途和原理，并要求他们向参观者讲解科技知识等。据记载，1786 年，一位来自日内瓦、在巴黎开店（位于圣安托万郊区街，faubourg Saint-Antoine）的钟表匠 Jacques 发明了一台青柠削皮机，并得到了法国的国家奖励。得奖的原因不仅仅是因为他将这个作品送到了莫尔塔涅工业展览中心参展，还因为他答应了展览中心的请求，成功地教会了 6 个学生制作展览中心陈列的一系列的展品（AN：F/12/2219）。

此外，莫尔塔涅工业展览中心还为制度化的技术和知识传播作出了很大的贡献。展览中心内部还建了一座图书馆，里面有许多同时期的国外文献译著（尤其是英国艺术协会的作品）。这种技术和知识的输入和传播是法国科技转型的助力器。展览中心还有许多专属机械师，他们被召集起来专门研究如何依照图纸建成机器模型，以供展览。比如先后被招致麾下的有 Charles Dellié——兰斯的机器制造商兼经销商，他曾参照英国模板，自己发明了一台制造纺织机梳子的机器，他也正是因此引起了 Vandermonde 的注意［AN：F/12/2415；1767 年 12 月 21 日的裁决（E/2710）］。再如锁匠 Jean-Baptiste Bara，他在 1787 年发明了一台编织机，并且声明，其发明是受了莫尔塔涅工业展览中心展览的一台英国编织机的启发。

很快，这种机器制造呈现出网络化发展趋势。莫尔塔涅工业展览中心与其附近位于夏朗东路的一五二〇医院（hôpital des Quinze-Vingts，rue de Charenton）的制造与技术指导中心建立了合作关系。该制造与技术指导中心旗下有许多个受国家资金扶持、技术过硬的工坊，这些工坊制成的创造发明作品都被指定交由莫尔塔涅工业展览中心进行收集和存储（Dolza，Hilaire-Pérez 和 Weygand，2006）。据记载，1792 年，来自英国的技师 John Macleod 就是在这些工坊里制成了三台飞梭纺织机。同年，Charles Dellié 被派到一五二〇中心，向另一位英国技师 Philemon Pickford 学习制造他所发明的几台机器模型。科技机构结成网络，工匠技师云游四方，这一切都大大促进了技术和知识在一个较大地理范围内的传播。由此，一种新的科技文化在城市中广泛兴起——其载体既不同于传统的作坊学徒文化，也不同于传统的学术精英文化，呈现出的是一种崭新的文化形式。确切地说，法国科技文化的兴起，实际上是通过国家主导的一系列“自主”的方式引进了技术和工艺（Vérin，2007），这些国家主导的引进方式包括对既存模型及模型图纸和说明的翻译和试制，以及对它们的抄写、复印和模仿等。

莫尔塔涅工业展览中心集国家文化遗产陈列、教育教学和科技展览功能于一身，可以说，自创立伊始，展览中心的定位就是多功能性的。其创立标志着法国科技公共空间的诞生，同时也有力印证了法国深受启蒙运动影响的这种创造发明活动的政治化倾向。用制度化的方式使科学技术成为国家文化遗产，这需要创造全新的智慧和文化载体以及全新的文化传播方式，或者换个角度说，需要国家对非国家机关性质的专业经济实体的信任。正如 Vandermonde 一直以来所坚信的，这种信任，是使经济活动得以用自由主义的理念被重新定义的基石。这种科学技术的公益观的建立，离不开对社会现状（包括既存的机构主体和社会秩序等）的拷问和挑战，这种精神正是大革命背景下莫尔塔涅工业展览中心留给国立工艺学院最珍贵的遗产。

伦敦艺术协会、莫尔塔涅工业展览中心、法国国立工艺学院这三所机构不仅为社会贡献了许多具体的模型和资料，还提供了许多值得借鉴的组织方式，对后来的科技创新机构的建立和社会运动发展［例如法国国家工业与展览联合会、法国工业产品展（Exposition des produits de l'industrie française）、伦敦的专利署博物馆］有着直接的影响。然而，关于地方级别的研究所展现的却是另外一幅图景：与上文所展示的令人鼓舞的成功案例不同，也与所谓社会进步理念的理想型相悖，存在于英法两国的众多地方性质的发明创新的收集和存储形式所展现的，更多的是各个层面的紧张和冲突。

法国里昂的创造发明的收集和存储方式与当地的手工制造业

18 世纪时，里昂是法国最具有发明创造活力的城市。这种卓越的创造性，很大程度上源于对于高效组织纺织生产活动的追求：当时众多的纺织作坊，需要协调生产步调，需要以很快的速度，在同一时间段内生产尽可能多的不同花色的面料，以满足整个欧洲市场的需要（Miller，1998；Poni，1998）。雅卡尔织布机的发明就是这一生产追求所激发的成功案例。不过，需要指出的是，它的成功发明并不是偶然的，整个 18 世纪期间，有过许多次发明可编程织布机的尝试，雅卡尔织布机的成功发明，离不开对这些之前的尝试的总结。不仅如此，雅卡尔织布机的最终成型，其实并不完全是雅卡尔本人的功劳，当时里昂的好几个工程师和发明家都对该织布机的设计和制造提出了重要的改进意见，他们在雅卡尔织布机的发明过程中功不可没。不过，雅卡尔本人并没有公开表明对上述事实的态度，这也是当时的里昂市政府和劳动仲裁庭（les prud'hommes）一致指责雅卡尔的一点（Cottereau，即将出版）。可以说，雅卡尔织布机是多个发明作品的模拟和合成作品，是集体智慧的结晶。它的传奇，实际上是建立在整个手工制造和发明圈子的共同努力之上的（这里并非否认雅卡尔织布机的创新性）（Cottereau，1997；Hilaire-Pérez，2008a），也是建立在启蒙运动先驱们所引以为豪的学科间的去隔膜化（décloisonne-ment des savoirs）精神之上的；这种精神直到今天还在深深地影响着里昂的产业精英们。

里昂的这种发明创造的活力与贸易往来的活跃，以及政府鼓励贸易的政策都密不可分：里昂“大制造”（la Grande Fabrique）这个品牌，可以说在里昂所有的市政机关中都无处不在，市政机关一直以来都在以此理念为主导，领衔打造以丝绸和金、银等为原材料的里昂制造行业。里昂市对创新的公共管理主要依靠两点：一是针对技术成果共享的广泛协商，二是通过市场上的金融机构投资项目以及社区和市政投资项目［指市政特设的“原材料贸易专项基金”（caisse du droit des étoffes étrangères）］为媒介，来迅速传达供需信息。后来，随着发明家们对管理专业化的呼声越来越高，一个成熟的发明创新评价体系建立了起来。里昂市政设立的这套评价体系具有很强的原创性——它综合了 Claude-Georges de Goiffon 学院派的科研基金审核和执政府顾问及行会理事的评审这两类截然不同的审核体系。此外，还有许多别的机构也经常被请求以顾问的形式参与到发明创新的评价审核中来，例如商会和生产监察局等，它们都是里昂的这种“市政主义”［Charles F. Sabel 和 Jonathan Zeitlin（1997）所定义的“municipalisme”］管理体系的典型参与者。

所有获得市政嘉奖的发明作品都被看作具有公共性质的历史文化遗产，所有有需求的大众都可以有机会使用它们。当地鼓励发明创新的政策同时也鼓励与发明创新有关的公共空间的建立。这里所说的“公共空间”，指的是方便大众接触到这些发明作品的渠道。这些公共空间的建立方式可以分为以下几种：它们有的是通过单纯的有偿使用的方式，像英国人 John Badger 的轧光机（Bonnard, 2009）；有的是通过颁布规范性的政策，即给所有工厂作坊生产的零件和机器模块等规定统一的型号，比如说，在此规定下，里昂市内任何一家工厂生产的打孔版在别家也都适用；有的是通过市政购买而建立的，即市政购买了许多机器，放置于大众皆可前往的公共存储和展览空间内，供市民参观、学习和复制。行会将整个 18 世纪以来的所有获得嘉奖的发明创造作品都存放于行会位于圣多米尼克街的几个社区办事处的公共空间内，这几个办事处就在社区教堂（雅各宾派教堂）旁边，甚至那些少有的精巧的杰作，连同许多珍贵的资料也都陈列在这里，供社区内的居民参观和查阅。对于这种将发明创造作品陈列于公共空间的做法，行会并没有觉得有什么不妥，他们甚至觉得是非常正常的。一个著名的例子就是，发明家 Jean-Philippe Falcon 将自己发明的一款织布机（1742 年款）提交并陈列于此，供其他作坊照例复制这款创新产品[①]（Ballot, 1978，第 343 页）。另外值得一提的是，这些发明创造作品获得嘉奖的一个非常重要的标准，就是会使用它们的工匠的数量（或者说接受培训的人数），以及这些作品的可传播性，即被工厂和作坊复制和使用得越多越会被嘉奖。这样一来，这些获奖作品都以极快的速度被复制着，也在这种复制和使用中不断被改进着。

与此同时，里昂市政也逐渐发展出了一套对发明作品嘉奖的记录制度，为的是使受嘉奖的作品在种类和形式上更加平衡。如 1777 年的一位负责作品嘉奖的主管 Jacques de Flesselles 所描述的，当时在发明作品嘉奖的管理上，急需一种合理的制度工具，客观地记录之前的受嘉奖的作品，以防止重复嘉奖相似的发明作品（AN: F/12/1443, f° Bourgeois）。随着发明作品嘉奖制度的不断演进，市政对创造发明作品的认定标准也更加严格和细致了，后来，那些对早些时候的发明进行改造和改进的作品就不再被认定为可被嘉奖的发明作品了（Hilaire-Pérez, 2002）。

---

① 其实不仅仅是在里昂，法国图尔的制造办（bureau de la fabrique de Tours）也采取了类似的方式来收集和发布创造发明成果，一个典型的例子就是 Philippe de Lasalle 的织布机：该织布机于 1781 年被运往图尔的制造办，供当地的制造商复制使用。而每当有有需要的市民来制造办观摩时，行会的负责人都会出席并进行讲解（AN: F/12/1642）。

刚刚说到，市政对发明作品的存储不仅包括作品成品，还包括对作品临摹图纸的管理。其中一个例子就是，1725 年，作为少数几名被授予地区专属特权的工匠之一的 Claude Raymond，也被要求给市政厅提供一份他的新机器的图纸，因为当地商会提交了一份由商会会长签字的请愿书，要求发明家提供图纸。而所有想使用该机器和图纸的公民（一般是商会成员，及工厂主、作坊主等），一律将使用费交给地方执政政府，再由执政政府向他们出具使用许可（里昂市政档案［AML］：HH 156）。而一旦有人——通常是行会成员——发现了伪造或假冒的发明作品或图纸，他都可以立即呈报给市政管理机构请求处理。在 Flesselles 对发明作品嘉奖的管理制度的设计中就规定了，学徒和工厂作坊等被允许依照作品原型临摹绘制图纸，而发明家们则需要把作品本身存储在里昂工艺学院（Académie de Lyon）。反观之前说到的，18 世纪 80 年代巴黎的莫尔塔涅工业展览中心对发明作品的存储和管理，我们不难发现，里昂这种地方性质的存储和管理制度是很有前瞻性的，其发展要领先于巴黎几十年。

里昂的这一政策大大促进了对发明家社会认可度的提升，该政策的指导思想在于将发明作品认定为一种服务于社会的公共物品。从一方面来说，这种认定也就否认了对发明作品原理保密的必要性，对于这一指导思想，兼发明家、设计师和经销商等身份于一身的 Philippe de Lasalle 是十分赞同的（Hilaire-Pérez，2000a；Miller，2009a，2009b）。他与当时的许多崇尚技术模仿和知识开放获取的百科全书派学者关系非常近，这使得他本人也深受这种思想的影响，一个直接的表现就是，他在暮年之时（1801 年）将自己的所有发明作品都捐赠给了里昂市政府［先交付给了里昂大学院中学（pensionnat du Grand-Collège），最终组装并展览于里昂艺术宫（le palais des Arts）（AML：784 WP 13，1801 年 3 月 13 日的信件）］。对于 Philippe de Lasalle 而言，最重要的不是为单个的发明作品赋予这样或那样的意义，而是技术的革新和发展（AN：F/12/2199）：

> 技术的习得，靠的是对著名作品的模仿和改进……一个作品出名了，就会吸引许多人对它进行模仿，就会激励他们在此基础上改进或发明出更好的作品以超越它。事实上，这里描述的正是我们这

个行业每天都在经历的过程：只要有一个作坊或者一个工匠做出了一件引人注目的好作品，这件作品就会立刻被宣传和推广，也就会立刻被摆在其他同行面前，大家会争相购买这件“当季最新单品”用来研究。

由此看来，在里昂，这种将发明作品存储于公共空间的做法具有双重意义：一方面是出于记录和纪念的考虑——这种做法可以巩固获奖发明者的社会地位，并更加强调获奖作品的社区公共所有权；另一方面是出于传播方面的考虑——这种做法更加有利于技术和知识的传播。法国大革命之后，这种发明作品存储于公共空间的做法被进一步发扬光大了。

里昂工艺学院（Conservatoire des arts）于 1802 年开设于圣彼得宫（palais Saint-Pierre，即里昂艺术宫 palais des Arts①）内。学院展厅内展有艺术品、发明作品、作品设计图纸，以及用于组装和演示的样品等。这里的展览的主要目的其实是建造和展示模型，以用于现场教学目的：机械学校课程、中学化学课、物理研究所课程，以及工厂的织布机使用培训课程等都在此进行。在这个看似基本的教学用途之外，其实凸显的是一种强烈的科技发展的欲望，展现的是 18 世纪末的技师和工程师们在科技发展领域的雄心壮志（Vérin，2007）。关于技术教育，一方面，许多人认为它是科技发明的基础。其实更确切地说，是有一部分人认为“技术”位于比“科学”更低一级的地位上。这种想法也体现在许多其他科技机构中（例如技校，lycée des Arts），尽管在公共话语表达中所呈现的，都是说科学和技术是“互助”（secours mutuel）的关系：

工业艺术作品（包括各种机械和机器）在公共空间的存储和展示，为的是向各种不同行业的技师（或者说艺术家们）展示科学研究之于社会的实用性——这里我们说的各种不同行业的技师（或者

---

① 在法国大革命时期，这座本笃会修道院被改建成商业与艺术宫（palais du Commerce et des Arts，简称“艺术宫”），1802—1860 年曾作为里昂商会驻地，现为里昂艺术博物馆（musée des Beaux-Arts）。

说艺术家），泛指我们社会里所有以满足人类需求为目的而进行手工劳作的人。对这些作品的参观学习，可以使我们的学生充分认识到其未来职业生涯的意义，而这也正是我们期望该展馆能够帮助我们完成的一个任务。①

另外，也有一部分机构［例如存储和展示 Philippe de Lasalle 装置的各种设备和机床的纺织学院（l'école de tissage）］认为，技术教育应当通过比较来实现。这也正是 Philippe de Lasalle 一直以来②所主张的——他认为，教学一方面应该通过视觉层面的演示和感知来进行，另一方面应该通过对机器的实际仿制过程来练习。他的这种主张在法国大革命之后尤为盛行（Fontanon，1994）：

市民 de la Salle 先生所发明的一系列机器可以被陈列在隔壁展厅，以便于教师向学生展示制造业的最新技术。学生可以将这些内容与自己之前学到的常规知识和方法进行对比，这种对比可以使他们的知识体系更加完整。另外一个建议是，希望政府能将容易产生噪音的机械制造实践课的教室安排在靠近圣彼得广场入口的房间，因为这样就不会扰民了，那个地段也是工人和技师们经常聚会、交流和讨论的地方。③

不管是科学实践派还是比较总结派，二者都与里昂工艺学院的发展观有着许多共通之处。可以说，里昂工艺学院的榜样是法国国立工艺学院和英国艺术协会，它的雄心超越了地域和行业的界限，它所期望建立的，是一种更具普适性的发明创造的传播和激励模式，依托的是整个国家所有的科技博物馆的资源：

---

① 文献 AML：77 WP 001：《市民 Mayeuvre 先生提交给市议会的一份关于重振里昂艺术与制造业相关机构的报告》［Lyon，impr. Amable Leroy，s. d. （an IX），第 6 页］。

② 例如 Philippe de Lasalle 早在旧制度时期就曾提议在学院中增设一个花园和一个苗圃，用于让学生体会织布图案的设计。（CCIL：an X-an XI 讨论实录；文献 AN：F/12/2199.）

③ 文献 AML：77 WP 001，艺术宫委员会会议纪要 27 prairial an XI。

> 我们的展品收集范围越大越好……也就是说，我们不必把眼光局限于里昂本地的制造业中涌现的创造发明作品，我们可以征集其他各个地区的创新品和改进品，用一种编纂百科全书的思维来收集所有值得收藏的机械艺术品……
>
> 在巴黎就有一个比较符合我们这种设想的展览中心，它的影响力辐射了法国北部的大部分地区。我们里昂的这个展览中心也应当在法国中部起到类似的地域辐射作用。不难想象，这样的发明品收集和展览会对农业、商业和工业的发展产生了多么巨大的推动作用，而这些产业的发展恰恰是实现国民经济水平提升的关键所在。①

不过，理想和现实的差距常常是很大的。里昂市政文献中记录着许多关于1812—1813 年圣彼得宫的改制经过，圣彼得宫的用途变迁直接导致了技术教育体系和作品收集制度的瓦解。Ennemond Eynard 凭借一己之力，保留住了这些作品中的一部分（Potton，1837，第 469 页）。医生和化学家出身的 Eynard 是里昂工艺学院和商业与艺术协会的成员，也是里昂艺术宫的顾问兼负责人。据文献中他的讣告（逝世于 1837 年）记载，他抗议里昂市政府对发明作品的处置模式，认为向市政捐赠发明作品的个人或组织应当拥有处置这些作品的决定权（Potton，1837，第 469 页）。他收集了多件 Philippe de Lasalle 的作品模型，并创建了一个名叫“Eynard博物馆”的工业事务所，选址在由他本人和其他几位创始人建立的马帝尼耶学校（La Martinière）（Potton，1837，第 469 页。）②

当里昂工业艺术博物馆［musée d'Art et d'Industrie，现纺织博物馆（musée des Tissus）］于 1864 年建成之时，里昂整个城市还对 19 世纪初技

① 文献 AML：77 WP 001，彭慕兰（Pomeranz，2010，第 321 页）认为 18 世纪末发生的变革是一个极其不可思议的飞跃。他指出：“工业化并不属于现代经济的一个‘自然’发展。”

② Michallet（1975）的著作中登载有一幅位于马帝尼耶学校的 Eynard 博物馆的照片。Michallet 还在书中刊登了一幅 Trimollet 的画作的翻拍版，画中展现的是 Eynard 在他个人工作室的场景，该画作现展出于里昂艺术博物馆。在此之前，应 Eynard 的要求，其翻版就被挂在马帝尼耶学校内。

术教育体系和作品收集制度的瓦解记忆犹新。Paul Eymard［劳动仲裁庭前顾问，圣西蒙主义思想的拥护者，Jacquard（提花织布机的发明者）的传记作者（Cottereau，即将出版）］曾大声疾呼，提醒里昂不要重复在圣彼得宫问题上所犯的错误①：

> 我们建立博物馆，并不是单纯地为了满足某种好奇心——事实上，博物馆对于工业的发展有着举足轻重的意义。
>
> 所以我们不能再重复历史上已经犯过的错误了。以前，我们把对圣彼得宫存放的旧机器的收集和存储看作没有用的事情，这种想法直接造成了我们城市历史上的一段有些惨痛的回忆——曾存放在圣彼得宫的 Verzier、Ponson、Falcon、Lassale 等许多发明家的作品都消失或被损毁了，留下的只有一些历史记录的痕迹。

其实，整个 19 世纪期间，地方发明家对创造发明公共空间的建立问题的态度一直是比较复杂的。Eymard 提出的这一警示，如果被放在这个大背景中也许就更容易被理解了。历史上，既艺术宫之后，里昂市政对创造发明作品的收集和存储主要是在马帝尼耶学校进行的。作为里昂市政创造发明收集存储制度的一个标志性存在，马帝尼耶学校所经历的历史变迁揭示了该政策在落实时面临的重重困难。

马帝尼耶学校（l'école de la Martinière）最初作为里昂丝绸学校（l'école de la soierie lyonnaise）的一部分，选址于圣彼得宫内，后于 1833 年搬迁至不远处位于戴罗区的奥古斯丁修道院（le couvent des Augustins, Terreaux）。马帝尼耶是 19 世纪初的里昂艺术和技术创造发明作品收集网络的重要结点之一（Bonnard 和 Hilaire-Pérez，2010a），其作品的收集制度，是里昂商会继承旧制度时期的政策，也是成功建立起创造发明作品奖励制度的重要基石。

1802 年重新开门之时（Soria，1997），里昂商会承诺通过“鼓励性奖

① Paul Eymard，《1862 年 3 月 1 日在里昂巴瑞特举行的里昂农业、自然史与实用工艺皇家协会会议……关于 Marin 先生收藏的机械作品的注释》，1862 年，第 7 页。

金”的形式奖励发明家（后来又在此基础上设立了竞赛制度，也是一种完全遵循传统的学院派奖励机制的设计）[①]。当时这件事情是由制造商委员会（la Commission des manufactures）主要负责的，制造商委员会同时邀请了艺术与艺术品交易之友协会（la Société des amis du commerce et des arts）作为评审专家，以及劳动仲裁庭和罗讷河州政府作为评审团最高主席。1828 年，该鼓励性奖金系统已经具有了相当的影响力，因为从这一年开始，里昂真丝布匹鉴定协会（la condition publique des soies）[②] 开始每年固定为该奖项投入一笔资金，用于鼓励技术创新（Perret，1878，第 126、138—139 页）。通过这些激励奖金，商会意在促进从业人员积极参与技术进步与创新，这种精神与法国大革命后涌现的最终劳动者权利和鼓励协商调解的思潮相呼应（Cottereau，2004）。

从 1833 年开始，里昂商会明确规定，提出这类申请的发明家需要同意其作品被陈列在马帝尼耶学校，相应地，马帝尼耶学校会出具一份有学校负责人亲笔签名的正式声明，证明该作品被收录于马帝尼耶学校的馆藏之中。除了实体的发明作品之外，商会同时还专门收集各种发明的图纸，将其与各种丝织品样本保存在一起。当然，还有一些图纸是与收录于马帝尼耶学校的作品本身一起保存在学校馆藏里的。有时，发明家们在提交作品实物的同时也会附上图纸说明。这样一来，一个双重的发明作品的收集和存储方式就形成了，即马帝尼耶学校主要陈列发明作品实物，商会主要收集图纸。马帝尼耶学校收集的实物模型后来大多被 Ennemond Eynard 留存住了。法国大革命时期那种将教学和发明作品收集紧密连接的传统一直保留到了马帝尼耶学校时期。

今天，我们仅在“织布机”这一个分类下，就已经整理出 1811 年至 1935 年间 278 位发明家提交给里昂商会的 355 件正式文书。这些发明主

---

① 第一次举行这种竞赛是在 1823 年，目的是“悬赏能制造出一种平滑生丝布料织布机的工程师”。竞赛奖金由商会以劳动仲裁庭的名义募捐获得，募捐所得全部用于奖励竞赛获奖者。其后，这类竞赛又在 1837 年和 1842 年举行过，旨在激励工程师们创造出使得丝绸的质地更加飘逸的织布机。这些织布机模型以及与之相关的制造和使用体验的记录都被商会完整地收录了（CCIL：SOI 010）。

② 里昂真丝布匹鉴定协会是当时提供权威丝织品质量认证服务的机构。

要包括针对布匹形态和质地的改进，包括穿梭、脚蹬、皮瓣、调节器等各种处理织布技术细节的机械作品。从这些基于车间生产实务的发明作品中，我们看到的是当年里昂集体大生产的欣欣向荣，不过这段历史并不广为人知。正如 Gabriel Galvez-Behar（2008，第 65 页）所说：“19 世纪时这种劳动人民的积极创新意识似乎并没有引起学界足够的重视。”

尽管已经有历史学家指出，基于史料可以推断马帝尼耶学校积极收集发明作品这件事情对教学的推动作用（Bonnard & Hilaire-Pérez，2010b），但是如果有人说这仅仅是推断，那么我们起码可以确定地说，马帝尼耶学校在技术教育的现代化发展进程中起到了非常重要的作用，而对发明作品的收集和存储正是这个过程中的重要一环，因为学校可以利用这些展品进行教学演示，这使得教学过程更加视觉化、更加直观了。

学校里有一个机械模型管理办公室，由讲授制造理论的 Jean Marin 老师管理。[①] 在 Marin 提交给里昂商会的经费申请书中，我们看到其中列出了许多马帝尼耶学校为该校学生学习用途而制造的模型，其中有 9 件都是从 18 世纪以来马帝尼耶学校收集的发明家提供的织布机模型上分解和整合出来的。这些教学模型后来在伦敦（1851 年）和巴黎（1855 年[②]）的世界博览会上陆续展出，于 1855 年被法国国立工艺学院接管，现存于该学院的圣丹尼斯存储中心（les réserves de Saint-Denis）。此外，Marin 还记录了 15 件可追溯到古代（l'Antiquité）的织布机，这些古董织布机是 Marin 为里昂商会和圣艾蒂安商会 1860 年的展览会而收集的，于 1862 年展出并一直存放于圣皮埃尔的纺织博物馆（le musée des Tissus）。[③] 据我

---

① 根据现有史料，我们无法确定这个办公室是否也管理着拥有发明鼓励奖颁发决定权的马帝尼耶博物馆。

② Marin 当时还是里昂商会指定的观察员，负责总体把握里昂的展品，以及本市收集仓储工作与其他城市的比较研究（CCIL：1855—1856 年商会书信，1855 年 5 月 18 日）。

③ 当时，在展览开始时发行了一本藏品名录：《展现里昂丝绸织造历史的织布机模型目录——从发明到今天，古交易所大厅，圣皮埃尔宫》，Th. Lepagnez，1861（纺织博物馆图书馆）。Eymard（1862）和 Razy（1913）对这些模型也都有记载。其中有些还被法国国立工艺学院车间成功复刻了下来，有据可查的包括“埃及希腊式织布机”（巴黎艺术和工艺博物馆织布机模型目录，T 系列，1942，第 98 页）。

们所知，目前世界上只有巴黎艺术和工艺博物馆、里昂组织博物馆和伦敦科学博物馆有织布机系列展览。可以说，现在我们之所以有如此成规模的、称得上是科技文化遗产的织布机模型馆藏，很大程度上得益于 Eynard、Marin，以及马帝尼耶学校的存在，尽管他们的工作的性质有许多值得商榷的地方——毕竟其成就的背后被掩盖的是发明家们的意愿和市政权力之间的冲突。

这种冲突集中体现在政府对发明家私人作品的占用，以及对其发明作品所带来的利益的侵犯上。里昂市政府的市政主义思想显著，政府将发明创造这件事情极大地政治化了，把发明创造定义为“应当服务于开启民智的社会社区的公共物品”。这一思想明确地体现在最初建立里昂艺术宫的意图上，同样也体现在里昂劳动仲裁庭的理事会职责规定中。他们不曾想到首先要尊重和承认发明家的权利以及他们利用自己的发明获利的意愿，他们不允许发明家在市场上出售自己的专利，也不愿加入全国各个城市吸引发明家的竞争中——一个典型的表现就是里昂商会提供的发明鼓励奖仅奖励里昂市内的发明作品，这些都是发明家和市政管理者之间冲突的核心问题（Cottereau, 1997）。

因此，对于许多发明家来说，里昂的科技创新文化遗产的管理政策可以被看作市政府对技术文化的资本化处理。地方当局的既定目标是无条件支持当地的集体大生产，即使这种支持意味着将城市范围之外的信息和技术拒之门外。这在史料中可寻见踪迹，比如 Philibert Roussy（马帝尼耶学校工坊负责人，劳动仲裁庭顾问）在其负责认定和签署的一件发明作品认定证书中说道：“这个织布机模型是遵照里昂商会的命令而存放在马帝尼耶学校的。我市各个工坊和车间的管理人员可随时提出申请以随时查看和使用该模型。”① 这也就是说，这些发明作品并不对外界大众开放，只对（提出申请的）车间负责人开放，也可以说是只为满足里昂集体化大生产的需要而开放。这种对外界的拒绝态度其实在马帝尼耶学校发明作品收集存储制度建立之初就已经定下了，全里昂的各集体纺织

① 1845 年 4 月 8 日，CCIL：SOI 016。设备存放在我校的发明家工坊，随时可被查看和调用。

作坊也都是同样的态度。1829 年，住在 La Guillotière（里昂的一个区）的制造商 Anthelme Genod 将他的专利发明（一种特制的缝纫机）出售给当局，被要求必须“在每个星期一的早上九点到十点向……持有商会邀请函的参观者展示其作品”（CCIL：SOI 014）。

从长远来看，我们有理由质疑地方政府机构到底在多大程度上真正支持了技术进步，以及他们对发明作品模型收集的真正动力。只有在充分认识到马帝尼耶学校等机构对发明作品模型的收集、展览和利用的历史功绩的同时，再综合考虑发明作品公共存储和展示的历史演变过程、原因以及这段历史被遗忘的程度和原因，才有可能进行客观的判断（Bonnard et Hilaire-Pérez，2010b）。

史料显示，到 19 世纪末期，那些获奖发明作品模型似乎不再存放在公共空间，而是转变为私人收藏了。例如发明家 Villet 于 1876 年发明的作品：记录中说，当时的政策是要求 Villet 将其“天鹅绒回织压褶机放置于一家织布厂”（CCIL：SOI 015），这表明，到 1876 年前后，当时的普遍做法可能就是将发明作品模型直接存放在其被实际使用的场所（织布厂）中，也就是说，织布厂车间变成了发明作品模型被存放和参观的场所。[①] 史料记载，同样在 1876 年，商会向 Jean Marin（同年去世）提供救济金，名目记录为“为了救济一位经济困难的纺织厂退休车间主任”。在陈述 Jean Marin 生前事迹的史料里，只记录了他“渊博的技术知识”和“在商会博物馆（即里昂工业博物馆）和在巴黎工艺美术学院展出的一系列具有历史意义的小型织布机”（CCIL：SOI 017），除此之外，对 Marin 为马帝尼耶学校制作的模型却只字未提，也没提他是纺织理论学的教授，以及他作为学校发明作品仓储库负责人的事迹。可见，到 19 世纪 70 年代时，那种 19 世纪早些时候市政乃至社会对于机械工艺的热衷——以及对机械工艺进步促进者们的推崇——已经开始淡去了，机械师的时代似乎已经结束了，而接下来的新时代则是推崇 de Lasalle 那样的制图师的时代

---

① 1898 年，Croire-Rousse 纺织厂的织布工 Charles Mire 提出请求说想要将“这些模型中的一个放置在织布工 Guinet 先生位于郎芳丝路 9 号（rue de l'Enfance）二楼的住所中，他会很乐意接待前来参观该模型的参观者……”（CCIL：SOI 015）。1884 年，Croire-Rousse 纺织厂的织布工 Marius Tissot 也提出过类似的请求。

了。史料记载，de Lasalle 在 1914—1918 年第一次世界大战前夕颇为出名（CCIL：SOI 018）。[①]

* * *

回顾 18 世纪时，法国和英国的机械发明作品的收集和存储制度是全欧洲的典范，这也为整个欧洲积淀了深厚的技术传统（Gouzévitch 和 Gouzévitch，2009），为后来欧洲在多个技术科学领域的发展奠定了基础。在英国，一种技术文化蓬勃发展起来，这种技术文化源自一种消费主义倾向的都市审美情趣的提升，源自对科学技术及其所带来的美感和乐趣的崇拜，这与当时英国主流的亚当·斯密式的经济学和美学思想不谋而合。正是在这种背景下，那种将科技发明作品像艺术品一样对待、将它们像艺术品一样收集、存储和展览的思想和做法才得以在英国的土地上生根发芽。在法国兴起的则是一种通过公民义务和行政（市政）管理手段而实现的科技发明作品收集存储机制，也就是说，法国对科技发明作品的收集存储不是建立在专利权所有者（发明家）的权利和市场机制上的，甚至也不是为了与英国竞争而出台鼓励发明的政策，而是一种建立在公民约束手段上的较为强制性的做法。

本文对英法两国国家机构针对发明作品的政策比较，其实对了解 18 世纪和 19 世纪两国的科学技术发展情况非常有意义。一方面，从里昂的例子我们看到，科技发明仓储库在各大城市的建立和运营并不是科技作品模型等在大城市之间的简单的流通。里昂那种由地方集体性质的企业以及市政来支持创造发明的传统，其思想基础要追溯到启蒙运动中对创造发明促进方式的理想化的理解。19 世纪时，里昂商会以这种思想为指导，在里昂推行了其鼓励创新的政策，这些政策的核心在于鼓励产业工人积极参与到技术进步的进程中，这种做法的内在逻辑是要将（下放给

---

① 从 1930 年开始，艾纳德博物馆（musée Eynard）的一些编织设备被捐赠给了纺织工业学院（l'École des industries textiles）。但今天的狄德罗高中（lycée Diderot，纺织工业学院原址）的中庭中只剩下 2 件 20 世纪初的手织机了。在整个 20 世纪期间，机械织机被陆陆续续存放在城市的各个仓储库中。不过自 20 世纪 90 年代以来，这个收集和存储的工作基本由当代丝绸协会（l'association Soierie vivante）全面接手了。

劳动仲裁庭的）知识产权管理和发明作品的文化遗产化相结合，之所以能够实现这种结合，是因为里昂继承了“旧制度”时的市政主义传统，将发明作品成功地统一收集并存储于城市机构网络内的公共空间里。

而从另一个角度来看，里昂实施的这种大规模、理想化的市政（或者说国家性质的）发明作品收集和存储模式，后来迅速演变成了一个乌托邦。与其说这种统一的、公民义务化的政策要求是一种国家与公民之间的共识，倒不如说这种通过市政建立发明作品公共空间而实现的强制的“发明民主化”与公民主义的精神是背道而驰的。直到 19 世纪下半叶，对提花织布机的发明者 Jacquard 的崇拜及以其为代表的新一轮发明创造热潮开始之时［Jacquard 一直在掩盖其与集体纺织厂在观念和做法上的对立，Cottereau（即将出版）］，这种国家式、集中式的科技创新鼓励制度才渐渐淡出历史舞台。

类似的失败案例在英国也出现过，那就是位于爱丁堡的苏格兰工业博物馆（Anderson，1992；Wilson，1855）：这个失败就发生在 Bennet Woodcroft 借举办“伟大展览”（la Grande Exposition）之机创办了专利署博物馆后（MacLeod，2007a，第 260、276 页[①]）。爱丁堡工业博物馆创建之时，该博物馆还同时建立了一个技术主席团，主席是学者 George Wilson，他同时也是博物馆馆长。在他的就职演说《什么是“技术”?》（*What is technology*）中，Wilson 强调了这个单词在欧洲大陆各语言中的意思，即“技术”（一个对英国人来说如此陌生的词）就是“工艺科学”（science des arts）[②]。这种解读在当时的英国是独树一帜的，因为当时英国对“技术”这个词的主流认识是 Charles Babbage 和 Andrew Ure 所说的“制造的哲学”，也就是说，是在用学术术语来抽象地描述操作性的工作，而这种表述其实扼杀了生产过程当中蕴含的能量和潜力。而苏格兰工业博物馆的模式，则是提供了一种在手工技术文化中的沉浸式体验，这大大启发了伦敦艺术协会和法国国立工艺学院——他们都认识到，通过建

① 英国爱丁堡大学的机械技术专业教授 George Wilson 是“发明家英雄主义”的倡导者。

② Wilson 认为，英语中的“实用科学”（applied science）是“对工艺和实践的笨拙的表述”。

立可供作品陈列和观众参观的工艺基地，可以实现一种实践性、视觉化和示范式的教学方式，就可以让学生通过充分的观察和比较来学习技术。这远远超出了19世纪中叶那种将技术看作“关于机器的科学”的普通认识。遗憾的是，Wilson努力推广的技术教育事业最终失败了，不过，他所做的事情在当时所引起的纷争还是很有趣的：尽管推广技术教育的多年间，他一直强调，他所希望建立的教学科目——包括“化学工艺”“电力的经济发展”“光的经济应用”等等——与大学所教授科目并不存在竞争关系，也就不会侵犯大学的利益。然而，1859年Wilson一去世，爱丁堡工业博物馆的技术主席团就被废除了，工程师研讨会（当时这些研讨会已经开始讨论科学，而不再单纯研究与收集的发明品有关的实际操作问题了）的规模也被迫逐年缩小。1861年，苏格兰工业博物馆变成了爱丁堡科学和艺术博物馆（现为爱丁堡皇家博物馆）。

到20世纪中叶，正如我们所知，相比应用科学创造的引人注目的利润而言，人们对工艺和技术的人文主义思考越来越少（Mertens，2011）。到20世纪末，人类社会设计出了计算社会进步的新方式，进而开始了对企业家的“神化”，而与之相比，忠于工匠精神的发明家们却仿佛走下了神坛。里昂和爱丁堡的例子表明，地方机构曾经是工艺技术作品和知识收集和存储的最积极的力量。这两座城市的经历为历史学家们提供了研究工艺技术演化历史的理想场域，这些历史研究可以帮助我们理解学术领域、社会领域，以及政治领域与工艺技术发展有关的各种关系和分歧。

参考文献

Altick Richard, 1978, *The Shows of London*, Londres-Cambridge, The Belknap Press.

Anderson Robert G. W., 1992, « “What is technology?”: Education through museums in the mid-nineteenth century», *The British Society for the History of Science*, 25, pp. 169 – 184.

Bailey Alexander Mabyn, 1782, *106 Copper Plates of Mechanical Machines and Implements of Husbandry Approved and Adopted by the Society of Arts*, 2 Vol., Londres.

Bailey William, 1772, *The Advancement of Arts, Manufactures and Commerce or Description of the Useful Machines and Models contained in the Repository of the Society of Arts*, 2 Vol., Londres (55 planches).

Ballot Charles, 1978 [1923], *L'introduction du machinisme dans l'industrie française*, Genève, Slatkine Reprints.

Bennett James A., 2002, «Shopping for instruments in Paris and London», dans Pamela H. Smith et Paula Findlen (eds.), *Merchants and Marvels. Commerce, Science, and Art in Early Modern Europe*, New York, Londres, Routledge, pp. 370 – 395.

—2006, «Catadioptrics and commerce in eighteenth-century London», *History of Science*, 44 (2), *Artisans and Instruments*, 1300 – 1800, pp. 247 – 278.

Benoît Serge, Emptoz Gérard et Woronoff Denis (eds.), 2006, *Encourager l'innovation en France et en Europe. Autour du bicentenaire de la Société d'encouragement pour l'industrie nationale*, Paris, CTHS (coll. «CTHS Histoire»).

Berg Maxine, 2005, *Luxury and Pleasure in Eighteenth-Century Britain*, Oxford, Oxford University Press.

Berg Maxine et Clifford Helen, 1998, «Commerce and the commodity: Graphic display and selling new consumer goods in 18th-century England», dans Michael North, David Ormrod (eds.), *Art Markets in Europe*, 1400 – 1800, Ashgate, Aldershot, pp. 187 – 200.

Bonnard Daisy, 2009, «Des histoires de calandres...», dans Daisy Bonnard (ed.), *Lyon innove. Inventions et brevets dans la soierie lyonnaise aux xviiie et xixe siècles*, Lyon, EMCC (coll. «Des objets qui racontent l'Histoire»), pp. 111 – 121.

Bonnard Daisy et Hilaire-Pérez Liliane, 2010a, «Le patrimoinede l'invention aux xviiie et xixe siècles: l'invention collectiveet la mémoire du progrès», dans Catherine Ballé, Catherine Cuenca, Daniel Thoulouze (eds.), *Patrimoine scientifque et technique. Un projet contemporain*, Paris, La Documentation française, pp. 91 –110.

—2010b, «Les dépôts d'invention et le patrimoine technique de la soierie à Lyon, au xixe siècle. Une mémoire perdue?» *La Revue du musée des Arts et Métiers*, 51 –52, pp. 20 –31.

Catalogue des collections du musée des Arts et Métiers. Série T, 1942.

Catalogue des métiers modèles représentant l'histoire du tissage en soierie à Lyon depuis son origine jusqu'à nos jours, au palais Saint Pierre, salle de l'ancienne Bourse, Th. Lepagnez, 1861.

Corcy Marie-Sophie, 2010, «Exposer l'invention, des expositions universelles au Conservatoire des arts et métiers», *La Revue du musée des Arts et Métiers*, 51 –52, pp. 78 –87.

Cottereau Alain, 1997, «The fate of collective manufactures in the industrial world: The silk industries of Lyon and London, 1800 – 1850», dans Charles F. Sabel et Jonathan Zeitlin (eds.), *World of Possibilities. Flexibility and Mass Production in Western Industrialization*, Cambridge, Cambridge University Press, pp. 75 –152.

—2004, «La désincorporation des métiers et leur transformation en "publics intermédiaires": Lyon et Elbeuf, 1790 –1815», dans Steven L. Kaplan et Philippe Minard (eds.), *La France, malade du corporatisme? xviiie – xxe siècles*, Paris, Belin, pp. 97 –145.

—à paraître, «L'invention du métier Jacquard et la fabrique collective: une régulation prud'homale à redécouvrir», dans François Robert et Pierre Vernus (eds.), *Histoire d'une juridiction d'exception: les prud'hommes (xixe –xxe siècles)*, Lyon, Presses universitaires de Lyon.

De Place Dominique, 1981, *L'incitation au progrès technique en France, de la fn du xviiie siècle à la Restauration, vue à traversles archives du Conservatoire des arts et métiers*, mémoire de l'EHESS, p. 83.

—1983, «Le sort des ateliers de Vaucanson, 1783 – 1791, d'après un document nouveau», *History and Technology*, 1, pp. 79 –100.

—1984, «Le sort des ateliers de Vaucanson, 1783 – 1791, d'aprè sun document nouveau. 2e partie», *History and Technology*, 1, pp. 213 – 237.

—1994, «L'hôtel de Mortagne et les dépôts de l'an II», dans Claudine Fontanon, Michel Le Moël et Raymond Saint-Paul (eds.), *Le Conservatoire national des arts et métiers au cœur de Paris.* 1794 – 1994, Paris, Action artistique de la Ville de Paris (coll. «Paris et son patrimoine»), pp. 47 – 50.

Dolza Luisa, Hilaire-Pérez Liliane et Weygand Zina, 2006, «Les institutions d'assistance aux xviiie et xixe siècles ȧ Pariset ȧ Turin. Des ateliers entre rentabilité, réforme et expérimentation», dans Maurice Hamon (ed.), *Le travail avant larévolution industrielle*, 127e congrès national des sociétés historiques et scientifques, Nancy, 2002, Paris, CTHS, pp. 325 – 341.

Emptoz Gérard et Marchal Valérie, 2002, *Aux sources de la propriété industrielle. Guide des archives de l'INPI*, Paris, INPI.

Fontanon Claudine, 1994, «Conviction républicaine pour une fondation», dans Claudine Fontanon, Michel Le Moël et Raymond Saint-Paul (eds.), *Le Conservatoire national des arts et métiers au cœur de Paris.* 1794 – 1994, Paris, Action artistique de la Ville de Paris (coll. «Paris et son patrimoine»), pp. 60 – 68.

Fox Celina, 2009, *The Arts of Industry in the Age of Enlightenment*, Londres-New Haven, Yale University Press.

Frémontier-Murphy Camille, 1996, «Les dépôts de collections d'histoire naturelle, d'instruments et de machines», dans Éric Brian et Christiane Demeulenaere-Douyère (eds.), *Histoire et mémoire de l'Académie des sciences. Guide de recherches*, Paris, Tec & Doc-Lavoisier, pp. 255 – 260.

Galvez-Behar Gabriel, 2008, *La République des inventeurs. Propriété et organisation de l'innovation en France* (1791 – 1922), Rennes, Presses universitaires de Rennes (coll. «Carnot»).

Gouzévitch Irina et Gouzévitch Dmitri, 2009, «Le cabinetdes machines de Madrid (1792 – 1808). À la recherche d'un musée technique perdu», dans Ana Cardoso de Matos, Irina Gouzévitch et Marta C. Lourenço (eds.), *Expositions universelles, musées techniques et société industrielle/World Exhibitions*,

Technical Museums and Industrial Society, Lisbonne, Ediçoes Colibri/CIDEHUS-UE/CIUHCT, pp. 37 – 70.

Hahn Roger, 1963, «The application of science to society: The societies of arts», *Studies on Voltaire and the Eighteenth Century*, 25, pp. 829 – 836.

—1981, «Science and the arts in France: The limitations of an encyclopedic ideology», *Studies in Eighteenth-Century Culture*, 10, pp. 77 – 93.

Hilaire-Pérez Liliane, 2000a, *L'invention technique au siècle des Lumières*, préf. de Daniel Roche, Paris, Albin Michel (coll. « L'évolution de l'humanité»).

—2000b, «Les boutiques d'inventeurs à Londres et à Pari sau xviiie siècle. Jeux de l'enchantement et de la raisoncitoyenne», dans Natacha Coquery (ed.), *La boutique et la ville. Commerces, commerçants, espaces et clientèles (xvie-xxe siècles)*, actes du colloque de décembre 1999 organisé par l'université François-Rabelais, Tours, CEHVI, pp. 171 – 189.

—2002, «Diderot's views on artists' and inventors' rights: Invention, imitation and reputation», *British Journal for the History of Science*, 35, pp. 129 – 150.

—2004, «Des entreprises de quincaillerie aux institutions de la technologie. L'itinéraire de Charles-Emmanuel Gaullard-Desaudray (1740 – 1832)», dans Jean-François Belhoste, Serge Benoît, Serge Chassagne, Philippe Mioche (eds.), *Autour de l'industrie, histoire et patrimoine. Mélanges offerts à Denis Woronoff*, Paris, CHEFF (coll. « Histoire économique et fnancière de la France», Série «Animation de larecherche»), pp. 547 – 567.

—2007, «Technology as a public culture in the xviiith century: The artisans' legacy», *History of Science*, 14, pp. 135 – 154.

—2008a, «Inventing in a world of guilds: The case of the silk industry in Lyon in the xviiith century», dans Stephan R. Epstein et Maarten Prak (eds.), *Guilds, Innovation, and the European Economy*, 1400 – 1800, Cambridge, Cambridge University Press, pp. 232 – 263.

—2008b, «Technology, curiosity and utility in France and in England in the xviii[th] century», dans Bernadette Bensaude-Vincent et Christine Blondel (eds.), *Science and Spectacle in the European Enlightenment*, Aldershot, Ashgate, pp. 25 – 42.

Hilaire-Pérez Liliane et Thébaud-Sorger Marie, 2006, «Les techniques dans l'espace public. Publicité des inventions et littérature d'usage en France et en Angleterre au xviiie siècle», *Revue de synthèse*, 2, pp. 393 – 428.

Jarrige François, 2009, «Le martyre de Jacquard ou le mythe de l'inventeur héroïque (France, xixe siècle)», *Tracés*, pp. 99 – 117.

Liffen John, 2010, «Le Patent Office Museum, 1857 – 1883, prédécesseur du Science Museum», *La Revue du musée des Arts et Métiers*, 51/52, pp. 56 – 67.

MacLeod Christine, 1988, *Inventing the Industrial Revolution. The English Patent System*, 1660 – 1800, Cambridge, Cambridge University Press.

—2007a, *Heroes of Invention. Reputation and Industrial Culture in Nineteenth-Century Britain*, Cambridge, Cambridge University Press.

—2007b, «Comment devient-on un grand inventeur? Les voies du succès au Royaume-Uni au xixe siècle», dans Marie-Sophie Corcy, Christiane Demeulenaere-Douyère, Liliane Hilaire-Pérez (eds.), *Les archives de l'invention. Écrits, objets et images de l'activité inventive des origines à nos jours*, Toulouse, CNRS-Université Toulouse-Le Mirail (coll. «Méridiennes. Histoire et techniques»), pp. 165 – 179.

Margairaz Dominique, 2005, *François de Neufchâteau. Biographie intellectuelle*, Paris, Publications de la Sorbonne, chap. 11 («La méritocratie et le marché»).

Mertens Joost, 2011, «Le déclin de la technologie générale: Léon Lalanne et l'ascendance de la science des machines», *Documents pour l'histoire des techniques*, 20, pp. 107 – 117.

Michallet Louis, 1975, «Ennemond Eynard (1749 – 1837). Le musée Ennemond Eynard à La Martinière», *Revue d'information du Comité centre presqu'île de Lyon*, 1, pp. 62 – 64.

Miller Lesley E., 1998, «Paris-Lyon-Paris: Dialogue in the design and distribution of patterned silks in the 18th century», dans Robert Fox et Anthony Turner (eds.), *Luxury Trades and Consumerism. Studies in the History of the Skilled Workforce*, Aldershot, Ashgate, pp. 139 – 167.

—2009a, «Philippe de Lasalle et les innovations», dans Daisy Bonnard (ed.), *Lyon innove. Inventions et brevets dans la soierie lyonnaise aux xviiie et xixe siècles*, Lyon, EMCC, coll. «Des objets qui racontent l'Histoire», pp. 57 – 67.

—2009b, «Departing from the Pheasant and the Peacock: The role of furnishing textiles in the carrer of Philippe de Lasalle (1723 – 1804)», *Furnishing Textiles*, 17, pp. 79 – 90.

Perret Adrien, 1878, *Monographie de la condition des soies*, Lyon, Pitrat aîné.

Picon Antoine, 1994, «Connaissances techniques sous les Lumières», dans Claudine Fontanon, Michel Le Moël et Raymond Saint-Paul (eds.), *Le Conservatoire national des arts et métiers au cœur de Paris.* 1794 – 1994, Paris, Action artistique dela Ville de Paris (coll. «Paris et son patrimoine»), pp. 69 – 73.

—1996, «Towards a history of technological thought», dans Robert Fox (ed.), *Technological Change. Methods and Themes in the History of Technology*, Amsterdam, Harwood, pp. 37 – 49.

Poni Carlo, 1998, «Mode et innovation. Les stratégies des marchands en soie de Lyon au xviiie siècle», *Revue d'histoire moderne et contemporaine*, 45, pp. 589 – 625.

Potton A., 1837, «Notice sur Ennemond Eynard», *Revue du Lyonnais*, V.

Razy C., 1913, *Étude analytique des petits modèles exposés au musée historique des Tissus*, Lyon, A. Rey.

Sabel Charles F. et Zeitlin Jonathan, 1997, «Stories, strategies, structures: rethinking historical alternatives to mass production», dans Charles F. Sabel et Jonathan Zeitlin (eds.), *World of Possibilities. Flexibility and Mass*

Production in Western Industrialization, Cambridge, Cambridge University Press, pp. 1 – 36.

Sloan Kim, 2007, *Enlightenment. Discovering the world in the eighteenth century*, Londres, British Museum Press.

Soria Audrey, 1997, *La chambre de commerce et d'industrie de Lyon au xixe siècle* (1832 – 1908), thèse de doctorat, université Lyon-III.

Stewart Larry, 1992, *The Rise of Public Science. Rhetoric, Technology, and Natural Philosophy in Newtonian Britain*, 1660 – 1750, Cambridge, Cambridge University Press.

Vérin Hélène, 2007, «La technologie: science autonome ou science intermédiaire», *Documents pour l'histoire des techniques*, 14, pp. 134 – 143.

Walsh Claire, 1995, «Shop design and the display of goods in eighteenth-century London», *Journal of Design History*, 8, pp. 157 – 176.

Wilson George, 1855, *What is Technology? An Inaugural Lecture Delivered in the University of Edinburgh on November* 7, 1855, Édimbourg-Londres, Sutherland & Knox-Simpkin, Marshall & Co..

比较与文化交流:以翻译为例

吉赛尔·萨比罗

正如涂尔干所说，比较法是社会学研究中最受青睐的方法（Durkheim，1937，第124页）。社会学的创始者利用比较法的历时性（在不同时间比较同一社会）和共时性（比较同一时间不同的文化或社会）从宏观、中观和微观层面观察并解读着人类社会。比如马克斯·韦伯（Max Weber）就是比较研究法的坚定拥趸——他用比较法研究并得出了导致资本主义出现的种种因素，还用比较法找到了区分各种宗教团体组织模式的方法。

不难想见，要使用比较法进行研究，首先要回答的两个最关键的问题就是——“比较什么?”和“怎样比较?”

要回答第一个问题，我想这里有必要再强调一下的就是我们只能比较可比的东西。因此，我们不妨先对可比较的“单位”下一个定义。像文化，社会，社区，国家，地区（州），以及制度等单位，都是社会普遍认可的实体，也是比较法常用的单位。以这些单位作区分的不同实体，通常各自具有一套相对固定的做法（如语言、习俗等），其内部有一套一致的参考特征（如某个国家的文化），或者说其组织具有一种统一的模式[如地区官僚组织，或国家（政权）的特定政治组织模式等]。

值得注意的是，国际比较研究（le comparatisme international）往往倾向于掩盖不同文化、社会、地区和国家之间所共有的相似或相同的要素，这些要素常常以相同的历史背景或某种相同的传统等形式存在着。一个典型的例子就是欧洲文化所共有的希腊—拉丁文化传统——其实欧洲各国在形成各自的国家自我认同之前，在各国之间就曾出现过许多次文化以及传统的传播、转移或交换（Espagne，1994）。这也正是为何学界存在着对国际比较研究中这种方法论民族主义（nationalisme méthodologique）的批判。具体来说，这些批判认为，方法论民族主义将“社会”的概念压缩成了“（单）民族国家”（l'État-nation）。正如作为方法论民族主义的主要批判者之一——Ulrich Beck（2006）所说，集体认同感的来源并不仅限于“国家”或者说“国籍”这个维度。社会科学中的“跨国界研究法”（l'approche transnationale）正是源于这一论战。在不同的语境中该方法的形式和名称也不尽相同，例如“交叉历史研究”“关联历史研究”“跨国历史研究”“网络研究”“分支和关系研究”等，都是跨国界研究法的体现（参见 Hannerz 1996；Amselle 2001；Werner 和 Zimmerman 2004）。除此之外还值得注意的是，就算把以上这些跨国界研究法考虑在内，比较研究法大多倾向于不去关注被比较的单位个体之间的关系。而事实是，被比较的单位个体之间的关系其实都是一些不平等的权力关系，都是根据各种不同的资源（例如经济、政治、文化资源等）的分布状态而决定的，无论这些被比较的单位个体是理想的社区团体还是与物质条件相关的团体，无论它们是否有像国家（自治州）那样的法律上的一致性，也无论它们是不是仅仅是抽象层面和理论层面的所谓社会阶层。为了比较这些单位个体并研究它们之间的互动，我们就必须将它们置于它们所属的背景之中，也就是将它们置于其所属的更一般的互动关系系统之中。历史上，以 Fernand Braudel 和 Immanuel Wallerstein 为代表人物而发展起来的“中心—周边”模型（le modèle centre-périphérie），已经充分自证了该方法所具有的启发性，它有助于让我们更好地思考民族国家之间或地区（包括所谓“亚国家”和“超国家”层面的地区）之间的经济和地缘政治的权力关系。Abram de Swaan（2001）则将这一模型带到了语言研究领域。Abram de Swaan 依据语言使用人数，将英语、法语以及德语视为“中心”（其中英语为“超中心”），将其他小国家的语言视为“周边”。这个模型的优点在于，它允许我们在无须明确定义“中心”和“周边”的条件下就构造出了这二者之间的对立，我们就可以测量语言的所谓“中心性”或“边缘性”的程度，并以此为参考确定二者之间的位置（例如所谓“半中央”或“半周边”等）。不仅如此，我们还可以依据特定的比较单位（如民族国家、地区、城市等）的政治集中化程度，将所有的民族国家之间的关系以及城市之间的关系都放置在这个理论体系之中（Charle，2009）。

回到开头提出的两个问题中的第二个，也就是“怎样比较”的问题。所谓“怎样比较”，具体来说其实是一个如何针对特定的比较对象来选择合适的比较方法的问题。基于上面的讨论，我们认为，一个合适的比较方法一定要适于研究比较对象之间的交换和互动，还要适于研究比较对象所处的广泛的关系系统。要比较，首先需要定义待比较的项目。具体来说就是首先要做以下两件事：一是要确定待比较的项目与被比较对象之间的关系，二是要建立待比较项目的各项参考指标体系。暂且不谈本质主义比较法那种对某种现象或被比较对象（如政权，民族国家等）的先验定义（即暗示二者之间必然关系定义），要确定待比较的项目与被比较对象之间的关系，要考虑的几个方面主要有：1. 系统［例如以塔尔科特·帕森斯（Talcott Parsons）为代表的结构功能主义的认识论］；2. 结构［尤其是列维—斯特劳斯（Lévi-Strauss）从语言学代入到社会现象研究中的“结构”的概念］；3. 理想型［由韦伯提出，用于描述类型化的认识论所带来的结果］。

韦伯所说的类型化（l'opération de typifcation）同样也适用于比较研究法的流程，这里的类型化过程指的就是待比较项目的各项参考指标体系（例如制度化或职业化流程）的建立。这些参考指标体系通常都是由被比较对象自身或一些权威国际组织（例如经济合作与发展组织和国际劳工组织等）建立的，常见的指标体系（即可供比较的项目）有“国内生产总值”“出生率和死亡率”“贫困率”“失业率”“入学率”等。不过，随着“评估”模式的普遍化以及金融评级机构等的普及，这些常见的参考指标体系有被滥用的趋势。但是，这类出于特定实际目的而建立的指标体系并不能被原样照搬用于科学研究。科研人员必须带着批判性的眼光审视这些指标体系，需要根据特定的研究问题，因地制宜地确定这些指标与该研究问题的相关性及其适当性。一般来说，对于规模比较大的被比较对象（比如人口）而言，在比较某些领域的时候，测量比率性质的指标（比如出生率和死亡率）可以使得比较研究更加系统化，这一规律对于比较同一时期的不同被比较对象，或比较同一对象的不同时期的状态及造成该状态的原因的比较研究都适用。涂尔干对自杀的研究正是这一规律的典型体现：研究中，涂尔干将死亡率与各种不同的致死原因以及其他一些因素（例如城乡差异等地理因素，以及年龄、婚姻状况等社会人口学因素等）联系起来，使用伴随变异方法来综合分析死亡率的演变。由此，他发现自杀高峰出现在经济危机期间，这使他能够对这两种现象之间的因果关系作出一些相应的假设。

在对过程以及发展趋势的研究中也可以使用结构性的方法。其用法可参见 Andrew Abbott（1988）反驳基于单一的自然发展观的“专业化”（professionnalisation）一说而提出“专业发展”（le développement professionnel）的研究。要理解某种现象或某个事物出现的原因和过程，通常需要研究者去复盘（reconstituer）在定义这个现象或事物时所使用的整个差异化体系（le système d'écarts différentiels，源自列维—斯特劳斯的理论）。

可见，比较研究所涉及的方法既可以是定量的，也可以是定性的。定量方法可以让研究者系统化地处理能被量化的数据（如测量差异化程度、演变过程及相关性等等）；定性方法则在解释这些数据的意义的时候显得不可或缺——正如韦伯在《新教伦理和资本主义精神》（*L'éthique protestante et lésprit du capitalisme*，1964）中，以及 Norbert Elias 在《法院社会》（*La société de cour*，1974）中所体现的那样。

当然，并不是所有的方法对所有的现象的研究都适用，但使用不同的研究方法确实能在研究同一现象或问题的时候提供不同的角度和思路。下面，我们就来针对一个特定的现象——翻译，来探讨跨国界研究法的应用。我们的中心问题是翻译的跨国界研究法是如何衡量文化之间的文本流通程度的，也就是说，我们要研究的是不同文化间的交流、交换，以及其演变的问题。要很好地回答这个问题，就必须将比较对象放在更广泛的背景和结构当中进行考察和对比。对贸易（les échanges）的比较是我们关注的重点，因为我们不仅可以通过研究对象之间的贸易本身来对这些对象进行比较研究，还可以通过研究这些贸易所勾勒出的被比较研究对象所处的大的系统的轮廓，以及在这个系统中观察各种不平等的权力关系来进行比较研究。

就观察层面而言，我们将依次在宏观、中观和微观层面考察这些交流是如何使问题变得更加复杂的，据此，我们可以分析、比较这些交流在不同层面的体现。在宏观层面，我们重点考查的是“市场”。借这个概念，我们可以很好地研究被比较对象（本研究中的“被比较对象”指的是民族国家）之间通过“翻译”这个媒介进行的互动，以及研究被比较对象所处的关系结构。宏观层面比较的是一个国家的市场融入世界市场的程度，以及在规模、进出口、政府控制及援助政策等方面各个国家市场之间的异同。在中观层面，我们重点考查的是“场域”（le champ）。借这个概念，我们可以比较不同国家编辑出版行业的结构以及其对翻译的影响。具体来说，我们会通过比较各大出版社引进译作的名录来考察国外作品译成本地语言出版的路径。在微观层面，我们考察的是翻译作品出版所涉及的中介机构面临以上两个层面的挑战时所指定的策略以及做出的选择。我们的比较既会考虑到结构性变量，同时又会注意个体行动者的手段、策略和行动路径。在最后的结论部分，我们会进一步讨论结构性比较研究的优势。

世界图书市场的结构:宏观层面

国家之间的交流主要体现为国际贸易，我们可以通过国家之间流通的商品实际数量，或者通过进出口商品的经济价值这两种方式来衡量。这里我们选取前者作为度量方式，因为对于翻译而言，翻译的文字作品的实际数量是量化不同文化之间交流的最好的方式。借助联合国教科文组织的翻译作品索引（*Index Translationum*，统计收录了自 1931 年以来翻译作品的权威数据库），我们可以计算得出能反映翻译图书的实际数量的相对准确的数字，即使我们知道这个数字的可靠程度依赖于各个国家图书馆所提供的数字的准确程度，并且这个数字并不包括其他译文形式（如杂志、报纸、在线资料、灰色文献、产品手册等）。依据联合国教科文组织的译作索引所得出的数据表明，图书类译作所体现的文字作品流通的路径并不是随机的——如果我们追踪它们从创作地到其译本出现的地方的路径，就会发现这个路径所涉及的地理区域呈现出某种模式，而这种模式会随着时间的推移演变。

我们可以从两个不同的出发点来比较翻译作品的流通：一是从作品

的原产国及原产国语言的角度出发去比较，二是从译作接收国及接收国语言的角度出发去比较。

先从前者的角度来看。根据 Swaan 建立的语言系统模型，Johan Heilbron（1999）分析了联合国教科文组织的译作索引所收集的自 20 世纪 80 年代以来的数据，发现各语言之间的翻译的流通路径呈现出一定的规律性，即这些流通是不对称的，它们的方向主要是从中央语言流通到（也就是翻译成）周边语言，而且中央语言常常将这种流通通过媒体进行大力宣传，公之于世。全世界大多数翻译图书的源语言是英语，也就是说英语占据了超中心位置（45%）；有三种语言——法语，德语和俄语——在同一时间段处于中间位置（8% 至 12.5% 之间）；另有八种语言占据了半边缘位置（1% 至 3%）；其他语言则处于外围（低于 1%）。十年后，这种分布已经发生了变化。Sapiro（2009）发现，流通的强度变得更加强烈（即数量提升）——1980 年至 2000 年翻译量增加了 50% 以上。然而，流通的光度并没有提升，即翻译的流通方向上并没有随着所谓全球化的浪潮呈现多样化的趋势——英语强化了其超中心地位，以英语为源语言的翻译作品从 45% 上升到 59%；而在 20 世纪 90 年代初期，俄语作品的比重就已经从 12.5% 下降到了 2.5%；法语和德语保持在 9%—10%；意大利语保持在 3% 左右；西班牙语的位置略有上升（从 1.6% 增加到 2.6%）。Sapiro 注意到，原先处在半边缘位置的语言数量大大减少了，不过同时一些亚洲语言，特别是日语（几乎达到 1%）和汉语（尚不足 1%）开始出现在译作源语言统计里，并呈增长的趋势。

以上我们已经清楚而细致地描绘了这种规律性，现在需要做的是解释它。Swaan 的语言系统模型——即一种语言被作为母语的使用人数和被作为第二语言的使用人数理论——并不能解释上述规律性的因果关系。不仅如此，上述现象还跟 Swaan 的理论是相矛盾的：为什么英语，作为使用人数最多的世界第一大语言，居然同时也是被翻译最多的源语言？既然大多数人都能读懂英文原文，为什么还有这么多从英语翻译过来的译作？其实，如果我们把被比较对象搞清楚，那这个悖论也就不成为悖论了。这里所涉及的被比较对象其实是图书市场，而不是语言。语言在这里，跟原图书和翻译过来的图书的国家、发行地点、出版社以及跟书的作者、翻译者等一样，都只是导致这种规律性结果的变量中的一种。而图书市场就不同了——一个特定的图书市场是由语言区域和民族国家的边界双重建构的，它既是一个承载版权、言论自由程度等的法律框架，又是一个规定图书发行范围的地理边界。事实上，如果我们把译作的原国家当作自变量加入分析模型中，就会发现这是一个比语言更能直接影响翻译流通方向的因素：从英文翻译过来的译作主要来自美国和英国，法语翻译过来的主要来自法国，等等。所以说，之前探讨的翻译语言的中心地位其实很大程度上反映的是使用该语言的国家在世界译作市场上的中心地位。

一说到市场，似乎不可避免地要用到经济学理论来进行分析。我们似乎确实可以在一国出版物的数量和其国内市场的规模之间建立线性关系，并以此解释翻译自不同国家（不同源语言）的译作数量之间的差异（Pym 和 Chrupala，2005）。但事实上，译作市场上的国际贸易不仅仅是源语言国家国内市场规模的反映，政治、文化等诸多其他因素都影响着作品的流通（Bourdieu，2002；Heilbron 和 Sapiro，2008）。比如 1989 年以后从俄文翻译过来的图书数量急剧下降可能与共产主义政权的结束以及与该政权支持从俄文翻译图书的专项政策的消失有关。政权的类型、国家干预经济的程度、审查制度、对外译的支持政策等等，都与图书在市场上的流通有着直接或间接的关系，这一点 Popa（2002，2010）在其对其他共产主义国家外译作品的研究，以及 Billiani（2007）对法西斯时代的意大利外译作品的研究中都有体现。

不过，比起经济和政治领域的国际交流，文化上的交流通常不会特别被该国的经济政治因素制约，而享有更大的自主性。如 Pascale Casanova（1999）在他的著作《文字共和国》（*La République mondiale des Lettres*）中所言，某国文学作品在“世界”这个“文字共和国”当中传播的广泛程度，在很大程度上取决于各个国家各自在其文字文学领域所积累的资历和威望。这个原则同样适用于人文社科类的翻译作品：尽管总体上从英语翻译成法语的哲学著作还是最多的，但在 1990—2004 年，从德语翻译成法语的著作多于从英语翻译成法语的，这反映了德国在哲学领域的资历和威望（Sapiro 和 Popa，2008）。我们对源作品的领域和类别的比较揭示了一些有趣的差异性，下文中我们将更详细地阐述这一点。

说完了政治和文化因素，这里有必要重申一下的就是，其实市场本身就是一种社会建构。图书市场是文化产业中最古老的市场。因此，回顾历史有助于让我们清晰地了解其建构的原则。方法论民族主义掩盖了这样一个事实，即印刷出版行业从一开始就是在莱比锡、伦敦和巴黎等大城市发展起来的。这些城市后来都成为文化中心——比如就巴黎而言，在当时法国的政治力量的支持下，巴黎采取了贸易保护主义措施强力打击假冒行为，在此背景下，巴黎的出版业以损害其他地方性出版商为代价，强行建立并加强了其垄断地位（Febvre 和 Martin，1971；Mollier ，2001）。作为对这种政治支持的“回报”，这些文化中心城市的出版印刷业后来在树立大众对国家和国家文化的认同感的宣传事业中发挥了重要作用（Anderson，1996）。与此同时，基于开发和扩展新市场的动力，西班牙语、英语、德语、法语和阿拉伯语区国家的出版行业在各自政府的支持下，形成了各自语言的跨国编辑出版印刷联盟以及领地（les aires linguistiques），这些建构起来的领地之间存在着对立和竞争关系，这种关系既可以说是政治上的（殖民地扩张和强权统治需要），也可以说是经济上的（寻找该语言出版物的新市场）。

进入 19 世纪之后，这种做法开始受到质疑和反抗，尤其是在讨论建立国家认同感的问题上——人们开始以反抗当时那些殖民国家的文化霸权为口号，以此来建立本土的国家认同感（Thiesse，1999），这种文化认同感的重建在鼓励本土制造和保护国内市场的公共政策的支持下取得了引人注目的成就。从 19 世纪中叶开始，翻译成为不同文化间文学作品流通和传播的主要方式。虽说巴尔扎克的作品从一开始就被以法语——所谓“欧洲精英的语言”——原文的形式广泛流传于欧洲的精英阶层，但佐拉的小说却是在被翻译了之后才在读者当中流行起来的。国家模式的发行为国家出版市场的形成提供了有利条件，完善的国家出版市场又为翻译作品市场的形成奠定了基础。在各国的国家出版市场的基础上，一个国际翻译市场就形成了。这个国际市场共同遵守着 1886 年制定的“伯尔尼版权国际公约”，许多国家在 20 世纪初就加入了该公约。译作成为各个正在成型的民族国家之间的一种用来竞争的手段，或者说是它们霸权统治的工具——尤其是在第一次世界大战之后，在国际联盟（la Société des Nations）的国际智力合作研究所（Institut international de coopération intellectuelle，IICI）的倡导下，文化被视作外交的一部分、平息国际关系的一种手段（Renoliet，1999）。当时著名的提法包括“文化就是国际影响力”，以及“文化就是外交实力”等。值得一提的是，我们在前文说到的翻译作品索引，就是国际智力合作研究所在1931年牵头设立的，该索引是在第一次世界大战后才被联合国教科文组织接手的。除了国际智力合作研究所的倡导之外，外交关系框架内的文化交流的制度化，移民规模的日益壮大，以及外语教学的蓬勃发展，这些都促使诸如出版社、丛书编辑、图书代理、翻译人员以及书商等中间机构变得更加专业化，他们的存在也使得跨文化交流进程更加顺利（Wilfert，2002，2003）。

第二次世界大战之后，随着1947年《关税和贸易总协定》（GATT）的签署，经济交流的自由化促进了世界文化产品市场中光盘、电影和书籍等产品的流通，同时也对各国本土民族文化产业的发展起到了推动作用。随后，在20世纪70年代全球新自由主义转向的大背景下，世界文化市场发展进程加速。这一时期，文化产品的突出特点是对“发展”这个概念的摒弃和对“全球化”概念的崇尚。这反映了当时流行的“为商品和资本的自由流通广开大门”的意识形态的影响（Wallerstein，2006，第136页），同时也与乌拉圭回合框架内提倡的“将自由贸易扩展到服务业”的精神相一致。在出版领域，像国际书展这样的场合迅速多了起来，这既是国际翻译作品市场一体化和结构化的标志，同时也是国际翻译市场发展的推动力量。与此同时，作为图书流通的重要中介的图书代理人开始在业界扮演越来越重要的角色，他们将专业规则和商业逻辑带进了国际翻译作品市场，促进了该市场经营模式的合理性和协调性。1964年，伦敦交易会首次举办，从1971年起成为紧随法兰克福交易会之后的欧洲最具规模的图书交易会之一。后来，从北京到瓜达拉哈拉，从新德里到瓦加杜古到突尼斯，每个文化首都都有了自己的图书交易会，越来越多的国家正参与到这项活动中来。全球翻译作品市场的一体化促进了许多仍以手工生产和/或国家所有制为主的国家的图书出版和图书贸易的发展。

可以说到目前为止，在语言和翻译领域，挫败中心语言霸权统治的努力取得了一定的成功。自从18世纪美国发展起了本土的出版业以来，到20世纪六七十年代，英语世界的图书发行中心已经逐渐从伦敦转移到了纽约。西班牙语出版业与英语世界的相似，自佛朗哥时期开始，拉丁美洲的各民族国家的地方文学和出版业都蓬勃发展了起来（Sorá，2009），这与当今拉美各国广泛兴起的反帝国主义文化再侵略运动是分不开的。同样值得一提的还有法语的出版行业——在顶住了历史上比利时出版业的反复挑战后（Durand 和 Winkin，1999），巴黎的统治地位今天已经快要被第二次世界大战后异军突起的魁北克所取代了。

翻译领域是观察跨语言领域之间张力的好地方。在 20 世纪 70 年代，翻译作品转让合同的签署决定了该作品译作的发行范围，而出版商会竭力争取对这个范围的独家发行权。这与后来的公开市场发行（open market）是不同的——公开市场发行允许几家不同的出版商共同发行同一作品，允许他们之间相互竞争。也就是说，译作转让合同有两种，一是出版商在某一特定区域享有独家发行权，二是在某一国际范围内多家出版商参与的公开发行。公开市场的兴起让联合发行成为可能，例如，美国和英国出版商之间就经常搞联合发行。

在一个语言地区之内，翻译自不同源语言的翻译作品的地理分布，可以被看作反映该地区发行商密度的一个很好的指标。下面，我们以源语言为法语的英文译作在美国的发行，以及反过来源语言为英文的法语译作在法国的发行这两个例子来进行说明（Sapiro，2010a）。

首先，基于联合国教科文组织的翻译作品索引的数据，我们看到，交流的不对称性体现在从超中心语言（即英语）和从排名第二的中心语言（即法语）翻译过来的图书数量上。请注意，对法语而言，英语是唯一之于法语的贸易比率为负的语言。

表 1　　法语地区和英语地区翻译作品的地理密度比较

法国/美国，巴黎/纽约（1990—2003 年）

	英语到法语		法语到英语
出版地为法国的占比（%）	81.1	出版地为美国的占比（%）	37.5
出版地为巴黎的占比（%）	71.7	出版地为纽约的占比（%）	15.8
全部法语区内作品数（种）	80 069	全部英语区内作品数（种）	11 318

数据来源：联合国教科文组织的翻译作品索引，Sapiro，2010a。

从译作的出版地来看，81.1%的从英文翻译成法文的图书是在法国出版的，而只有37.5%的从法文翻译成英文的图书是在美国出版的。在美国地理范围内译作出版商的密度低主要是由两个因素造成的：首先，美国取得英文发行领域中心地位的时间，比法国被冠为“法语区发行中心”的时间要短得多，而且美国是在与英国共享这一中心地位的。其次，从法语翻译成英语的译作很大一部分都发行于加拿大，因为加拿大的魁北克省政府一直奉行鼓励法语作品创作和传播的公共政策。

如果再来看在两国各自的中心城市中这两种语言之间翻译作品的密度，我们发现，差距在不断扩大：71.7%（也就是接近四分之三）的英文翻译成法文的图书都是在巴黎出版的，而法文翻译成英文的图书在纽约出版的比例仅为15.8%。美国之所以会出现这种译作出版很分散的现象，首先是因为除了作为第一大出版中心的纽约，美国还有一个出版次中心——加利福尼亚。其次是因为学术型的译作出版常常都是在美国各个大学的出版社完成的，因此许多都没有被计算在内。

可见，翻译作品的地理分布会因作品本身的类别不同而有所不同，这说明了作品本身的类别这个因素的重要性。事实上，文学作品（包括青少年读物）的翻译作品的发行在纽约更为集中（见表2），这涵盖了从法语翻译成英语的图书总量的大概四分之一，文学作品在纽约发行的比例显然比在纽约发行的比例要高得多。人文社科类的译作呈现较分散的态势，原因正是刚才说到的，就是许多从法语翻译成英语的人文社科类作品是在美国各个大学的出版社出版的。值得注意的是，美国各大学的

表2　　　　法语地区和英语地区文学翻译作品的地理浓度比较

法国/美国，巴黎/纽约（1990—2003年）

	英语到法语		法语到英语
出版地为法国占比（%）	89.5	出版地为美国占比（%）	56.6
出版地为巴黎占比（%）	83.4	出版地为纽约占比（%）	25.7
全部法语区内作品数（种）	44 621	全部英语区内作品数（种）	25 00

数据来源：联合国教科文组织的翻译作品索引，Sapiro，2010a。

出版社在将法国作品引入美国这项事业上起着非常重要的作用。从本文作者自己设立的数据库来看（Sapiro 数据库），在我们的数据库所囊括的期间内，在所有在美国发行的法国作品的译作中只有 46% 是在纽约出版的，也就是说，在美国译作地理分布的分散性要远远大于其在法国的分散性（参见图 1）。

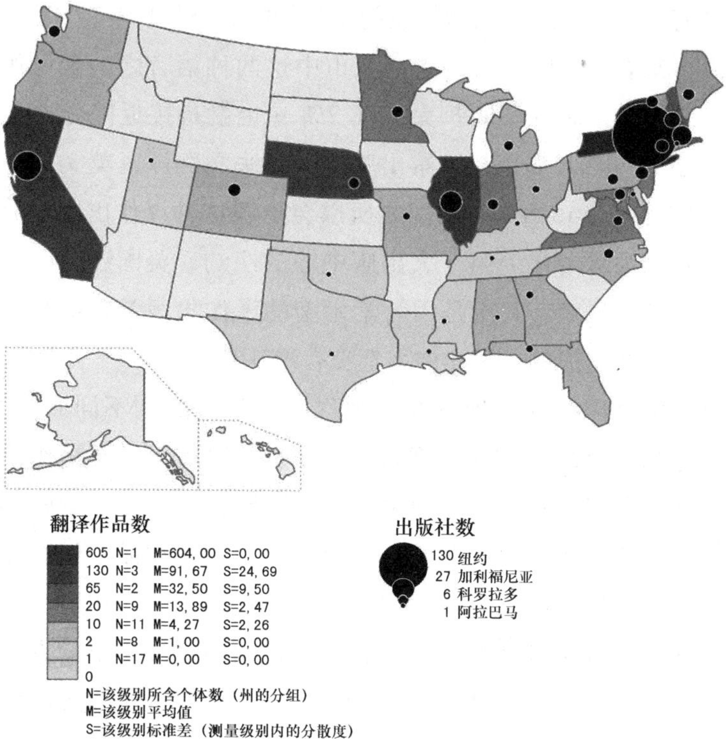

图 1　在美国出版的从法文翻译成英文的法国文学作品地理分布

翻译作品数和出版社数（1990—2003 年）

资料来源：Sapiro 数据库，Sapiro，2010a。

在法语地区，从英文翻译成法语的文学作品集中在巴黎出版，出版率达到了 83.4%，也就是说 10 部作品中就有 8 部是在巴黎出版发行的（参见表 2）。这主要是因为，以英语为原语言写作的作品比其他原语言的作品都要贵，而有财力买到英语作品出版发行权的大出版社几乎都集中在巴黎。这种密度上的差异集中体现在，从 1990 年到 2003 年的英文翻译成法文的文学作品数量约为 45000 本，其中 37000 多本是在巴黎出版的，而同时期法语译成英文的文学作品仅有大概 640 本是在纽约出版的。

至此我们发现，对翻译作品流动性的比较研究揭示了关于全球图书翻译市场结构的一般规律性和地理分布属性。这种结构是长期的历史产物，是资本主义经济结构的有机组成部分，同时也是民族国家兴起、地缘政治权力斗争和帝国主义统治逻辑的体现。要使这一结构向着更公平的方向演化，需要推翻中心语言之于外围语言的统治。但是，图书的流通有着自己独有的逻辑，它既不完全臣服于经济逻辑也不完全臣服于政治逻辑。正如我们现在所看到的那样，文化交流可以享受相对独立于经济和政治限制的自主权。

比较国家内部的场域：中观层面

前面一节我们探讨了翻译作品流通的规律性、地理特征及其所呈现的全球翻译作品市场的形态。下面，我们选取中观角度，从翻译作品接受地文化的视角出发来继续讨论。

比起文学史，对翻译作品的历史研究常常处于被忽略的位置，但其实翻译作品在一个国家发行出版总量中占据着非常大的比重。翻译作品的社会作用不仅仅是加强了不同文化之间的交流和文化的多元化，它们还是大众文学的重要组成部分，是文化生活世俗化和民主化双重进程中的重要一环。翻译作品也可以按语言风格和写作风格划分为不同类别，成为翻译目的语国家出版物语言类型中的一种（Even-Zohar，1997）。将翻译作品作为比较研究的对象来看待，意味着我们默认了这样一种假设，即一国的本土文化与翻译作品的文化这两者是两个不同的实体——而这也正是用比较研究法来研究翻译最为学界所批判的一点（Milo，1984）。这种批判促使我们反思文化交互混合（une hybridation des cultures）的可能性（特别是在当今的全球化背景之下）：其实在很大程度上，所谓本土的民族文化本身就是异质的实体，是不断交互混合、不断适应外来因素而产生的结果，比如我们上文提到的本土文化对各种形式的霸权统治的抵制，就是一个本土文化交互混合的形成过程的典型例子。

尽管如此，我们还是可以用比较法来研究翻译——我们可以比较翻译作品在不同国家图书市场中的占有率。从新书的出版发行数量来看，翻译作品在不同国家出版业中所占的份额各不相同。Ganne 和 Minon（1992）发现，随着观察视点从文化中心地向文化周边地的移动，翻译作品在国家出版业整体中所占的份额有所增加：自 1989 年至 1991 年，该份额在美国和英国为 3%，在法国和德国分别为 15% 和 18%，在意大利和西班牙都是 25%，葡萄牙为 35%，瑞典为 65%。如果我们说采用纯粹的功能主义的解释（即将本土文化成功地吸纳外来元素的原因解释为该本土文化原先就缺乏这种外来元素）有明显的缺陷（即简单地通过“需求”来解释融合的合理性），那么对出版市场的考察也许可以越过功能主义的缺陷，更好地解释本土文化的交流融合过程，因为出版市场首先是一个供方主导的市场。如果我们能用相互关系的视角——或者更具体地说是用相互权力关系的视角——来思考，那么我们就可以清楚地发现翻译交流行为当中与特定语言相关的规律：例如翻译作品的引进和输出总是存在相关性，越是中心语言，其向其他语言的输出就越多，同时接受的其他语言向该中心语言的输入就越少；而周边语言则相反，即越是周边语言，其向其他语言的输出就越少，同时接受的其他语言向该周边语言的输入就越多。不过，这种相关性并不是机械的和一成不变的，其相关度会因这一关系中的变量——包括因作品本身类别（如文学、青少年读物、社会和人文科学或是科学文献等）和子类别（如不同的文学风格、流派，以及人文和社会科学的各子学科等）——的变化而变化。这种相关度的变化常常是由于经济、政治和文化因素的交织，以及组织策略的选择（例如相关的国家政策和出版社的规定）等因素而造成的，具体的因果关系需要经过实证研究才能确定。

如果我们说在全球图书市场的形成和国家身份建构的双重推动力下，每个国家都发展出了各自的大众文学出版业，或者说如前文所述，如果我们说一国现行的大众文学出版业形态的形成，与该国当地长久以来形成的图书流通模式的传统密不可分（例如英国、德国和法国都是自古以来就形成了各自的图书流通模式），那么我们就可以断定，各国现行的大众文学出版业模式的形成并不只是简单的模式产生和复制。资本主义出版模式的发展和传播过程就是能证明这一点的一个很好的实例：19 世纪初出现在西方国家的资本主义出版模式并没有立即向所有国家扩散，比如，邻近的东欧国家都是在共产主义政权倒台后才采用了这种资本主义出版模式的，东欧国家原先的共产主义出版模式在很大程度上是政府控制出版业；再比如，时至今日，阿拉伯国家都还没有实行我们这种资本主义出版模式。即使是在经济自由主义盛行的国家，出版业的组织和运作模式也可能有显著差异。

继续前文中以法国和美国为比较对象的对比研究，我们可以总结出至少 4 种组织和运作模式的差异。第一个差异是美国的出版公司在法律地位需要根据他们是否宣称以盈利为目的（for proft/trade 或 non-proft）来进行区分，而在法国，我们没有在这个领域进行任何区别。第二个显著的差异在于，在美国，国家和地方当局对出版业的干预几乎是完全不存在的，而在法国图书市场，这种干预则发挥着重要作用——通过规定图书统一售价的《郎法》（*la loi Lang*）等法律，法国支持出版和发行的公共政策在生产和供销链条的多个层面都会产生影响，这些政策同时还涉及对翻译、编辑，以及对独立书店营销网络的支持。第三个差异体现在生产链内的分工上：在美国，发掘新作者的图书经纪人不属于发行系统，相当于一种独立于系统之外的外包服务；而法国的图书经纪人则隶属于出版社。最后一个差异体现在分类原则上：美国出版社的第一层分类是区分“小说（虚构）类”和“非小说（非虚构）类”的出版社，而在法国，出版社首先以出版“法国文学”和“外国文学”分类。

皮埃尔·布迪厄（Pierre Bourdieu）所创造的“场域”概念，使我们有了理解这两种看上去有如此多不同点的出版地之间在结构上的相似性的可能，我们可以借助场域中“产业巨头端”（un pôle de grande production）和“能力有限的小生产者端”（un pôle de production restreinte）之间的对立，来理解法国和美国这两种模式在结构上的相似性（Bourdieu，1977，1999）。具体来说，这两端的主要区别在于其与经济整体的关系，以及其与利润的关系。产业巨头端所奉行的是盈利的逻辑，在这个逻辑的驱动下，它们理性地组织生产——这体现在资本的集中（兼并和收购），大量甚至过剩的生产，以及对传播和分销链条尽可能地控制上。能力有限的小生产者端则更重视出版作品的质量，也可以说是相较于短期利益而言，小生产者（小型出版社）更重视长远利益，他们倾向于通过积累一批在智力或美学层面经得起严格考量和评判的高质量作品，以此来经营自己的形象，积累象征性层面的非物质资本。因此，小型出版社这个集群的经济特点体现为，其持续经营经常需要受到政府、公共单位以及各种社会组织和慈善基金会的补贴、赞助或捐赠等支持。这两端的对立，在法国和美国的语境中都有迹可循——比如在美国出版界就有“短线卖家”和“长线卖家”（les *shortsellers* des *longsellers*）的叫法。在其他国家，比如一些阿拉伯国家，除了专门出版宗教题材图书的出版社以外，可以称得上是产业巨头端的出版社几乎不存在。再比如在某些国家（例如在英国），由于资本主义市场逻辑太过盛行，小型出版社的生存都已经成问题了。

在美国出版业的场域内，产业巨头端和能力有限的小生产者端的对立首先体现在出版社的法律地位上：上文中提到，美国的出版社分为以盈利为目的的（trade）和不以盈利为目的的（non-proft）两种。但这个区分并不严谨——在美国有大量的小型独立出版商，他们虽然在法律上是以盈利为目的的商业机构，但他们的出版政策和他们所提出的出版要求却都是与我们所说的小生产者端出版社的特征是一致的。在法国，尽管私营出版社和公共出版社之间的区分与巨头端和小生产者端的两分法有相似之处，但公私之别并不是场域的决定性因素。比如说，属于公共范畴的大学出版社，不管是在一般文学作品还是在翻译作品的出版和发行中，都扮演着一个非常边缘甚至是无足轻重的角色。不过，法国政府的支持——尤其是国家图书中心的捐款和外交部的补贴——在结构上都可以被看作与美国各种基金会向非营利性质的文化企业提供的捐款的等同物。事实上，除了传统的“支持本国文化走出去”“让文化促进外交”等援助政策出发点，“是否能有效地取得经济上的回报”也已经成为判断是否应该对这些出版社提供援助政策的重要标准。尽管如此，这些经济援助政策的对象主要还是所谓“高端”的图书作品，以作者邀约费用以及翻译经费的形式补贴给作者和译者。因此，这些经济援助仍被看作维护公共利益的支出，而非商业目的的支出。

其次，美国产业巨头端和小生产者端的出版社之间的主要区别主要体现在大型集团出版社和小型独立出版社之间场域的分裂上。这种分裂不仅出现在美国，在法国也同样存在。小型独立出版商——特别是那些处于批判视角的出版商或专门从事翻译文学的出版商——都早已将这种分裂作为自身定位的一部分了。它们会自发地将自己与大型出版集团划清界限，强调自己并不像那些大集团那样要去满足股东们的喜好，而是可以自由地追求一些非商业的目标——这些目标常常被他们表述为一种“使命”“爱好”或“激情”。

独立出版社常常被认为更有自由，更能出版自己想出的作品而不受股东们追逐经济利益的要求的束缚，或者简单来说就是能更多地关注作品的质量而不是其盈利能力（事实上很可能确实如此）（Schiffrin，1999；Vigne，2008；Discepolo，2011）。但这里需要注意的是，我们不应当将这种区别简单地叠加到产业巨头端和小生产者端的二分法中（即简单地认为大型集团出版社追求利益不顾质量，独立的小型出版社不追求利益所以更自由、更重质量）。因为，首先，某些独立的小型出版社也会制定一些进取型的商业策略，尤其是当这些独立出版社被大集团有条件收购后——一般来说，独立出版社接受被收购的条件是，大集团在收购后会视其之前的传统和专长，给予其一定的发行自主权。其次，大型出版集团也并不应当被看作一个完全匀质和统一的实体，他们只是许多不同结构的集合；其内部依专长和分工的不同而划分出不同的场域；其作为整体所体现的等级关系以及分裂，其实是其内部所有场域的等级关系和分裂的集合：比如说，在美国的大型出版集团内部会出现不同的“品牌”，用以给自己贴上区别于集团内其他品牌的，或虚构类或非虚构类，或高端小众或大众等的标签，而这个出版集团内部的小众及大众品牌的划分所反映的正是产业巨头端和小生产者端的分裂。这个特点在法国的大型出版集团中也有体现。与美国所谓“品牌”这一概念相对应的是法国大型出版集团中的“系列”（collection），它们起到的作用几乎完全一样

(Simonin, 2004; Sapiro, 2008)。一般来说，法国的大型出版集团把自己的文学出版物的系列分为两类，一类是外语翻译过来的作品系列，一类是其他的更商业的系列——比如说在 Gallimard 出版社，他们的“白”系列（法语文学作品和严肃作品）就跟“环球”系列（外国文学）和“黑”系列（大众文学）区别开来。畅销书以及一些特别受大众欢迎的二级类别（比如犯罪类和科幻类）会被列成一个单独的系列，例如 Laffont 出版社就有一个单独的“畅销书”系列。

美国和法国两国出版业之间的主要差异之一就是翻译作品所占据的场域（Sapiro，2010b）：美国出版业中，翻译作品的份额不超过 3%，其中包括翻译成英文的外国文学作品（Allen，2007），而 20 世纪 90 年代以来，法国的这一比例一直维持在 18% 至 20% 之间，翻译成法文的外国文学作品的比例更是翻倍，达到 35% 至 40%（Sapiro 编，2008）。不过这种差异的产生原因其实是具有同源性的，这个共同的根源就在于前文中提到的国家间不平等的权力关系：最初由美国出版社出版的图书（亦即原写作语言为英语的图书）在美国和法国这两个国家处在产业巨头端的位置。因此，翻译作品（不管是从何种原语言翻译过来的）在美国的产业巨头端占的比重不大；而在法国，绝大多数畅销书或者说大众图书都是英文翻译过来的，其数量甚至超过了法国本土自产的大众图书的产量——这一现象几乎覆盖了所有的爱情小说和绝大多数畅销书领域（一般包括悬疑类和犯罪类）。

相反，在法国的小生产者端，这些无法跟大型出版社竞争获得英语为源语言的译作出版权的小型出版社，往往倾向于把精力放在出版源语言为周边或半周边语言的译作上，因此，小生产者端出版英语为源语言的译作数量相对较少。在法国的产业巨头和小生产者这两端之间，还有许多其他大型出版社的“系列”型外国文学出版物（即悬疑、犯罪等题材的大众类译作），这第三类译作在出版界的地位跟大型出版社的“高端小众类”可以说是同等重要的。一般来说，系列译作的划分遵循两个原则：一是作者政策，二是翻译源语言多样化——不过，在系列的划分上，这两个原则有时是相冲突的。在法国的这一类别中，从英文翻译过来的作品的比例低于平均（大概占到大众类译作的三分之一，而平均水平是三分之二），也就是说法国的大众类译作中呈现的源语言多样化程度比较高。

而美国的大众类译作的状况与法国不同：从法语——第一大源语言——翻译过来的作品一般由小生产者端出版社出版，而且其定位是“高端小众类”——非营利为目的的出版社（包括大学出版社）在将法语作品引进到美国的过程中所发挥的作用就证明了这一点。在1990年至2003年出版法语为源语言的译作至少10次的29家出版社中，有9家（即将近三分之一）都是非营利性质的出版社（Sapiro，2010a）。而在美国的产业巨头端的大型出版社中并没有出版这类系列作品的场域，或者说大型出版社出版的以法语为源语言的作品并不是按系列出的。

“场域”的概念让我们可以比较清楚地辨别出以上两个可比的和相对自主的空间（即“产业巨头端”和“小生产者端”），让我们可以将它们融入国际出版市场的原因与它们各自的历史分离开来，看到二者之间在结构上的一致性。虽然“产业巨头端”和“小生产者端”这二者都是由其各自的结构性约束所决定的，但它们各自的发展路径却并没有特别被这种结构性约束所制约。其实，不管是结构性的约束还是居于结构之中的这两端的发展，都是权力关系和权力斗争的结果——具体来说，就是同行竞争以及权力关系的参与者（包括各种个人和机构）之间联盟的结果。这些都需要更多的实证研究来进行更广泛和深入的探讨。

代理人的参与度及其策略：微观层面

利用刚刚我们说到的“场域”的概念，我们还可以清楚地理解个体策略和集体策略是如何分别体现在个体和组织的思维方式、行为方式和判断方式上，并以此融入由代理人（agents）内化形成的特定约束空间中的。在一个特定的空间里，可能会有对具体问题和价值观有不同理解的不同组织同时存在，在各自价值观及认识的指导下，这些组织的行动策略也就各有不同。正如我们在上文中所探讨的那样，出版场域内有两个

"极端"（pôle），一个是产业巨头端，它们重视产品的短期盈利能力，受市场价值支配；一个是能力有限的小生产者端，在它们这里，对经济利益的追求要低于对知识性和/或美学层面的追求。

资本主义经济体制下兼并与收购的浪潮同样也存在于出版界，除此之外，起源于美国和英国的书店连锁经营业态似乎也渐渐成为主流。在这种形势下，最大限度地追求利润的逻辑已成为产业巨头端的主导思想（Thompson，2010），这也直接导致了一个结果，就是大型出版社越来越重视市场营销部门，而忽视其最核心的编辑出版部门。出版社对翻译作品的不热衷很大程度上源于出版社认为这类作品的利润率是比较低的，而出版社之所以会有这种预判，是因为整个商业渠道的结构性联盟——从书店连锁店到营销部门，再到销售代表——都在传达促成这种预判的信息，而这也就是 Merton 所谓的"自我实现的预言"。所谓"自我实现的预言"即一种具有社会影响力的信念，即使它是错误的和矛盾的，其社会影响力仍然是巨大的。这类预言实现的正面的例子有很多，比如说 Roberto Bolaño 的小说《2666》，以及 Muriel Barbery 的小说《刺猬的优雅》，它们在市场上取得的巨大成功，很大程度上是因为整个商业渠道中的各机构都声称它们是特别出色的。出版界越来越多地受到这类来自于市场的制约，似乎任何一个出版项目都必须伴随着一份完整的商业企划，以供市场营销之用。在这种背景和趋势下，大型出版社在其出版集团的压力下自然就减少了翻译作品的出版和发行量。与之相对的是小型出版社的情形——相对大型出版社，独立的小型出版社对出版译作的投入更多一些。因为他们没有资源和资本去买断当代美国作家的版权（这些作家的经纪公司通常要求出版社出很高的价格），所以才有动力通过引进优秀的国外作家的作品来独辟蹊径。这对小型出版社而言是一举两得的办法：一来这些决定被引进的作品已经经过了该作品源语言国以及国际图书界的筛选，所以一般来说品质较高，出版这些作品有助于提高以及维护这些小型出版社的品牌声望；二来这类译作的出版往往会得到该作品源语言国国家层面的资助，这也就大大减少了小型出版社在出版译作时所面临的经济负担。小型出版社就是在这种时时存在的商业压力中，兼顾了经济利益与自己对知识和美的追求，定位于出版高品质的出版物的。

当然，他们很清楚自己所面临的风险，但对于它们来说，承担风险是从事出版行业的一部分，这不仅是因为做任何事情都要有一定的代价，还因为他们的志向就是要完成自己的使命。一般来说，非营利性质的组织常常需要具体地解释这种使命，尤其是在申请与之相关的财政支持的时候。而输出、引进以及出版翻译作品恰恰能够成为这类组织在解释其使命时的有力证据，因为它们通常被视为促进文化开放、交流及多样性的努力。因此，对于出版商以及译者来说，推动译作的出版、发行和传播可以说具有一种超越单纯推动文学发展的意义，一种政治意义。这场关于翻译作品——仅占美国3%的出版市场的作品——的斗争分为两个层次：一是抗争英语的统治地位，二是让更多其他语言的声音被听到。许多新一代的独立出版商积极参与到这场斗争中来，尤其是由他们组成的国际笔会组织（PEN Club）在这一斗争中发挥了积极的作用。国际笔会经常组织一些见面会（例如“笔之音”文化节，PEN Voice Festival），以期促进语言文字交流的“全球化”，提高世界对非英语语言的关注度。与之类似的组织以及活动还有“Threepercent”网站（旨在提高公众对翻译作品仅占美国3%出版市场这一事实的关注度），以及在线期刊 *Words Without Borders*（www. wordswithoutborders. org）等等。

在法国，翻译作品在证实机构的非营利性上的解释力上可能要差一些，因为法国政府在政策上并没有特别不利于翻译作品的发行——国家层面的政策鼓励国家出版机构与出版物的作者结成联盟，这种政策的意识形态基础是，这两方都相信图书并不是一般的商品（Surel，1997）。这种联盟使得小生产者端出版社在出版作品数量上的权益在两个层面上得到了保护：一是国家的限制性政策，例如规定图书统一售价的《郎法》等法律；二是国家的激励性政策，例如支持独立书店，以及由国家图书中心发放的鼓励图书出版的财政补贴等等。国家图书中心的补贴当中有相当一部分是用来支持翻译作品的，这些译作支持项目不仅包括法语作品的外译（这类当然还是占了大多数），还包括源语言是其他语种的作品译成法语的。这一政策是 Jean Gattégno（他本身也是一位译者）于20世纪80年代推行的，其目的正是应对英语日益增长的统治力——这一政策的目的后来参照了联合国教科文组织2001年通过的“文化多样性”概念做了微调。至此，在法国，对翻译作品阵地的维护就成了涉及国家、出版社和职业机构三方的事情。这里说的职业机构主要指法国文学翻译协会（l'Association des traducteurs littéraires de langue française）以及法国文化人协会（la Société des gens des lettres）。它们通常会跟国家和出版社一道反思和协商翻译作品所应面临的社会和职业条件。

上文中我们主要描述的是有利于译作发行和传播的各种条件。相对的，微观层面不利于译作发行和传播的结构性因素也有一些。我们可以通过比较法在以下几个方面的应用来进行分析：比较各出版社的作品目录或系列作品目录（可供比较的项目可以包括书目的选择、作者政策、语言等，参见 Serry，2002，以及本文作者对 Gallimard 出版社的译作演变史研究：Sapiro，2011）；比较图书在市场上的流通条件（如像英语和法语这样的枢轴语言在译作出版决策中所扮演的角色）；比较出版模式［例如，波士顿的小出版商 David Godine 在 1997 年用法国的系列出版物模式出版了一套名为《世界》（*Verba Mundi*）的外国文学系列丛书，而当时美国的大背景是，所有的大型出版社都对出版译作毫无兴趣］，以及比较出版过程和“翻译准则”（Toury，1995）——正如我们在前文中说到的那样，这两者可以因文化以及出版领域的不同在许多维度上都存在差异（Sapiro，2008）。

* * *

本文以翻译产业为例，展示了宏观、中观和微观三个层面比较法在应用上的交织和互补性，并且提出，要充分理解这个三层结构的比较法的应用，需要结合定量和定性的方法，以及历史和民族志（观察、访谈）的视角来综合考虑。在本文的案例中，结构性的比较尤其要涉及抽象领域概念的使用，这使我们可以在表面看起来不尽相同的比较对象中识别出同源性，并可以更好地分析和评价这种同源性：法国有国家层面的文化政策，这使得翻译产业成为反映国家公共政策的场域。这与美国有很大不同——美国的翻译作品的兴起，反映的是小型出版社对自身象征性影响力的追求。这些在国家内部层面形成的场域，同时也是嵌套在国际图书市场这个宏观层面之中的，而国际图书市场又是由决定了图书出版和流通模式的许多不平等的权力关系塑造的。跨文化比较研究必须考虑到这些现象，不能将比较得出的某些结论简单归因于国家市场层面的特征，因为国家层面的特征又是嵌套于更广泛的背景中的；更不能一味强调这些结论的特殊性，不问原因地将其简单构建为一种独特的模式。跨文化比较研究还应该将国家内部的场域视为动态的空间，在这些动态空间里，不同的代理人——这里既包括个人也包括机构——之间相互角力，以维持或反抗构成特定动态空间的不平等的权力关系。这些空间被赋予了其独有的历史，在出版业的传统和出版从业人员的认知中，被贴上了各自的标签，而这也是各个空间（各国家）需要各自经营的部分。可能带来场域内权力关系变化的有两种因素，一是国际贸易所带来的图书流通模式的转变，二是社会雇佣关系的转变。无论是两种中的哪一种，这些转变真正发生的可能性，都是由场域中特定转变诉求的提议者和反对者之间的相互角力所带来的。因此，我们必须从强调动态和过程的视角来进行比较研究（Boschetti，2010）。这种强调历时性的研究视角具有双重功能，并且同等适用于宏观、中观和微观三个层面的考察——也就是说，它既具有“比较”（即比较不同场域的不同状态）的功能，还具有“溯源”的功能（即比较同一社会空间或场域的起源，及随着时间的推移而产生的其结构的变化）。我们需要明确的是，与美国社会科学界中广泛流行的现在主义研究方法（l’approche présentiste）所推崇的观点相反，一个社会结构总是一种特定的以往过程的结晶。而要研究这个过程，就必须分清楚这个过程在长期、中期和短期的历时性视角下的不同特征——这也正是为什么研究人员的理论修养和方法论基础会显得尤为重要：因为这种区分需要由研究人员自行甄别和提炼。本文所呈现的案例研究也充分证明了这一点：综合考量翻译作品所处的图书市场的特征及其演变过程，我们发现，从长期的历时性角度来看，世界范围内译作市场结构的形成与各语言的中心性和边缘性的形成息息相关；而从短期来看，决定当下译作市场份额的，则是各种代理人站在其各自立场下进行的权力斗争的结果；而借助介于长期和短期之间的中期视角，我们则可以对各场域在一定历史时期内的互动进行对比。

参考文献

Abbott Andrew, 1988, *The System of Professions. An Essay on the Division of Expert Labor*, Chicago et Londres, The University of Chicago Press.

Allen Esther, 2007, *To Be Translated or Not To Be*, Pen/IRL Report on the International Situation of Literary Translation, Institut Ramon Lull.

Amselle Jean-Loup, 2001, *Branchements. Anthropologie de l'universalité des cultures*, Paris, Flammarion.

Anderson Benedict, 1996 [1989], *L'imaginaire national. Réflexions sur l'origine et l'essor du nationalisme*, trad. par Pierre-Emmanuel Dauzat, Paris, La Découverte.

Beck Ulrich, 2006, *Qu'est-ce que le cosmopolitisme?* trad. Par Aurélie Duthoo, Paris, Aubier (coll. «Alto»).

Billiani Francesca, 2007, *Culture nazionali e narrazioni straniere. Italia*, 1903 – 1943, Florence, Le Lettere.

Boschetti Anna, 2010, «Pour un comparatisme réflexif», dans Anna Boschetti (ed.), *L'espace culturel transnational*, Paris, Nouveau Monde Éditions (coll. «Culture Médias»).

Bourdieu Pierre, 1977, «La production de la croyance: contribution à une économie des biens symboliques», *Actes de la recherche en sciences sociales*, 13, pp. 3 – 43.

—1999, «Une révolution conservatrice dans l'édition», *Actes de la recherche en sciences sociales*, 126/127, pp. 3 – 28.

—2002, «Les conditions sociales de la circulation internationale des idées», *Actes de la recherche en sciences sociales*, 145, pp. 3 – 8.

Casanova Pascale, 1999, *La république mondiale des lettres*, Paris, Seuil.

Charle Christophe (ed.), 2009, *Le temps des capitales culturelles*, *xviii*^{e}-*xx*^{e} siècles, Seyssel, Champ Vallon (coll. «Époques»).

Discepolo Thierry, 2011, *La trahison des éditeurs*, Marseille, Agone (coll. «Contre-feux»).

Durand Pascal et Winkin Yves, 1999, «Des éditeurs sans édition. Genèse et structure de l'espace éditorial en Belgique francophone», *Actes de la recherche en sciences sociales*, 130, pp. 48 – 65.

Durkheim Émile, 1937 [1895], *Les règles de la méthode sociologique*, Paris, Puf (coll. «Bibliothèque de philosophie contemporaine»).

Elias Norbert, 1974, *La société de cour*, trad. par Pierre Kamnitzer, Paris, Calmann-Lévy (coll. «Archives des sciences sociales»).

Espagne Michel, 1994, «Sur les limites du comparatisme en histoire culturelle», *Genèses*, 17, pp. 112 – 121.

Even – Zohar Itamar, 1997, «The making of culture repertoire and the role of transfer», *Target*, 9 (1), pp. 355 – 363.

Febvre Lucien et Martin Henri-Jean, 1971, *L'apparition du livre*, Paris, Albin Michel (coll. «L'évolution de l'humanité»).

Ganne Valérie et Minon Marc, 1992, «Géographies de la traduction», dans Françoise Barret-Ducrocq (ed.), *Traduire l'Europe*, Paris, Payot.

Hannerz Ulf, 1996, *Transnational Connections: Culture, People, Places*, Londres, Routledge.

Heilbron Johan, 1999, «Towards a sociology of translation: Book translations as a cultural world system», *European Journal of Social Theory*, 2 (4), pp. 429 – 444.

Heilbron Johan et Sapiro Gisèle, 2008, «La traduction comme vecteur des échanges culturels internationaux», dans Gisèle Sapiro (ed.), 2008, pp. 24 – 44.

Milo Daniel, 1984, «La bourse mondiale de la traduction: un baromètre culturel», *Annales ESC*, 39 (1), pp. 92 – 115.

Mollier Jean-Yves, 2001, «La construction du système éditorial français et son expansion dans le monde du xviiie au xxe siècle», dans Jacques Michon et Jean-Yves Mollier (eds.), *Les mutations du livre et de l'édition dans le monde du xviiie siècle à l'an* 2000, Québec, Paris, Presses de l'université de Laval, L'Harmattan, pp. 191 – 207.

Popa Ioana, 2002, «Un transfert littéraire politisé. Circuits de traduction des littératures d'Europe de l'Est en France, 1947 – 1989», *Actes de la recherche en sciences sociales*, 144, pp. 55 – 59.

—2010, *Traduire sous contraintes. Littérature et communisme* (1947 – 1989), Paris, CNRS Éditions (coll. «Culture et société») .

Pym Anthony et Chrupala Grzegorz, 2005, «The quantitative analysis of translation flows in the age of an international language», dans Albert Branchadell et Margaret West Lovell (eds.), *Less Translated Languages*, Amsterdam-Philadelphie, John Benjamins, pp. 27 – 38.

Renoliet Jean-Jacques, 1999, *L'Unesco oubliée. La Société des Nations et la coopération intellectuelle* (1919 – 1946), préf. de René Girault, Paris, Publications de la Sorbonne.

Sapiro Gisèle, 2008, «Translation and the feld of publishing. A commentary on Pierre Bourdieu's "A conservative revolution in publishing" from a translation perspective», *Translation Studies*, 1 (2), pp. 154 – 167.

—2009, «Mondialisation et diversité culturelle: les enjeux de la circulation transnationale des livres», dans Gisèle Sapiro (ed.), *Les contradictions de la globalisation éditoriale*, Paris, Nouveau Monde Éditions (coll. «Culture Médias»), pp. 275 – 302.

—2010a, *Les échanges littéraires entre Paris et New York à l'ère de la globalisation*, étude réalisée dans le cadre d'une convention avec le MOtif (Observatoire du livre d'Île-de-France), Paris, CESSP. Disponible en ligne: www. lemotif. fr (consulté en septembre 2012) .

—2010b, «Globalization and cultural diversity in the book market: The case of translations in the US and in France», *Poetics*, 38 (4), pp. 419 – 439.

—2011, «À l'international», dans Alban Cerisier et Pascal Fouché (eds.), *Gallimard: un siècle d'édition* (1911 – 2011), catalogue d'exposition, préf. d'Antoine Gallimard et de Bruno Racine, Paris, BNF-Gallimard, pp. 124 – 147.

Sapiro Gisèle (ed.), 2008, *Translatio. Le marché de la traduction en France à l'heure de la mondialisation*, Paris, CNRS Éditions (coll. «Culture et société»).

Sapiro Gisèle et Popa Ioana, 2008, «Traduire les sciences humaines et sociales: logiques éditoriales et enjeux scientifques», dans Gisèle Sapiro (ed.), 2008, chap. 5.

Schiffrin André, 1999, *L'édition sans éditeurs*, trad. par Michel Luxembourg, Paris, La Fabrique.

Serry Hervé, 2002, «Constituer un catalogue littéraire», *Actes de la recherche en sciences sociales*, 144, pp. 70-79.

Simonin Anne, 2004, «Le catalogue de l'éditeur: un outil pour l'histoire. L'exemple des Éditions de Minuit», *xxe siècle. Revue d'histoire*, 81, pp. 119-129.

Sorá Gustavo, 2009, «Des éclats du siècle: unité et désintégration dans l'édition hispano-américaine en sciences sociales», dans Gisèle Sapiro (ed.), *Les contradictions de la globalisation éditoriale*, Paris, Nouveau Monde Éditions (coll. «Culture Médias»), pp. 133-156.

Surel Yves, 1997, *L'État et le livre: les politiques publiques du livre en France*, 1957-1993, Paris, L'Harmattan (coll. «Logiques politiques»).

Swaan Abram DE, 2001, *Words of the World: The Global Language System*, Cambridge, Polity Press.

Thiesse Anne-Marie, 1999, *La création des identités nationales. Europe xviiie-xxe siècle*, Paris, Seuil (coll. «L'univers historique»).

Thompson John B., 2010, *Merchants of Culture. The Publishing Business in the Twenty-First Century*, Cambridge, Polity Press.

Toury Gideon, 1995, *Descriptive Translation Studies and Beyond*, Amsterdam, John Benjamins.

Vigne Éric, 2008, *Le livre et l'éditeur*, Paris, Klincksieck (coll. «50 questions»).

Wallerstein Immanuel, 2006, *Comprendre le monde. Introduction à l'analyse des systèmes-monde*, trad. par Camille Horsey, Paris, La Découverte

(coll. «Grands repères») .

Weber Max, 1964, *L'éthique protestante et l'esprit du capitalisme*, trad. par Jacques Chavy, Paris, Plon (coll. «Recherches en sciences humaines») .

Werner Michael et Zimmermann Bénédicte (eds.), 2004, *De la comparaison à l'histoire croisée*, revue *Le Genre humain*, Paris, Seuil.

Wilfert Blaise, 2002, «Cosmopolis et l'homme invisible. Les importateurs de littérature étrangère en France, 1885 - 1914», *Actes de la recherche en sciences sociales*, 144, pp. 33 - 46.

—2003, *Paris, la France et le reste… Importations littéraires et nationalisme culturel en France*, 1885 - 1930, thèse de doctorat d'histoire de l'université Paris I, sous la dir. de Christophe Charle (dactyl.) .

第三部分

比较的行动

看

史蒂芬·布雷顿

我们周围充斥着图像。历史上，我们从来也没有像今天这样，面对多到如此令我们目不暇接的图像。或出自影视作品，或出自摄影作品，这些图像似乎与我们同属一个世界，却又仿佛是一个独立于我们的、漂浮的、不可触碰的、永恒的存在。与文字不同，图像的出处并不是某个想法，某个行为，或是某个口头阐述。没有源头，也不用任何“原料”的采集和加工，只需要原原本本地将它们呈现出来。它们本质上就是既存事物（la préexistence）。

说到所谓“既存事物”，就不能不说到它与“呈现事物”（la représentation）的不同之处。面对一幅画作，我们不会怀疑自己面前摆的是一件经由人手制造出来的艺术作品。然而，面对一个对真实场景的视角的选取和捕捉，或者说任何一幅拍摄作品，无论它是一幅摄影作品还是一帧影视作品的画面，我们都会觉得它是某种机械自动化的产物，是一种趋于极端化的临摹——它只是真实世界的一个切片，而不是我们制造出来的东西；换句话说，它并不是通过“看”和“呈现”而产生的一件作品。

现实生活中，其实一直都是观众不愿意承认以上这一点，因为，在欣赏摄影和影视作品的时候，观众已经默认自己参与到一场“虚构游戏”之中了。比方说，观众观看一场电影《三个火枪手》这件事。观影时，没有什么比看到电影场景里穿帮出现一个监视器电线，或是看到米莱迪（Milady）手上戴着一块腕表更让人恼怒的事了。这种恼怒从何而来？当然来自一种制造痕迹的显露，或者说一种“外界的入侵”：眼前的图像突然好像要屈从于一种外力，其展现的世界突然被证明是被现实世界所观看的、所制造的，该图像与其试图展现的世界似乎格格不入了，或者也可以说它的存在否定了它试图展现的世界的存在。的确，任何虚构的叙事，与任何揭露其虚构性的东西都是天然对立的。作为虚构叙事的一种——电影，观众是可以接受它的；但任何让观众在观影过程中意识到这是一部电影的东西，观众都不能接受。

这也就是说，在电影的虚构叙事中，拍摄工具都必须被小心地隐藏起来，即使所有人都心知肚明它们的存在。这是电影制作的一个根本原则，就像语法之于语言一样。而这个原则的适用范围，并不局限于像刚才所说的《三个火枪手》中的时代错误（anachronique）问题。所谓虚构，说白了就是一个谎言。但如果在一个虚构叙事中，一件事能够被圆满地讲述成一个独立于外部世界而存在的事实，那么这个虚构叙事的成立就只需要观众假装相信它的成立就足够了，其所依据的符号协议（le pacte sémiotique）其实是一个半幻象（une demi-illusion）。而这个半幻象是纯粹的符号学意义上的，要求的是受众选取一个阅读或观看的视角，完全不涉及“信或不信”的问题。

哪些是让一个虚构叙事成立的必要条件呢？首先，刚才说到了，对真实场景的视角选取和捕捉所需的任何拍摄工具和痕迹都必须被隐藏起来，也就是说，不能使这个虚构出来的世界与现实世界混淆起来——如果那个监视器的电线出现在电影画面里，它就会提醒观众，眼前这个虚构的世界正在被外部的真实世界所观看、所制造，那么这个虚构世界也就变质了。其实，这类视角选取的痕迹所揭示的，不外乎是一个众所周知的事实。一部电影中如果出现这些痕迹，就像是使用一种语言时犯语法错误一样。这种错误有时会影响信息接收者对内容的理解，有时不会，但无论如何，这种错误都是会被注意到的［因为任何内容（un énoncé）都同时具有“可理解性”和“合法性”这两个属性］。就电影的例子而言，痕迹问题的关键在于它打破了一种默契，这就威胁到了电影内容（或者说电影想制造的幻象）的合法性，即使它的叙事马上就能重新回到正轨上（这种情况下，观众的观影经历又与对语言的理解类似：即使看到穿帮镜头，他们还是会理解电影内容，就如同一个外国人在用你的母语跟你讲话时犯了一个语法错误，但你还是会明白他的意思一样）。总之，虚构的合法性必须受到尊重，这样才不会扰乱观众看故事的乐趣。

其实，文字和图像在虚构叙述方面是有共性的。本文中，“图像”这个词是广义的，无论是取自摄影还是摄像，是单独的还是连续的，静态的还是动态的，平面的还是立体的，都属于本文所指的图像。而“视角”之于“图像”，就如同“写作”之于“文字”一样，都是一种表达、一种对所见所感的视角的选取和捕捉。这种表达并不像风格（style）一样，具有含蓄性和内在性，并需要通过诸如灯光、取景等元素体现出来；这种表达甚至是独立于故事本身的发展的。用文字也好，用图像也好，故事都得通过某种方式被叙述出来。有时候一幅单独的画面也足以叙述一个故事。这里需要指出的是，“故事”（récit）与“虚构叙事”（fiction）是有区别的。一个故事，指的是一件或几件相互关联的事的发生过程，它可以是虚构的，也可以是真实存在的；而一个虚构叙事，不言而喻，是虚构的。

不过，文字与上文中说到的机械化临摹图像（image analogique automatisée，例如摄影和摄像作品）还是有本质区别的。影像记录中的虚拟世界与真实世界，他们在物质上是重合的。被拍摄下来的虚拟叙事中的场景与真实的场景是同一个，都是可以用眼睛实实在在地看到的。摄影作品的图像与拍摄下来的实物是同质的，只不过比实物少了一个维度（三维变成了二维），以及一些实物固有的其他属性而已。也就是说，摄影和电影的影像并不会创造一个新的实物（这点与绘画作品不同），它只是真实世界和场景的一个切片；如果摄影和电影的影像让人感受到了虚构世界的存在，也只是因为它不小心暴露了制造的痕迹。而文字就不同了。文字所讲的故事与真实世界总是异质的，并且会自然而然地倾向于虚构叙事。

我们常常会把虚构叙事定义为一种“错觉机制”（le mécanisme de la feinte illusion）。然而它其实并不是一种单纯的语言语法机制，而是一种心理机制。我们可以通过符号学来研究和理解这种心理机制。还是拿机械化临摹图像的例子来说，与其给虚构叙事下定义，我更倾向于认为，这种心理机制的存在是虚构叙事成立的一个必要条件；从反面来说，如果说“视角”与“故事”分离了，或者说如果我们看到了“故事”之外多余的东西，那么这个虚构叙事就无法成立了。

虚构叙事的成立，要求的是其所呈现世界的严格的完整性和独立性，它必须能自圆其说，与外部世界毫不相关，不需要通过被看见的方式证明自己的存在。不过，这当然是不可能的，因为它只是虚构的。一个虚构的世界，只有在它看起来不像是虚构的时候才是成立且存在的；并且，虚构世界的存在只是形式上的，不是事实上的。虚构世界其实是一个依附于自欺欺人的外部世界的存在而存在的世界。也就是说，只有在外部世界决定只看到它清白无辜的一面，或者说只看该看到的东西的时候，它才是存在的。

其实，今天我们所熟悉的文字性的虚构叙事，也就是小说，是直到19世纪才出现的。之前的古典文学中，在写到任何故事的时候，都得用特别的文学表现形式标注出这一段是虚构的（现在看来这些完全是蹩脚且无用的）——比如说，古典小说中会用书信的形式的叙事，并且会特别提到这些书信是被一个第三者发现并公之于世的，或者是通过转述的口吻叙事，并且会专门说明转述者之前是怎么听当事人说起这件事的，等等。这些表现形式都是为了把一段故事嵌入到真实的、正常的文字叙述中，好让读者充分意识到这一段是虚构的。当时的人们普遍认为，如果不这么做，那么这段故事的存在就会显得太随意，就会让读者觉得假。但事实上，我们发现，其实只要自然而然地把故事讲出来就行了，不需要在写作中刻意地说明这是一个看到或听说的故事，也就是说，一件虚构叙事的成立，并不需要在讲述它的时候特别说明它是成立的。古典文学中对故事的处理，可以说是把写作降格成了一个传声筒，或者说一个讲述者的角色了。扮演这个角色的文字似乎是高于一切的客观真实的存在，与故事本身是分离的。而从19世纪起，小说的写作不再是一个凌驾于故事之上的外部的存在了，它落到了故事的内部，渗透进了故事的本身，或者说这个讲述者几乎消失了。叙述的视角变得具有内在性，甚至具有一种神圣的、无处不在的（ubiquité）属性了。从此，视角可以在文字叙事中随意转变，到处游走，而且完全不用为这种转变辩解。这也正是当代大部分的虚构影视作品所采用的视角。

关于视角与故事的分离与否，还有这样一个不容忽视的问题：还是拿刚才的例子来说，如果我们在看电影《三个火枪手》时看到场景中监视器的电线，那么我们眼前的就不再是三个火枪手英勇故事的本身，而是一部关于这个故事的拍摄过程的电影了，这就变成了一个关于讲述三个火枪手故事的视角选取的故事。如果真要拍一部这样的电影，那么我们对这部电影会有别的要求，这些要求肯定与我们对虚构电影《三个火枪手》的要求不同。比如说，我们会要求看到更多的关于讲述这个故事时的视角选取的内容，而不是故事本身的内容，我们甚至会觉得光看到监视器电线是远远不够的，我们会想看到诸如拍摄现场的监视器、摄像机及它们的机位等等，而这些都是在正常的电影叙事中无法见到的。换句话说，视角选取如果与故事本身有了接触，那么受众（观众或读者）与作品之间的默认的关系也就产生变化了。

不过，现在我们已经习惯于观看摄影及影视作品等这种高度临摹的图像了。这种习惯的前提是我们默认这些作品表达的内容与作品本身是一体的，默认这些作品（而不仅仅是作品试图表达的内容）就是某个虚构世界的一部分。这里也可以拿语法之于语言的例子来类比：我们习惯于用虚构叙事的语法，来阅读和理解高度临摹图像所写就的语句，而一旦在阅读中碰到任何使视角或制造痕迹暴露的情况，我们会像读到了一个语法错误一样觉得别扭。

图像是一种阐述和表达

如果说，所有临摹图像不仅由被临摹的实物组成，还同时包含图像的作者的存在感（这个作者可以是一个人也可以是多个人），那么，根据图像作者在图像里面的可见度，我们可以把所有的图像以及对图像的解读方式分为两种类型。

一种是虚构叙事的图像。这种图像在叙事语法上（或者说在形式上）让人感觉不到它是通过一个外部视角捕捉到的。另外一种类型则是非虚构叙事的图像［我们通常称之为“纪实图像”（documentaire），也就是说对既存现实的影像记录］。这种图像所呈现的现实与拍摄这个现实的行为本身是具备同时性（la contemporanéité）的，因此，非虚构图像会或多或少地反映出这种同时性，而这种同时性也让一切现实以外的因素都无法渗透到非虚构图像当中。这种同时性还有另外一个名称：“见证”（le témoignage）。一套纪实图像是由一个见证人所拍摄的影像，而一个见证人肯定是与现场同时存在的。在纪实图像当中，由于见证人与被见证的事物是同时同地存在的，也就是说它们是存在于同一个符号体系内的，所以在解读非虚构图像的方式上，人们是不会有太大分歧的。而虚构图像则恰恰相反。

所以这时就会形成一种矛盾：人们既需要用非虚构图像来表达现实世界，又希望非虚构图像可以具备虚构图像的理想特征。为什么会产生这种矛盾的心理呢？首先，人们认为纪实图像所呈现的事物并不是人为建构的，现场也没有被破坏，所以纪实图像是具备真实性的。同时，在当今的社会舆论背景下，人们也会自然地认为，现场的拍摄设备会对被拍摄事物造成干扰，进而产生失真。所以人们坚信，如果要避免纪实图像的失真，就必须要保证纪实图像里没有拍摄行为的痕迹。这么说来，难道为了充分保证一套非虚构图像的纪实性，我们就得小心翼翼地抹去所有拍摄痕迹，让它显得像虚构的一样吗？

如果说人们无法忍受纪实图像的任何拍摄痕迹，那么也就是说，人们认为外部观察者的视线会使这个记录下来的真实世界变得虚假，或者说，仿佛这个世界越不被看到就越真实似的。这明显是说不通的。值得注意的是，民族学研究中有一个重要的学说，即“只有当世界被感知到的时候，世界才是存在的”（这个学说其实是源自电影艺术研究的，但电影艺术只是在实践着这个学说，并没有将它理论化）。毫无疑问，我们所处的这个世界并不是阴暗模糊的、不可见的，相反，我们能够清清楚楚地看到它，并且无时无刻不在看着它，而这并不影响它的真实性。

不过，场景的捕捉和拍摄并不能忠实地记录一个既存的社会现实，镜头的存在，往往起到的是“揭示”（有时甚至是“触发”）的作用——正如著名纪录片导演和民族学家让·鲁什（Jean Rouch）曾说起的，在纪录片拍摄的过程中，镜头执着地拍摄，以及拍摄过程对场景的控制有时会触发一种统治风险（crise de possession），而这通常在拍摄后期才会感觉得到。

外部观察者的视线的存在，即使不会改变现实的原貌，也会对现实施加一种支配力。由此说开去，我们不就是生活在这样一个社会化的世界里，我们的行为不都是时刻在被观察着、议论着、评判着吗？在这个世界里，没有什么是无可争议的事实。所谓社会，其本质就在于此。民族学家也好，摄像师也好，他们都不会改变我们这个世界的这种本质，他们所做的，只是把社会的这种内在的自省行为放到聚光灯下，制作成图像作品供人观看而已。观众并不需要他们把自己藏起来，只需要他们有足够的洞察力，并且掌握好分寸就可以了。

再者，就算拍摄者成为他所拍摄和记录的世界的一部分（比如这里我们可以想象，一个关于电影拍摄的纪录片的拍摄过程中，吊着威亚的电影演员从空中落地，同时他用手中的便携摄像机拍摄了他眼前的画面），那又怎么能说他所拍摄和记录的世界就是虚构的了呢？难道就因为摄像机让被拍摄的这个世界的原貌产生改变了吗？

当然，拍摄行为会改变现实的原貌，就如同任何新的存在都会改变事物的原貌一样，这就好比当年果戈理的《钦差大臣》的上演改变了当时世界的原貌，但却不会改变现实的整体运行秩序，也不需要建立任何新的符号体系一样。图像捕捉和拍摄的视线也是这个世界（无论是民族学意义上的还是电影学意义上的）的一部分，它的存在不会必然地导致图像不自然地虚构化，它通常只会增加图像的社会属性。拍摄视线对现实原貌的改变也并不会必然地导致错觉，所以不必像对虚构图像那样一定要去除掉所有的拍摄痕迹。也就是说，拍摄视线的存在并不会改变故事叙述的语法。总之，只要拍摄视线是其所拍摄和呈现的世界的一部分，或者说，只要其所拍摄的这个世界本身就是现实世界，那么拍摄视线的存在是不会改变其所拍摄世界的原貌的。从另一个角度来说，通常只有在被拍摄世界与拍摄视线处于两个不同的符号体系的时候，人们才会感到这个世界是虚构的。

这里我们可以再讨论一下之前提到的关于图像叙事的两种不同语法体系的区别。一套虚构叙事的图像是什么样子的呢？电影《三个火枪手》

就是一套虚构叙事图像。一套非虚构叙事的图像是什么样子的呢？一部记录电影《三个火枪手》拍摄过程的纪录片就是一套非虚构叙事图像。前者中，米莱迪吞下一块一个一身灰色衣衫的火枪手递给她的鸡肉；后者中，在镜头前，米莱迪吞下一块一个一身灰色衣衫的火枪手递给她的鸡肉（摄像机镜头和米莱迪吃鸡肉同时出现在画面里）。我们区别这两幅图像的性质的标准是一致的：前者中，电影拍摄行为与其试图呈现的世界是不具备同时性的，因为路易十三时期根本就没有电影，被拍摄和呈现的这个世界里就不应该有电影拍摄行为，所以说米莱迪吃鸡肉的图像是虚构的。而在后者中，电影拍摄行为与其试图呈现的世界是同时代的，所以说米莱迪在镜头前吃鸡肉的图像是纪实性质的。当然，我们完全可以想象，在关于电影《三个火枪手》的纪录片里，我们是后来重新模拟了当时的拍摄过程（而不是真的在拍摄现场拍的纪录片），也就是说纪录片的图像其实是虚构了电影的拍摄现场。但是，即使是在这种情况下，上文所述的虚构叙事图像与非虚构叙事图像在符号体系上的区别还是不变的。

其实，拍摄中存在时代错位（anachronisme）与否并不是判断图像是虚构叙事还是非虚构叙事的唯一标准；它只是一个最容易判断的标准。比如说，我们现在想象一个丽莲·吉许（Lillan Gish）和埃里克·冯·施特罗海姆（Erich von stroheim）接吻的画面：第一种情况，拍摄行为对两个演员毫无干扰，也就是与他们所在的那个世界没有交集，那么这个画面就很有可能是属于一套虚构叙事图像之中的；第二种情况，拍摄行为对他们所在的那个世界产生了影响，或者说演员对镜头做出了某种反应（例如表现出上镜的紧张感，或是看了镜头等等），那么这个画面就很有可能是属于一套非虚构叙事图像之中的，或者说可能是纪实的。在虚构叙事图像里，不管是观众还是演员，都不应该感受到镜头的存在；而在非虚构叙事图像里，镜头的存在是能被感知到的，甚至常常是应该被感知到的。

这也就是说，纪实图像应当不仅仅是单纯地记录看到了什么，还应当记录下图像作者或者是场景见证人的位置，观察视线的所在，以及拍摄行为本身。这些都与历史研究中史料采集过程的要求不谋而合，历史学家们一定对此深以为然。历史学调研中，任何一份文献回顾（état des lieux）都必须包含对观察视角的描述，任何历史资料都必须能追溯到见证人。也就是说，所有的史料都不是无可争辩的事实，而是通过某个视角而得出的观点，因为所有场景记录和采集的视角都是这些记录的一个组成部分。

这里我们可以用摄影家罗伯特·杜瓦诺（Robert Doisneau）那幅著名的摄影作品《市政厅前之吻》（*Le baiser de l'Hôtel-de-Ville*）的例子。一位男士和一位女士在巴黎一家露天咖啡馆外的街上边走边接吻，这个画面是由坐在露天咖啡馆桌边喝咖啡的摄影师拍摄下来的。这幅摄影作品的特点在于它的瞬时性和鲜活性，而这一点特别体现在了由于运动造成的画面轻微的模糊感里。捕捉画面的工具和方式，与捕捉画面时的视线都蕴含在这幅摄影作品里了。所以从符号学角度来说，这幅摄影作品是纪实性质的。这幅作品成功的关键就在于它的真实性。然而，半个世纪以后，我们得知画面中的这对情侣其实都是演员，是摄影师花钱雇他们在镜头前来回走了好几遍才拍成了这张照片。原先我们看到这张照片时的感动很大程度上是因为它看上去是纪实的，而在得知这件事以后，我们就不会再有这种感动了，因为我们知道，这不过是一幅精心掩盖掉摆拍痕迹的摄影作品。图像真实与否是不是就在这一线之间呢？这幅摄影作品是不是仅仅因为是摆拍的这一点，就成为一个虚构的叙事图像了呢？它真的是虚构的吗？

判断这张照片的真实性，这并不是一个关于叙事语法的问题，也就不能从之前的符号学角度来判断。这里，判断的关键在于看清楚故事与叙事语法之间关系的本质。可以肯定的是，这张照片的画面本身并未含有什么自相矛盾的东西，人们在解读这个图像的时候并没有什么困难或争议。总的来说，我们可以认为这张照片是一个纪实性质的作品。

作为对比，我们可以再看另外一个例子。同样是一个经典案例，这幅摄影作品却有着与前一个例子完全相反的性质。这是一张由一个被驱逐的难民在奥斯威辛集中营拍摄的照片，画面是在露天的院子里，由烧焦的尸体堆成的一个尸体堆。不过从画面中可以看出，照片是从一间小屋的室内往外拍摄的，因为我们可以看到屋子的门框。画面的这种布局，显然会使观赏者觉得这是一张匆匆抓拍的照片。照片表现出了场景捕捉的视角的所在，而照片的作者也就是通过这种方式参与到了这个图像试图讲述的故事之中。这也就是说，这张照片完全符合纪实摄影的定义。然而，这幅作品正式发布的时候却被剪裁掉了门框的部分。照片发布者也许以为，去掉拍摄视角会让画面所表现的事物更具真实感，或者以为纪实摄影也应当遵守虚构叙事图像的成立法则。不管怎么说，无论从道德意义还是符号学意义来讲，这都是一个巨大的失误。然而可悲的是，类似的事件屡见不鲜。

相比之下，杜瓦诺“导演”的那幅纪实摄影作品的性质是不同的。杜扎诺对照片图像的干涉，并不是想通过画面的剪裁来抹去拍摄下来的图像中的一些元素，以误导观赏者，使人错误地理解纪实图像传达的信息，进而误解现实。他所做的是将拍摄下来的图像中的所有元素都呈现在照片里，但是他给观赏者指定了一种图像信息的解读方式。

这两个案例中，图像的叙事语法都是关键所在：为了充分地展示和强调图像中的故事，或者说为了突出主题，照片发布者决定重新剪裁这张奥斯威辛的照片，而这就是选择了采用虚构叙事的符号体系，即使这张照片的性质本该是纪实性的。这种意图倒不难理解，毕竟选择纪实性叙事的符号体系来呈现事物的原貌，往往会使画面太复杂，有时会让人理解起来费脑筋，倒不如单重的图像表达来得直接和明确。而杜瓦诺拍摄的接吻照则选择了纪实性叙事的符号体系，尽管他所拍摄的事件本身是虚构的。这种摆拍的目的不外乎是遵守了一个纪实性叙事的符号协议，是为了给这个通过纪实性叙事讲出来的故事赋予一个图像。人们不会因为能够透过这个图像感知到拍摄视角的存在，而产生任何超出这个纪实性叙事之外的图像解读方式。总之，无论它是纪实拍摄还是模仿纪实拍摄的产物，这个纪实叙事图像在语法和符号体系方面都没有矛盾的地方。的确，它制造的是一种真实的效果，就如同任何一个好的虚构叙事制造的效果一样——它展示的是一个不真实的画面，但它的作者并没有故意改变（或直接消除，如奥斯威辛照片的剪裁）其在图像中的可见程度，以诱导读者去相信某个他想强调的事实。

就故事与视角的关系而言，我们发现图像叙事有多种不同的语法体系。奥斯威辛照片的原始照片的叙事特点，就是视角与现场的同时性。其拍摄行为所遵循的，是纪实叙事的语法体系，而这其实并不是一个基于艺术表现力的选择，而是被现实所迫的。剪裁后的奥斯威辛照片的叙事特点是单重性的，拍摄者的视角被故意消除掉，以使被拍摄的客体——或者说让拍摄者试图拍下的事实本身——来独自承担讲故事的目的。这时，虚构叙事语法的运用就改变和扭曲了纪实图像的性质。而街头接吻的照片，其叙事特点是用虚构叙事的手法来展现一个事实，纪实叙事的语法体系在这里占据统治地位，是支配和利用了虚构叙事图像的拍摄方式。

判断一套图像是不是纪实性质的，不能只看它的内容是不是完全取自现实的。同样，判断一套图像是不是虚构性质的，也不能只看它的内容是不是为了讲一个故事而人为构建的。图像的性质不是绝对的，判断时必须从叙事的语法体系角度来看。事实上，并不是只有完全取自现实的图像叙事才能够充分展现出即时性；纪实图像常常也会有虚构叙事的元素，而这些虚构叙事元素的运用并非出于虚构的目的。

一套图像是纪实性质的还是虚构性质的，还是应该通过图像叙事的语法体系来判断的。现实中，我们还会看到这样的影片：在拍摄虚构故事的时候，摄制组常常采用类似纪实拍摄的手法，比如刻意用简易摄像机拍出画质粗糙、图像晃动的画面，突出拍摄者的视角等等［在莫里斯·皮亚拉（Maurice Pialat）和约翰·卡萨维兹（John Cassavettes）的作品都常常可以见到这样的画面］，这类影片就不是纪实性质的，也可以说是一种伪纪录片。采用纪实拍摄的手法来刻意增加虚构叙事的真实性，这样的做法注定是失败的，因为纪实手法呈现出的随意性和不可控性，与虚构叙事所必需的故事严谨性和可控性是相违背的。即使像在罗宾·安德森（Robin Anderson）和鲍勃·康诺利（Bob Connolly）联合拍摄的《黑色的收获》（*Black Harvest*，1992）中那样，在纪实手法所拍摄的一系列场景与导演试图讲的故事基本一致的情况下，观众也会觉得非常奇怪：为什么只要一有什么事情发生，摄像机就总会恰好在那里拍摄这件事呢？观众非但没有感觉到看到一个“完美”纪实作品的喜悦，反而内心充斥着这种不信任感。究其原因，其实是因为虽然这种虚构的伪纪录片追求的是真实感，然而真正获得真实感的方式永远是与叙事的不完整性如影随形的。虚构图像与纪实图像并不是一对相反的概念；而所谓真实感——这个被虚构图像所崇尚的至高追求，其实与纪实图像所追求的身临其境感非常类似。

当然，在很多虚构叙事作品中（这其中文学作品多于影视作品），有时候作者的外部视角会被明确指出，为的是暂时地，或者是为某一段情节特别强调一下故事的虚构性。比如，皮埃尔·高乃依（Pierre Corneille）的话剧《喜剧错觉》（*l'Illusion comique*）和安德烈·纪德（André Gide）的小说《帕吕德》（*Paludes*）中的多层故事嵌套，劳伦斯·斯特恩（Laurence Sterne）的《项狄传》（*Tristram Shandy*，在文学界被广泛誉为意识流小说的开山之作）中具有讽刺意味的浮躁感以及混乱的叙事，让·波特基（Jean Potocki）的奇幻小说《萨拉戈萨的手稿》（*Manuscrit trouvé à Saragosse*）中无穷无尽的故事嵌套，维尔托德·贡布罗维奇（Witold Gombrowicz）的小说《黑色宇宙》（*Cosmos*）中故意设计的后文对前文内容的否定和修正，米歇尔·布托尔（Michel Butor）的《变》（*La Modification*）当中以小说中虚构人物的口吻直接跟读者交代情节的叙事方式，以及与让—吕克·戈达尔（Jean-Luc Godard）的电影《狂人皮埃罗》（*Pierrot le fou*）中让演员直接对着镜头说话的拍摄方式，等等。这些作品并没有挑战虚构叙事语法的合理性，它们只是让我们注意到一个事实，即并不是所有的故事都是虚构叙事，而这两者间（纪实或虚构）的界线常常是很模糊的，人们日常面对的文学和影视作品，很多都无法凭借其运用的叙事语法（纪实或虚构）来定性，因为他们常常会混合使用这两种语法。

在约翰·卡萨维兹的独立电影《大丈夫》（*Husbands*，1970）的最后，一个麦克风穿帮出现在了画面里，然而这个画面却保留在了电影的最终剪辑版里。让·鲁什（Jean Rauch）的类纪录片《我，一个黑人》（*Moi, un Noir*，1958）的最后一段图像有些模糊，因为装这一段的胶片的盒子被人不小心打开，让胶片曝光了，但这一段最终也被保留在了电影里。这两个事例，其实都是影片拍摄过程中遭遇的物质层面的事故暴露了其虚构和人为制造的本质，这些物质层面的细节本该小心处理，以避免损害影片苦心经营的半错觉。然而，影片制作人员最终保留这些图像的决定，却陡然改变了之前的符号协议——这个行为使观众看到了影片制作者公开展示的其之于整个影像话语表达的统治地位。可是这样一来，是不是会让整部影片显得不完美，从而削弱了影片中的虚构叙事呢？这倒正中影片制作人员的下怀了——这使得观众可以像阅读文字一样观看这些影片了，毕竟对文字的解读比起图像叙事而言具有更大的自由度。

虽说虚构叙事与纪实叙事的符号体系是不同的，但显而易见的是，人们对镜头的位置——或者从广义上讲，对叙事视角——的宽容度是很高的。

一般来说，纪录片的拍摄，无论是物质层面还是社会层面，都是必须严格符合现实的。所有被认为是合法的视角，都必须遵守社会现行的"自谦准则"。不过，在实际操作中，纪录片制作者并不一定奉行该规则，有时甚至会刻意违背该规则，因为比起纪实图像，还是虚构叙事图像更能（确切地说，是"只有虚构叙事图像才能"）展现绝对的真实，这是因为虚构图像并不受制于"拍摄者之于拍摄对象必须刻意变得渺小"的自谦准则——所有的拍摄视角以及所有的拍摄角度的转变，在拍摄虚构图像的时候都是被允许的。与纪实图像不同，虚构叙事图像的内在特征是，镜头拍摄下来的画面及其转变，都不会给拍摄视角赋予任何符号学意义上的存在感，也不会表现出镜头的存在感。这里说的只是叙事语法，不牵涉看法问题。

在小津安二郎的电影里，当影片中的两个人物面对面交谈的时候，我们看到的是他们轮流出现在镜头前，对着镜头说话的画面（即运用反打镜头）。他们出现在画面里时的面部特写大小相同，画面瞬间转换时，这两个人的脸是能完全重叠覆盖的。观众必须得跟得上两人台词和画面的瞬间转换才能跟得上电影情节的进展。这是一种虚构叙事影像常用的拍摄手法。而如果把这种拍摄方式用在纪录片拍摄中，就会产生许多问题，因为观众会首先质疑镜头怎么可能实现这么迅速的转换，中间一点时间间隔都没有。毕竟，纪实拍摄的镜头是与世界具有同时性的，它应当受制于这个世界普遍存在的物理限制，也就不应该像在虚构图像的拍摄中那样无时无处不在。任何违背这种限制关系的叙事语法都会对整个影片符号体系的合法性提出挑战，使观众产生一种对故事的怀疑，一种别扭的感觉。而这种拍摄方式被用在虚构叙事影片的拍摄中时则完全没问题，因为在虚构图像的拍摄过程中，任何对时间和空间的删减都是完全合法的，叙事视角是不受这种删减影响的。

与虚构叙事影片完全相反，纪实影片试图让观众体验的，是一种拍摄镜头完全存在于真实世界的感觉，纪实影片的图像也就必须受制于这个世界的时间和空间的限制。纪实图像的拍摄视角绝对不能够享受任何域外特权（privilège d'extra-territorialité），而这种特权其实正是虚构叙事影片的拍摄所必需的。从符号学意义上讲，纪实图像的拍摄视角必须像一个见证人一样，实实在在地存在于被拍摄的场景中，实实在在在受制于场景的时空限制，所以也就不能在同一时间点从不同的视角拍摄，这也就是为什么我们说，当今电视节目中流行的多机位拍摄其实是一种对纪实图像拍摄传统的放弃——使用多机位拍摄，也就是改变了摄像机作为场景见证人的存在感，将摄像机变成了机械的记录和监控工具。

在纪实图像的时空里，如果将两个角度相对的镜头所拍摄的画面剪辑拼接在一起（即运用反打镜头），那么他们所表现的就不是叙事视角位置的瞬间改变（或者说是一种“瞬时性”），而是一种出于简练叙事考虑的省略（ellipse）。其实纪实影片是允许时间上的省略的，但它绝不能允许瞬时性（immédiateté）。瞬时性只能出现在虚构叙事中，因为只有虚构叙事的视角才是一种外部的、凌驾于故事之上的存在，只有这种视角才能够摆脱被拍摄世界的时间黏性。

不过，这个准则的适用范围还要视影片本身的时空范围而定，毕竟影片所表现的时空并不是一个无可争议和客观存在的时空。每部纪实影片都有各自的叙事语法，它们其实都能够允许各自时空范围内的“快进”（如上文中时间的省略）或“慢动作”。也就是说，这个准则的适用范围要依据每部影片的具体情况而调整。前文说到，反打镜头运用在纪录片里是很不合时宜的。但是仍有许多蹩脚的纪实影片采用了这种拍摄手法，因为拍摄者天真地以为效法虚构叙事图像的语法能够使纪实影片的叙事表达更加充实。不过，用这种手法拍摄纪实影像也并不是绝对不可取的，只是拍摄者必须依照影片自身的时空范围来定制这种拍摄角度的瞬间转换。

例如，在导演王兵的纪录片《无名者》（*l'Homme sans nom*，2008）中，观众不用通过任何对白或旁白，只是通过影像中主人公连续的动作和步伐，就能够清楚地了解到这个生活在中国某个荒凉角落的洞穴里的主人公悲惨的生活。影片之所以能够连续地拍摄下主人公的动作和步伐，是因为拍摄者王兵一直在与主人公同步行动。为了追求这种同步性，拍摄者并不苛求自己不发出任何声响，也没有在后期剪辑中刻意抹去自己的痕迹。影片中拍摄角度的转变，是通过王兵在现场的走动，也就是先拍这一边，再走过去拍另一边来实现的。影片的后期制作的时候也保留了这些痕迹，以向观众明确地展示拍摄者视角转变的途径。正是两个不同拍摄位置转换的这段时间，将拍摄者的存在感加入到了影片里。而这种时间间隔在小津安二郎的电影里，以及在任何虚构叙事的影片中都是找不到的。这个对比告诉我们，这种拍摄者角度转换时间的省去，只有在后者这种情况，也就是在影片等同于故事本身的时候才是合理的。试想，其实王兵的纪录片可以在后期制作的时候抹去所有这类时间间隔，然而如果这么做的话，影片就失去了拍摄视角与被拍摄世界的同时性。这里值得一提的是另一个例子：在克莱尔·西蒙（Chaire Simon）的纪录片《不惜代价》（*Coûte que coûte*，1994）里，拍摄视角转换的时间间隔很短，画面连续性也不是很强，以至于从一个人的画面到另一个人的画面的转换都是通过一个干脆的剪切来实现的。这种剪切是一种出于简练叙事考虑的省略，而不是镜头瞬时性的表现。

说纪实图像可以省略时间却不能表现出瞬时性，是因为这种省略并不会被人们解读成一段时间的记录缺失。在记录事实时运用的时间压缩和省略，对于人类常识来说都是可以接受和理解的，因为人们普遍认为，这种省略并不是对时间的延续性的否认。而相比较而言，瞬时性所表达的就是一种时间段的缺失，这种表达只有通过一种绝对独立的叙述者视角，或者说通过“上帝视角”拍摄才能实现。

虚构叙事影片的最大特点，就是这种上帝视角的运用。这种视角与画面中的场景没有符号学意义上的同时性，它能够超越时空的限制，存在于时空的外部，而且对这个时空而言，它的面目永远是不可见的。与纪实影像的叙事语法正相反，虚构影像致力于隐藏影片的拍摄者视角的存在感（例如小心藏好《三个火枪手》场景里的监视器线），即致力于把故事本身与“讲故事”这件事隔离开来，“讲故事”这件事不受故事里的任何时空限制的影响。也就是说，运用上帝视角，就是要达到一种“表达者不属于其所表达内容的一部分”这样的目的。还是用电影《三个火枪手》的例子：电影中，米莱迪肯定不会忽然去看镜头，问摄制人员她下一步该干什么；如果真是这样，那就成了记录电影《三个火枪手》拍摄过程的纪录片了。

当然，有的电影里也会出现电影的视角与电影中某个人物的视角混淆的情况，例如在德尔默·戴夫斯（Delmer Daves）的电影《逃狱雪冤》（*Dark Passage*）的头几分钟就是这样的。再比如，威廉·福克纳（William Faulkner）在其小说《我弥留之际》（*As I Lay Dying*）中，轮番运用了小说故事里好几个人物的视角。但是这种通过虚构人物的视角和口吻所表达的一切，还是属于虚构范畴的，因为从定义上来讲，一部小说或电影的主观视角，应当既不是小说家自我投射在小说中某个人物的视角，也不是小说家的现实视角——这也正是我们判断一个图像或文字叙事是否采用了上帝视角的标准。如果说一部虚构影片让观众相信影片中的某个人物就是这部影片的作者，那也就是说，这部虚构影片运用的是直接话语表达法，这就跟前文中说到的19世纪前那些通过书信形式写的小说是一个道理。

相对的，纪实叙事影片的最大特点，就是影片的叙事和拍摄视角通过某种方式参与到了影片中，成为其中的一个人物。这个人物是影片作者的化身，他可能并不会真的出现在影片中，但是他起码会见证这个拍摄视角的存在，以及这个视角在影片中留下的索引性痕迹（le sillage indexical）。需要指出的是，读一个上帝视角的作者通过书信形式讲的故事，与真的在抽屉里发现一封信，这二者之间存在着一个符号学意义上的本质区别——前者是一个虚构叙事，因为“讲故事”这件事与“故事”本身是分开的；而后者是一份真实的记录，“讲故事”与“故事”是一体的。

虚构叙事的上帝视角所创造的，是一个在现实的上下文中没有确切位置的故事，这个故事也并不是某个与现实场景具有同时性的见证人所作的见证，也就是说，透过上帝视角所创造的故事的索引性是很弱的。然而奇怪的是，如今，人们在评价纪实作品（尤其是纪实新闻报道）这种索引性很强的图像叙事的时候，依据的还是评价虚构叙事图像的标准，也就是说，人们往往觉得只有完全消除掉拍摄者痕迹的纪实图像和文字，才是对现实的真正还原。这其实完全是一种错觉。

不过，虽说如今纪实影像的观众倾向于关注故事本身，也就是倾向于用评价虚构叙事好坏的标准来评价纪实影像，但其实观众总能透过影片表现出的一系列线索，判断出该影片的作者与影片场景到底是不是具有同时性的。这是因为纪实图像是天然具有索引性的，无论图像或故事本身的内容是什么，这种索引性总会通过某种方式表现出来——一套纪实图像会不经意地表现出拍摄时的时间、周边环境以及镜头视角位置等线索，因为毕竟它就是在这种情形下被拍摄下来的，它总会通过这类线索，暴露拍摄视角及拍摄者之于场景的存在感。这些线索就是所谓的“索引性线索”。

什么叫作“索引性”，什么又是一套图像的索引性呢？其实，随便一个语句的内容都包含了非常多的索引性信息。任何一个名字，一个指示代词，一个时间或地点状语，甚至一个发音（以及语言实际中有含义却又不能算词汇的一切），它们都不具有完全固定的语义，它们所传达的信息内容具体是什么，更多地取决于说话者。比如说“昨天”这个词，它在语义上并没有绝对的指示，它的意思完全取决于说话者正在说话的这个时间点，因为它所指代的就是这个时间点的前一天。再比如“我”这个词，它并不是一个名字，它所指代的只是正在说话的这个人（如果“说话者”是一个人的话）。当发出“我”这个音的这一刻，等同于同时说了“我在这里”和“我说的就是我”（“我”这个词的本体论意义）。

同理，所有的纪实图像其实都无时无刻不在发出“我”这个音，因为它无时无刻不在表达着这样一个意思：拍摄视角与被拍摄的东西具有同时性，拍摄者就在这里见证着他所看到的一切。而这正是我在本文所说的“看”（le regard）。在我所有的纪录片［《他们和我》（*Eux et moi*，2001），《花园的天空》（*Le ciel dans un jardin*，2003），《沉默的夏天》

(*Un été silencieux*, 2005),《外面的世界》(*Le monde extérieur*, 2007),《黑夜吞噬世界》(*Nuages apportant la nuit*, 2007),《空房子》(*La maison vide*, 2008),《升天》(*La montée au ciel*, 2009)] 当中，我就是想让所有的图像都不停地说着“我”。

以上是我的自白。写到这里，我的角色突然起了变化，现在我又多了一个身份：电影工作者。可以说，在这篇文章里，我仿佛变得既是法官又是当事人了。我自愿做出了上面的自白，却并不觉得这有什么好悔改的。“让所有的图像都不停地说着‘我’”，这的确是我作为一个电影工作者一直在试图做的事，但我也并不是总能做到这一点；其实，我的影片中还是有许多图像只是单纯地记录了一些事实。这些单纯的图像记录只是为了让分析这部纪实作品的人去寻找一些他们所需要的细节，所以说这些图像的性质就无关紧要了，重要的只是它们记录现实的细腻程度，也就是说，这些图像就不是通过某个角度观察和讲述的故事了（而角度选取和故事讲述方式才是本文关注的主题）。

从符号学的角度出发，我认为，判断一套图像是不是纪实图像，不应当根据图像内容的性质（例如，人们通常认为抓拍下来的完全自发性的画面是真实的，因而也就是纪实的，而通过导演和摆拍的场景拍摄下来的画面就不是真实的，因而也就不是纪实的），而应当根据画面里是否有反应纪实视角的索引性线索。索引性线索所揭示的，是拍摄者之于其所见证场景的同时性。从反面来说，判断一套图像是不是虚构图像的时候，也不应当认为所有构建的图像，或者所有根据某个故事的剧本拍摄的图像都是虚构图像，因为毕竟很多纪实图像也都是这么拍摄的。所以说还是应当通过图像内在的线索来判断：不管是拍摄视角与场景的分离，还是文字写作与故事本身的分离，它们共同的特点都是索引性的缺失，或者说是让受众看不到任何索引性，而这就是虚构叙事；相反的，对一套纪实图像而言，作者总会在作品当中表现出自己的位置和视角，因为叙事表达的索引性正是纪实图像的最本质特征。纪实图像最吸引人的地方，就在于它让观众感受到了其拍摄视角的存在感。换句话说，通过纪实图像，人们看到的不仅仅是这个世界，而是被某双眼睛看到的这个世界。这并不是一个客观的世界，而是别人呈现出来的一个世界。

这里有一个需要注意的细节：上面我说的只是纪实图像的索引性特征，也就是画面中作者的拍摄视角痕迹。实际上，还有许多别的类型的索引性特征，有的索引性特征并不是由于拍摄者视角的存在而产生的。比如说，当影片中的人物跟一个没有出现在画面里的人（或者说“场外人”，hors champ）说话的时候，画面中人物的视线是投向外部的，这种视线的投射方向就是一种索引性证明，证明的就是其说话对象的存在。对于纪实影像而言，所谓“场外人”，指的就是拍摄工具和摄制组成员了。他们并不出现在画面里，但是拍摄对象总能看到他们的存在。

我们可以试着将自动临摹图像叙事语法的差别理论，运用到对文字作品性质的辨别中。一篇虚构叙事的文字，就是文字写作与故事本身（即拍摄视角与场景）分离的作品。然而到底存不存在所谓“纪实文字”这个概念呢？我们能不能像判断一套图像是否是纪实性质时那样，也看看一篇文字中的“我”的视角是不是与被观察事物有同时性呢？说到这一点，我们必须看到，文学性的文字是不可能带有如纪实图像那样的作者痕迹的，因为任何文字都不可能是完全临摹性质的，它与它所描述的事情永远都是异质的。也就是说，文字的作者永远都不可能索引性地存在于其文字作品中。简单来说，所有的文字作品都不可避免地具有虚构性质。

在马塞尔·普鲁斯特史的小说中，前述的有关纪实叙事的一切都完全是另一回事了：“我”的运用，是为了从某种意义上混淆写作这件事和故事本身，为的是给作者在其文字作品中提供一种存在感。作为讲述者，“我”是所有事物、感觉、想法，以及记忆的见证人，同时也是写作者本身。也就是说，作者的索引性（即作者之于现实的嵌入感）本身成为虚构叙事写作的要素。这正是所有意识流文学的共性。如果说普鲁斯特小说中的故事讲述者就是小说作者本身，就像纪实图像的拍摄者就是图像作者一样，那么二者的区别就在于，纪实图像的作者真真切切地就处在被拍摄的场景里，尽管他没有出现在画面中。可以说，纪实图像其实是给观众提供了一个想象中的影片人物，这个人物就是影片的拍摄者，而他的角色设定就好比是普鲁斯特小说中的故事讲述者，只不过在纪实影片的拍摄中，这个讲述者是真实存在的，而且他的存在在画面中总会留下线索。

这里说一个民族学纪录片拍摄中关于索引性的简单例子。那时候我正在尼泊尔的丘陵地带拍摄《升天》(*La montée au ciel*, 2009)。我一动不动地蹲在某处，静静地看着一位背对着我的牧民赶他的牛群。这时，我跟他说，我在后面用摄像机拍他，让他继续赶着牛群往前走，不用在意我的存在。他走了十几米便停下了，回头看着我，并用手势比画着问我，下面我想让他做什么。这样一来，我拍下的画面中出现的不仅是一个在犹豫要不要继续往前走的牧民，而且把拍摄视角也拍进去了（尽管画面里我并没有出现），同样被记录下来的还有画面中的人物与拍摄视角的关系。这位牧民的礼貌被完全体现了出来：他担心背对着一个正在看着他的人是不是不合适。这种犹豫体现出了婆罗门文化对他这个个体的影响，也体现出他与拍摄视角之间的一种互动。这个出于社会关系考虑而做出来的简单的动作，就是一个对拍摄者存在感的见证，这时我们就可以说图像的索引性产生了。在这个画面中，摄像机镜头与场景具有同时性，镜头从属于场景所在的这个符号体系，也就是说，这是一个标准的纪实图像。这种场景是不可能出现在虚构叙事的语法体系里的，因为虚构叙事语法的定义，就是在被拍摄实物和拍摄者之间是没有任何社会关系的。

从这个例子可以看出，使得图像具有纪实性质的线索，并不一定是把某个拍摄工具或拍摄者拍进画面里，它也可以是画面与拍摄者的一种关系，这种关系也是一种在画面中体现图像作者存在感的痕迹。

再举一个摄影方面的例子：戴安·阿勃丝（Diane Arbus）的《手持手雷的小男孩》(*L'enfant tenant une grenade à la main*, 1962)。照片是从一个成人高度的视角拍摄的，画面中的男孩一脸恼怒，手里紧紧攥着他的玩具。这幅作品最出色的地方就在于，图像的故事性是通过图像作者的存在感而制造的。男孩恼怒的表情（也有些评论家说这是疯狂的表情），其实是镜头执着拍摄的结果：男孩的这个表情，分明是指向那个激怒了他的人的。的确，在这个场景的现场中，一个拿着大相机的成年人之于一个拿着塑料手榴弹的小孩，前者要有威胁性得多。更残酷的是，人们看到这幅作品的时候，只看到了这个恼怒得脸都扭曲了的小男孩，却不会怪罪那个惹恼他的摄影师，因为她根本没出现在画面里。

因此我们说，纪实图像是有两面性的，一面是人们看到的，另一面是人们看不到的。纪实图像会通过一系列的线索唤起观众，让观看它的人们去体会拍摄者与被拍摄的事物之间的关系，或者说“看”与“被看”的关系。换句话说，纪实图像是由存在的与不存在的，可见的与不可见的，被看见的与正在看的构成的。由此推之，所有如摄影和影视作品等的高度临摹图像，都是分成两个层面的，一个层面是被看的场景，另一个层面是看的痕迹。“看”的索引性痕迹是可见（或可闻）的，但“看”本身却并不是。在这一点上，任何图像的语法体系都是一致的，都必须考虑“看”的不可见性，也正是因为这一点，我们才能讨论图像中作者的存在感，才能讨论图像的故事性。

因此，我们可以说纪实图像的特点，就是它的画面中可以允许这样一些痕迹的存在——这些痕迹体现的，是被拍摄场景与拍摄者之间建立的一种真实和即时的关系。这种关系是一种社会关系，而这种关系正是所有着力于实地考察的民族学家们所熟知的：他们在实地考察时观察当地人，与此同时，当地人也在观察着他们；双方之于彼此都是具有同时性的。双方彼此间的眼神交流和互动，是民族志（当然，推而广之也是社会生活）的基础。这正是我的那些影片——尤其是《他们和我》（*Eux et moi*，2001）——试图展现的。在《他们和我》中，我就是通过明确示意我作为民族学家和影片拍摄者在画面中的位置，展现了这种关系。具体是采取了什么样的手段呢？在实地，我拍下了当我拿着摄像机出现的时候人们把头转向摄像机看着我的眼神，有时，我会一边跟当地人对话一边拍摄他们［当然，我本人是不会出现在镜头里的，我这么做只是为了在画面中示意拍摄者的位置。简单来说，这样只是为了标记主格的“我”（le“je”），而不是为了强调“我”（le“moi”）］。其原理是，眼睛不会看到自己正在看的，但眼睛会看到正在看着自己的别的眼睛。正是通过这些我拍摄下来的、正在看着我和我的摄像机的人们的目光，我的拍摄过程就见证了我和摄像机的存在，就如同文字写作的时代性是通过文字呈现的故事体现出来的一样。

而这正是为什么在虚构叙事的电影中，画面里的任何人都不能看镜头的原因了。这跟为什么要隐藏好场景里的监视器电线其实是一个道理。如果影片里的一位演员不小心看了镜头，那么这就相当于他把镜头的存在加入到了影片的故事里，相当于他把镜头转化成了影片的一部分，给拍摄者强加上了一层符号学意义上的现实，引发了拍摄者与电影场景的面对面接触，类比于写作，这也就相当于小说中的一个人物见证了小说作者存在于这部小说的世界里。简而言之，他就相当于把这个虚构叙事完全毁掉了。

有一些电影，比如戈达尔的作品，会将不同的叙事语法穿插使用，在虚构叙事中简短地插入拍摄者视角，打断影片中的场景。这种手法并不是对以上讲到的不同符号体系理论的反驳，只是说明，一部完整的作品是可以允许在叙事语法上出现偶尔和短暂的不一致的。当然，这必须要适度。毕竟在大多数情况下，演员不小心看镜头的行为只会笨拙地出卖摄像机的位置。而在英格玛·伯格曼（Ingmar Bergman）、安德烈·塔尔科夫斯基（Andreï Tarkovski）和费德里柯·费里尼（Federico Fellini）等导演的作品中，可以看到他们几乎是任意运用着这一拍摄手法，不过，这么做的目的却绝对不是破坏虚构叙事，而是为了实现时空或视角的迅速转换。在戈达尔（Jean-Luc Godard）的《断了气》（*À bout de souffle*，1959）里，那个正在开车的人物转向镜头说："如果你不喜欢大海，如果你不喜欢高山，如果你不喜欢城市，那么你就滚！"（"Si vous n'aimez pas la mer, si vous n'aimez pas la montagne, si vous n'aimez pas la ville, allez vous faire foutre!"）这一刻，观众会很自然地想到，肯定是这个人物在自言自语。这样一来，整个电影的虚构叙事就没有被破坏，这种拍摄方式就是一种镜像手法（un procédé spéculaire）的运用，就像在小说中的内心独白一样。当然，这个例子中同样还要考虑到戈达尔本身讽刺戏谑的导演风格。

不过可以肯定的是，在《狂人皮埃罗》（1965）里，当那个开敞篷车的人跟观众互动的时候［"你们看看，她只知道笑。"——"你跟谁说呢？"——"跟观众啊。"（"Vous voyez, elle pense qu'à rigoler." — "À qui tu parles?"—"Au spectateur"）］，这个电影画面就不完全是虚构性质的了。

这就像是影片自己在对自己指指点点，外部世界的存在感陡然伸进影片里，又在观众的笑声中一闪而过。

还是与小说类比。如果说在这个例子中，是写作行为本身一脚踏进了故事里，那么其实故事并没有被碾压到，即使它的性质起了一些变化。这里就需要细致地区分故事与虚构叙事了。纪实影片的剪辑制作所依据的，是所记录事件的时间线，所以说纪实影片也是依据一个故事（或者说一个剧本）拍摄的，这跟虚构影片没什么不同。二者之间不同的是，只有纪实影片里，拍摄者之于影片故事的存在才是一个讲述者的角色；也只有纪实影片里，拍摄者的目光之于图像才是一个真实的存在。

之前讲到，古典小说里，作者是以直接与读者讲话的口吻叙述的。我们可以拿它与电影中的人物转过脸来对镜头说话这件事进行一个比较。小说作者直接与读者说话的口吻，阻断了文字写作与小说故事的关系。在流浪汉小说（roman picaresque）中，这种写作手法的作用就像一个看门人一样，为读者打开了通往虚构故事的大门。在果戈理的《死魂灵》（Les Âmes mortes）里，这种手法让整部小说充满了作者对自己无厘头和不着边际的叙事法的自嘲，而通过这种自嘲，作者把要讲的故事单独摆出来（或者是把故事诱导到另外一个轨道上），以保全故事的戏剧性。在这两个例子里，运用这种写作手法的目的都是为了给故事赋予一种独立性，虚构叙事最大的特点就是这种独立于外部世界的属性。而纪实影片中人物转过脸来对镜头说话，起到的正是与小说中的这种写作手法相反的作用。影片里的演员看了拍摄者，就相当于拍摄者直接跟故事里的人物有了交流。很明显，这种图像作者（拍摄者）跟故事人物交流的情况，与刚刚说到的小说作者与读者直接交流的情况是完全不同的，前一种情况是把作者带进了故事，而后一种情况作者跟读者是在一起的。把作者带进他一手制造的虚构故事的世界，这就让这个虚构叙事根本无法成立了。相反的，对于这些古典小说而言，作者用文字直接跟读者交流，就是把作者的写作行为跟故事分离了，对虚构叙事的成立没有影响。最后，对于纪实影片而言，画面中拍摄者与影片人物的交流，以及被拍摄者看镜头的行为确实会让拍摄者进入到故事里，拍摄视角与故事会混合在一起。

民族学研究与纪录片一样，观察行为与实地事件二者是真真切切地同时进行着的，没有任何途径也没有任何人提前知道当时当地究竟会发生什么。在这种情况下，我们就必须考虑该拍摄什么，该把摄像机架在哪里。也就是说，除了前文中提到的“索引性”，纪实图像还有另外两个关键属性，即“演出性”和“即兴性”(caractère performatif et improvisé)。

纪实图像的拍摄过程中，摄像机的取景其实就是用拍摄行为的开始和结束给事件定义了开头和结尾，将一个原本会悄悄发生的真实事件制作成一个演出。要尽量完整地记录事件一步一步的进展，拍摄者就要通过即兴的方式预测其进展，选取拍摄角度，以及从临时选定的视角记录下自己看到的场景。这里不妨联想一下一场即兴音乐演奏的特点：它永远是独一无二的，即使被准确地记录下来并广泛地传播开来。约翰·柯川（John Coltrane）的多首即兴独奏都被录制成了唱片，也被准确而完整地听记了下来，变成了曲谱，人们完全可以读这些谱子，也可以重听这些唱片。即使这样，人们肯定不会质疑的一点就是，柯川在演奏时是完全即兴的，他是这场即兴表演的作者，而不是某场演出内容的一部分；或者广义上讲，他是一个表达行为的作者，而不是一个表达内容的一部分。他的存在，是他本人视角存在感的体现。这就像纪实图像一样。这些画面不仅仅是作为一些被动的、没有任何感情色彩的、天真直白的、毫无知觉的民族学记录而存在于世上的。任何图像——即使是再随意拍摄的图像——都是一种作者视角的体现。这里还是要注意的是，不能与虚构叙事图像混淆。

经过上述讨论，我们不难发现，虚构影片与纪录片的区别并不完全取决于它是作者意图的直接表达，还是讲了一个故事，也不取决于其内容的真实性，而是取决于讲故事的方法，拍摄视角的位置，以及拍摄者的存在感。下面，我们就来讲一讲纪录片实际拍摄中拍摄者的位置，以及拍摄视角同时性的表现方式。

拍摄者也是演出的一部分

民族学实地考察的兴起，是与世界不同地域和社会间交流的增加同步的。最开始的时候，民族学家们常常有一些意外的发现：之前他们所熟知的、本土的、似乎已经非常完善的社会学描述及理论，与实地考察中别的地域和社会中的情况并不完全相符。而对于这些“别处的”社会而言，民族学家们从来都是不速之客，他们的到来，总会引来当地人好奇的目光。当地人迫不及待地试图接近他们，了解他们前来此处的目的，并不失时机地跟他们进行这样或那样的交换以达到自己的目的。当然，这些行为的出发点都是原始而纯粹的。

在一间大概只有一平方米的四周封闭的小屋里，原住民跟我握手，交换眼神，互相寒暄，交流（虚假）信息，互相给了一堆对方无法理解的承诺，交换烟草，交换食物，交换贝壳货币，交换银行纸币……这一切都是我的电影《他们和我》（2001）里记录下来的画面。这部影片讲述了新几内亚高地原住民的香料商人以及他们村的村民，和我，一个民族学家之间的讨价还价的过程。我希望把这部影片拍摄成一个充满个人色彩的片子，讲述一段很个人的经历，所以我采用了第一人称视角拍摄，也就是说我的眼睛在摄像机镜头后面，摄像机所拍摄的就是我目之所见。拍摄时，跟我说话的人都是看着镜头说话的。影片成品的效果，是让观众看不到我（或是摄像机）的存在，只看到被拍摄的人物在看着我的眼睛，直接跟我说话。这样一来，观众就可以感受到，我作为一个观察者的存在并且感受到我在看（拍摄）着原住民的同时，原住民们也在看（观察）着我。之后我所拍摄的所有影片也都是这种风格，突出的都是这种拍摄者对场景的凝视，以及被拍摄者对镜头的眼神回应。

纪实影片是能够让图像的两面——也就是拍摄者视角和被拍摄对象——都被呈现出来的表现形式。有趣的是，观众在观影过程中并不会将自己看电影时的视角与拍摄者视角混淆，观众所观看的，是他人（拍摄者）的视角所看到的东西，观众绝对不会觉得自己就是那个扛着摄像机在拍摄的人。这种经历就像是观众在摄像机的“演说”现场“听”摄像机给自己转述一个故事。观众看待这个“演说”的方式，是把自己放在影片中“我”的位置上，去找一种身临其境的感觉，就像是福克纳（William Faulkner）的小说中所描绘的一样。纪实影片带着观众进入到另一个世界的内部，同时又不离开现实世界；给观众呈现一种拍摄视角的索引性，而不是单纯地呈现其拍摄下来的画面。可以说，纪实影片是用其独有的方式，打破了那层包裹着呈现事物（représentation）的玻璃幕墙。

仍旧拿图像与文字写作来类比。在“写作—故事情节—阅读（解读）”三要素的三角关系中，纪实影片最注重的是第一个要素。纪实影片并不是把故事情节像呈现事物一样密实地包裹起来，做成一台脱离现实的演出，而是像文字写作一样来呈现故事情节。在纪实叙事的语法体系下，作者既是自己在直接面对故事情节，也是自己在直接面对真实的世界。对纪录片而言，第三个要素的执行者（或者说是解读者）不再是单纯意义上的观众（只有在虚构叙事的语法体系下，阅读/解读者才是单纯意义上的观众），而是拍摄者视角的化身——观看影片的人都是站在拍摄者的角度上解读故事情节的。可以说，纪实叙事所讲述的故事情节其实永远是在解读者面前展开的；也可以说，在纪实影片中，故事情节之外的外部世界（le hors-monde）其实是被现实世界（le monde）完全吞噬了的。

拍摄者也是“演出”的一部分，他是无法与自己拍摄和呈现出来的这场“演出”分离的；非但不应当分离，他还应当在“演出”中充分展现自己的存在，因为正是他的存在才使得这场“演出”成为可能。以上这些拍摄纪实影片的属性，与民族学研究的属性不谋而合。民族学研究与纪录片拍摄的工具是相同的，那就是“看”，而且是有自身存在感的“看”。这种“看”，或者说“观察”，与实验室里那种透过显微镜，从一个世界看遥远的另一个世界的观察不同，它其实观察的是当观察视角置身于被观察的场景时所发生的一切。

民族学研究所寻求的信息，并不是一份写好的资料，只要发掘出来就行了；它需要民族学家亲临实地，亲自进行实验性观察才能获得。只是这种实验并不能像在实验室里那样，对各种变量进行完美的控制，因为，观察者自身就是一个变量——民族学家必须与观察对象建立必要的社会关系，而这种关系的建立并不是完全随机的。事实上，也正是这些社会关系的建立才使得民族学研究能够取得进展。作为一个外来者，一个变量，民族学家通过自身之于实地的存在，特别是通过互动中各种试探的失败（无知的犯错、对实地规则的触犯等）来搞清楚行事规则，也是通过对这些经历的记录来获取信息。这就是为什么我们不应该觉得民族学家在考察地的存在感是不利于信息获取的——其实正相反，他们的存在是获取信息最重要的工具。

在纪录片中，拍摄视角是存在于被拍摄世界之中的，观察者与被观察对象具有同时性，这种同时性不仅仅是现实意义上的，也是符号学意义上的。就如同民族学家们一样，影片拍摄者是参与到被拍摄的事件之中的，是事件的亲历者，也是见证人。纪录片拍摄中摄像机的位置跟民族学家们在实地考察时的位置是一样的。而这也是为什么我们向民族学家和纪录片拍摄者问同样一个问题：到底应该在哪里“看”（观察/拍摄）呢？这个答案决定着“看”的人与“被看”的人之间的亲密度。答案其实很简单：这个位置应该使得“被看”的人能够用同样的方式“回看”，也就是说，应该使得“看”的动作之于“被看”事件具有同时性，而且还要获得“被看”对象的同意。这一点就与新闻记者不同，因为记者们总是想既置身现场却又不打扰现场，能“看到”却不“被看到”，能议论别人却不被别人议论，像神职人员那样只倾听却一声不吭，而且他们总能随时掏出一个到处都好用的通行证，瞬间证明自己在场的合法性。这种合法性的无处不在，是纪录片拍摄者和民族学家不可能拥有的特权，他们不能通过这种“类上帝视角”来观察眼前的世界。对于他们所到的那些世界上几乎被人遗忘的角落而言，他们从来都是不速之客，当地人对他们的态度从来都是以不信任作为前提的。而如果他们在那里成功地待住了，开始观察或拍摄了，就说明他们被当地渐渐接受了。这也就决定了他们的工作不可能以一个中立的、毫无感情的旁观者身份来完成。

在雷蒙·德帕东（Raymond Depardon）的纪录片《非洲之痛》（*Afriques：comment ça va avec la douleur?* 1996）中，德帕东扛着一台摄像机，

只身一人深入到了卢旺达的一个囚犯集中营。所有被起诉杀人的囚犯都被关在那里等待最后的审判。德帕东的拍摄并没有事先征得集中营里的囚犯的同意，不过，通过影片画面里囚犯的眼神也能猜想，即使不是在他们被囚禁的情况下问了他们同不同意拍摄这个问题，答案也肯定是否定的。这种眼神里透出的坚决的拒绝，与之前提到的那张照片里被激怒的小男孩的眼神类似。镜头游走在横七竖八躺在地上的囚犯们的躯体上，游走在囚犯们一双双紧张的眼睛之间，带着一种让人窒息的怜悯和不可一世的优越感。一言以蔽之，如果说德帕东与被拍摄的场景是具有同时性的，那么这种同时性也只是表面上的，因为他的存在的合法性与新闻记者的是一样的，都是一种高高在上的、处于上帝视角的存在，只能他看他们，他们不能回看他。也就是说，德帕东像是处在一个水族馆的大鱼缸之外，由一层符号学意义上的透明幕墙保护着的。他的另一部关于疯子的纪录片《圣克莱门特》（*San Clemente*，1982）也是如此。不过不得不说，当一个纪录片拍摄者根本就不担心被拍摄对象是不是同意拍摄者的存在时，这倒是省了很多事。与民族学家们的境遇完全相反，德帕东处在一个完全被庇护的观察者位置，是一个百毒不侵的外星人一样的存在。

通过上面这个例子可以看出，拍摄者之于被拍摄世界的同时性，不仅要求拍摄者身临其境，还要求他必须参与到被拍摄者的社会关系里。这也就要求拍摄者必须接受自己也得“被看”的事实。德帕东在这一点上错得彻头彻尾，因为他不光是用这种窥阴癖式的手段拍摄了这一切，还为这种入侵行为进行辩解，标榜自己其实是为了完全客观地见证和反映事实。他想单纯地记录下眼前的不幸，却不知道这种拍摄法本身已经让他无法完成这种记录了。他这么做不是在维护新闻记者拍摄手法的合法性，而是因为他自以为在符号体系的认识上没犯任何错误。

德帕东拍摄的囚犯影片和阿勃丝的愤怒小男孩的照片，似乎与重新剪裁的奥斯威辛照片的性质是相反的，因为前面两者中的拍摄者索引性是很强的，后者是去掉了拍摄者的索引性。但事实上，这三件事都是一个性质，都是扭曲了拍摄者之于被拍摄场景的存在感，不管具体的扭曲手段是强加还是抹去。这三个例子中，拍摄者都没有进入到被拍摄者的领地，他们都把自己包裹和保护了起来，没能与被拍摄者建立任何关系。

这就涉及一个实地研究的道德准则问题了。纪录片拍摄者也好，民族学家也好，到了研究实地就要遵循当地的道德准则，而这种准则往往与自己平日所习惯的交换和礼尚往来的原则是不同的。在实地考察中，我们能看到，是因为当地人给我们展示；我们能得到，是因为当地人不吝给予。要融入他们的符号体系，首先得融入他们的道德体系。

* * *

需要再一次强调的是，如果观察者想要进入到被观察的世界，如果想让观察视角与观察对象具有同时性，那么就必须让“看”的人被看到，让被观察的对象能够回看观察者。观察者不能躲在让被观察者看不到的地方，必须得让他们看得到。正是他们的回看，才给了观察者所需要的、当地关于“看”的民族学解释，这正是通过这种互动，才让民族学家得以从一个当地人的视角观察自身所固有的文化习俗，也让当地人当了一把研究眼前这个到访者的“民族学家”。这种穿越和自我拷问，非但不会对研究产生负面影响，反而是很有启发性的，甚至是研究所必需的。可以说，一个成功的民族学研究需要两个民族学家——一个是“看”的，另一个是“被看”和“回看”的，毕竟比起前者的专业性，后者的天真视角往往对研究而言更具有建设性。

这么说当然不是小看民族学知识对实地考察研究的重要性。人类学天然就是一个关于比较的学科——当我们开始用两种不同的视角看待同一个事物时，人类学就诞生了。人类学研究的原则，就是要让各种不同视角的观点交流起来，也就是推崇“礼尚往来”。不同思想体系下的人类学者，必须找到可以在彼此间达成共识的类别划分，否则，他们就很可能只从各自原有的思想体系出发来思考，看问题时也就很容易带有一些不自觉的偏见。如果说有一个人类学概念是完全不具有比较性的，或者是完全基于观察者最初的视角的，那么这个概念就是一个种族中心主义的概念，这种概念就是自大的、不妥的。

种族中心主义在纪录片中的体现，包括前文提到的那种“看”却不“被看”的做法（与之一脉相承的是现在流行的隐藏摄像机和监控摄像头拍摄），还包括从一个完全隔离的符号体系看另一个符号体系的做法，也就是观察者不融入考察地社会的做法。这些做法实质上是在图像中公开宣称了观察者的缺失，宣称观察者不愿参与到被观察的场景里。这其实是新闻报道的手法。这种手法只是为了单纯和高效的数据采集，所以被派到现场去调查的人要想尽一切办法不参与现场的任何事情。纪录片拍摄和民族学研究的预期则恰恰相反：直接的问卷调查和数据采集很难实现，甚至是被禁止的，能进行的观察也是随机性很强的，所以也就必须长时间地待在当地才有可能获得有价值的信息。

这两种完全相反的“看”的方式取决于其截然不同的观察位置：一个是参与式观察，观察者所能看到的只是被观察者为其所呈现的；另一个是缺席式观察，或者说是“企图缺席”式的观察，观察者用一种高高在上的姿态看着一切，将自己的目光强加在观察对象身上，其得到的信息本质上只是为了勾勒其以一个外部观察者的身份所看到的假象，可以说他们其实并没有在“看”或“观察”。而民族学家在实地考察时是置身于被观察对象之中的，他与他们互相都看得到彼此，在彼此的目光中生活。这也正是纪录片拍摄者所做的，也即他们的纪录片所讲述的。

韩国的社会科学：如何将比较法应用于具有双重性的研究对象

瓦拉里·哲雷祖

在文化领域研究，或者说“区域研究”（文中笔者将二者视为同义词）当中，跨学科和跨文化的研究方法，或者说是广义上讲的比较主义（comparatisme）研究方法（Detienne，2000；Werner & Zimmerman，2004）的应用已经非常普遍。然而，近来《亚洲研究期刊》（*Journal of Asian Studies*，70［4］，2011）上的讨论，以及 Victor Lieberman 和 Strange Parallels 的《比较历史》第二卷（2009）中的讨论都证明，在比较研究法领域，仍有许多值得进一步探究的方面。对于我来说，跨学科和跨文化的比较研究法的确奠定了我分析研究思路的基础，然而，这二者却并不是我所关注的核心问题。正如我写作的其他论文的标题所示，这些论文并没有特别地去运用这两种方法，也并没有使用类似“比较研究法”这样的说法，或是明确表示我的研究属于所谓“比较主义的兴起”潮流中的一部分（Robinson，2011）。这里，也许我们可以问一个看似自相矛盾的问题：比较研究是否可以不进行比较？

说得更具体一些，我们讨论的是如何利用比较主义的研究工具，从某个学科（例如韩国地理）的角度，在“韩学”这个范畴中展开比较研究。那么首先，我们需要回答一些具有普遍性的问题，比如：比较研究法的步骤都有哪些？有没有什么“隐性的”比较研究法，或者说有些没明确说要进行比较研究，实际上却借用了比较研究思路的方法？会不会正如 Jocelyne Dakhlia 所说，在所有的社会科学学科以及更广泛的文化研究领域中，任何的思考方式都或多或少地带有比较研究的意味（2001，第 1181 页）？

> 从这个角度上说，问题的关键并不在于是不是应当想到去比较，或者是否应当去进行比较，因为毕竟，无论是否明确说明，我们总是在自觉或不自觉地进行着比较。具体来说，就是我们总是在尝试着在一个新的上下文中，寻找已经在另一个上下文中充分研究过的相似的概念、问题或对象。

其次，我们还需要回答一些针对个案的问题。这些问题涉及每个研究课题的研究对象，在实践中，比较法的运用方式对每个具体研究课题的确立都会起到决定性的作用。具体到本文所涉及的课题，我初步的实地考察研究都是在韩国（首尔的大居民区，大型公共区域等）进行的，也就是说，我对考察地的选择并不涉及比较研究法（不排除个别细节上有比较法的运用）。然而对实地研究对象近代史的研究却自然而然地将我的侧重点引向了朝鲜半岛的两个国家（朝韩边境问题，以及两国间的互动等），本文所涉及的实地考察研究的主题也就自然而然地明确为，对朝鲜或韩国这两个国家国情（例如对首尔和平壤这两个国家首都）而进行的比较了。然而在实际操作中，由于无法亲自进行实地考察，以及数据缺失等原因（首先得归咎于朝鲜对领土和信息的封闭），对这两个首都，甚至是对这两个国家的比较研究就非常难以实现了。这着实可惜。毕竟，如果真的可以进行这种比较研究，其结果将非常有趣而有意义，因为朝鲜半岛的这两个国家的社会现状，可以说是一种近乎实验室状态的设定——起点（指 1948 年朝韩分裂前的一国状态）相同，而发展路径却截然不同。

这样看来，我在实际研究中所遇到的问题似乎与 Marcel Detienne 在其流传颇广的著作《比较不可比较的事物》（Comparer l'incomparable）中所提到的正好相反：真的可以对任何事物作比较吗？什么是“可以比较的”，什么又是所谓“不可比较的事物”呢？比较研究法，或者说运用比较研究法的文字叙述是有一个统一的模板还是是多种多样的呢？在实地研究中，如果碰到上文中所叙述的无法对比的情况（朝韩两国国情），研究者该如何应对呢？

当今关于韩国的研究绝大多数都运用了跨学科和区域研究的方法，

本文认为，这些方法都体现了一种含蓄的比较主义意味。在详尽分析了这些比较主义含蓄体现的形式、性质及作用之后，本文指出，正是这三者决定了韩国研究（或者说朝韩两国对比研究）的可比较性。针对1998—2008年①十年间在朝鲜对韩国“阳光政策”下实行的众多双边合作项目以及与之相关的地理和城市化方面的影响，本文讨论了该政策给朝韩两国带来的政治和解倾向。另外，“阳光政策”相关的话语表达是否可以说是运用了比较法呢？

区域研究：比较，交叉，解构

文化领域研究，或“区域研究”，现已成为法国人文社会科学领域内不可或缺的一部分（Sanjuan，2008）。这两个名词恰好指出了运用比较研究法的两大驱动力：第一，人们开始有意识地区分“这里”和“别处”，更关注自我所处的领域以外的空间，这使得人们对不同的社会文化设定中特有的对象或范畴的比较也更加关注了。第二，人们开始希望通过视角的转变获得新的认知，也就是说，通过运用不同学科对同一对象或范畴的观察角度来得到知识。“比较研究”所涉及的研究思路包括历史交叉、考察地交叉、学科视角交叉等等，那么具体到研究步骤上应当如何操作呢？

Cynthia Ghorra-Gobin（1998）回顾了社会科学中比较研究法的应用，她首先提到，涂尔干曾说过，所有的社会学研究都天然地隐含着比较意味。其次，Ghorra-Gobin 指出，社会学中这种含蓄的比较观最早出自20世纪初维达尔式的区域地理学（la géographie régionale vidalienne）。维达尔认为，地理学研究应当致力于描述和分析“区域个性”。相较于注重寻找共性和代表性的其他地理学派而言，维达尔学派更注重特性，也就是一个区域或一个国家不同于别的区域或国家的地方。相应的，该学派所

---

① 详见《国际社会批评》2010年10—12月的特刊“1998—2008年的朝鲜半岛合作”（“Coopérations coréennes，1998－2008”，in：*Critique internationale*）。

推崇的方法论是个案法，而使用这种方法的目的并不在于从个案分析中提取、概括出共性（Passeron 和 Revel，2005）。该文中，Ghorra-Gobin 还指出，在当今的全球化社会，政策制定者们需要考虑的种种问题（例如环境与发展等问题）都必须要从全球角度来考虑，这就使得比较法成为知识生产中不可缺少的工具。近年来，各个领域运用比较法进行的研究都越来越多，这也充分证明了比较研究法的生命力：比如在城市发展研究领域，Jennifer Robinson 认为，比较法的应用是大势所趋（“*a comparative gesture*”：Robinson，2011）。这当中需要注意的是，比较法并非将研究对象简单地罗列，而是需要根据研究课题具体地研究策略，从相应学科的范畴出发进行研究和对比（Robinson，2011，第 5 页）。

文化领域研究中的情形与社会学的类似。在当今的文化领域研究中，无论比较法（如跨境研究、横向研究、比较发展研究等字眼）是否在研究计划中被明确提出，比较主义的方法总是会被或明确或含蓄地应用在实际研究中（Dakhlia，2001）。然而事实上，任何文化领域研究的课题都会选定某（几）个（实地）考察的地点，而这本身就已经是含蓄地在进行“这里”和“别处”（Clifford Geertz，1996）的比较了。对不同文化领域的比较，是比较主义研究法的最主要的实现形式之一。在实际操作中，就是要对地理空间意义上的“这里”和“别处”进行反复的对比，尽管这种反复对比往往是从对某个单一的方面（如某一国的政治体制）的考察，或者从某种自我中心的意识形态（如西方中心主义）而开始的（Szanton，2002；Gibson-Graham，2004）。

事实上，这种地理空间意义上的对比正是我在本研究起始阶段所做的。最初制定研究朝鲜半岛的计划时，我决定从发展极其迅速、国际形象积极正面的首尔及另外几个韩国的大城市开始，研究 20 世纪 90 年代这些城市颇为引人瞩目的迅猛发展。选择这个年代是因为这个时期欧洲的学术界——包括对城市的基础研究界（如历史学和城市社会学）和应用研究界（如城市与规划）——正盛传一种世界性经济危机的可能，而这段时期恰逢韩国各大城市经济的蓬勃发展。具体来说，这种比较主义研究法是怎么应用于研究起始阶段的呢？拿首尔为例，在着手对这个超大城市进行研究时，比较法的应用首先是在形态上的（Gelézeau，2003；

Gelézeau，2010a 或 2010b）：作为欧洲人的我，在研究的最开始所寻找的正是所谓“这里”（指欧洲的）和“别处”（指韩国的）超大城市在形态上的相似之处。基于这些相似之处，我们就可以分别在宏观、中观、微观层面，发现欧洲国家和韩国超大城市形态成因方面的许多共性。以下就是几个简单的举例。

从宏观层面来看，今天这些超大城市形态同样都是城市化转变与国家干预的共同结果：任何城市化进程都面临着城市人口快速增长的问题和住宅危机，而所有的超大城市都是（试图）通过建立大型的住宅小区来解决这个问题的，要实现这一点，就需要政府的规划和行政干预了。再例如，从微观层面来看，大型住宅小区的形成与特定时期的社会和家庭的变革有着密切的关系：无论是在欧洲还是在韩国，住宅区大规模成型的时期都与中产阶级逐渐产生的时期相吻合，与之相伴的还有核心家庭数量的增长。

在关注相似性的同时，比较研究法当然还包括对不同之处的对比。比如说，本案例中最显著的不同之处之一当属这些住宅区产权的不同了：在法国，住宅区最主要的形式是“廉租房小区”（habitation à loyer modéré，HLM），产权归政府；而在韩国，住宅小区里每户住宅都归私人所有。

除了比较相似和不同，我们还可以通过比较研究法发现比较对象（或者说被比较的两个区域）的联系，而这些联系往往可以激发我们对既存的主流观念的反思。比如说，以往西方主流研究认定，在东方国家，“现代化”等同于“西方化”。而在本案例中我们发现，20 世纪 50 年代，在韩国的城市规划师和建筑师的圈子中，“现代住宅”的概念特别流行。但他们对这个概念的理解以及这种概念的成因都与西方国家对“城市现代化”的认识不尽相同，他们的住宅现代化概念中广泛地融入了东北亚国家特有的，与西方国家完全不同的认识。例如，韩国的住宅现代化概念与该国日占时期的历史就有着紧密的联系。在西方学术圈中，Dufaux 和 Fourcaut（2004）也探讨了这个以大型住宅小区的形成为特征的城市化进程。对比东西方对同一课题的论述，我们可以有机会重新审视欧洲学术界对于这个问题的看法——长久以来，欧洲的主流观点一直认为大型住宅小区的形成是城市化危机的表现。

在特定地域[①]的研究中，比较法的重点并不完全在于识别出异同之处。使用比较法，更是因为该方法在特定地域研究中批判性的解构能力。正如 Denys Lombard 所提到的，“文化领域研究具有一些固有的优点”，它可以说是“空间错位之罪”（péché d'anatopisme）的最好解药（1996）。这里说的空间错位，其实是利用更广为人知的“时代错误”（anachronisme）一词新造出来的。由此推之，空间错位的罪恶指的就是将在“这里”适用的思维错误地代入到“别处”。具体就上述案例而言，就是把一种欧洲中心主义的思维强行代入到对远东社会的分析当中（参见 Robinson，2004，2011 中对城市地理的分析），而事实上，这些远东地区的社会现象却源于该地区特有的种种因素。

Robinson 对日本历史的考察就体现了这种不以欧洲中心主义为主导的研究策略。在以往的文献中，明治维新被单纯地定义为西方化的工业革命。而 Robinson 认为，比起西方资本主义思潮的影响而言，明治维新之前，日本本土的经济和社会结构，以及该国自身的历史因素等，更应当被视为其革命成功的主要原因。值得注意的是，当代学术界对东亚和南亚地区的研究的主流的确仍是强调西方思想和科技在该地区的传播对该地区的社会变革的（决定性）影响（Lieberman，2009；Pomeranz，2000；Wong，1997；Subrah-manyam，2005；Brooks，2008）。然而，近年来逐渐兴起的后殖民视角的研究在很大程度上反思了学术界固有的欧洲中心主义（Collignon，2007）。作为城市地理学家，Robinson 正是在这个背景下，从其所在的学科领域出发，提出了对传统社会科学比较法中二元论和文化优越感的挑战（例如，所谓对比“发达”国家/“欠发达”国家的城市，社会主义/资本主义国家的城市，欧洲的/“别的”国家的城市等等），这对比较研究法的应用和发展有着重要的意义。

正如 Detienne 所说，在现实的区域研究中，由于种种操作层面的限

① 这里所谓“特定区域研究”，指的是一种从外部视角看待具体的实地调研的研究。特定区域研究的目的在于，用一种批判性的视角来考察某项具体的实地调研的实施条件以及该调研结果的产生过程（Hancock，2004）。

制，研究者们在对事实的考察中常常遇到许多“矛盾”（paradoxe）和“探索障碍”（violence heuristique）（2000，第44页）：在区域研究实际操作中的跨学科问题（指完全不同学科的研究人员为了完成一个区域研究项目，在当地齐聚而共同组成一个研究小组）和跨文化问题（指来自“别处”的研究人员与所研究区域当地的研究人员观念上的不同），很有可能使原本为研究者所熟知的概念和范畴“产生困扰，分裂，和崩塌”（Detienne，2000）。举一个比较直观的例子：法国社会科学高等学院的朝鲜半岛研究中心曾经搞过一个以韩国为主题的区域研究。这个研究小组聚集了许多位法国和韩国的不同学科的研究人员（Gelézeau，2004）。为了能够顺利地研究他们的共同课题，首先他们需要对“区域”等最基本的概念达成共识。Detienne 写道：“我们需要识别出一个重要的概念作为切入点，这个概念既不能太笼统又不能太具体，然后一起确认这些概念是否在韩法两方的学者的认知中具有同样的意义，以此作为比较研究工作的起始点。”（2000，第44页）

作为一个在不同学科具有不同意义的术语，“区域”这个概念一开始就激起了韩法两方不同学科的学者的讨论：法国传统的区域地理学者认为，“区域”首先是一个中观的人文概念；而韩国的行政地理学专家认为，“区域”首先是一个行政概念，属于政治学范畴。因此，我们最初的几次研讨会的议题就是如何在这个问题上达成一致。这件事就证明，当一个区域研究课题组是由来自不同文化历史背景的研究者组成的时候，这些研究者所代表的学术传统之间的碰撞无处不在，而这种碰撞无时无刻不在提醒着研究者们去质疑和挑战自己长久以来形成的思维方式，让他们意识到，在某个特定社会环境中适用的理论在另一个环境中也许并无意义。比如说，在我们这个韩法研究组中，假设我们法方学者做了一个介绍“区域”这个词演化史的演讲，那么在演讲后的提问环节，韩方学者所提出的问题很有可能全都是围绕着政治和行政管理主题的，而我们所想传达的中心内容却无法激起他们讨论的兴趣。这种情形常常会让所有的研究人员都感觉有些泄气。的确，在跨区域研究的实际操作过程中，只要这类概念上的差异没有被有效地识别、讨论并达成一致（这种情形并不鲜见），来自不同背景的研究人员就无法有效地进行比较研究上的合作。不过，区域研究的意义也正在于此：通过对一些关键概念“跨区域”地反复对比和讨论，研究者们会共同面对这种“探索障碍”并试图达成共识。而一旦这种“探索障碍被成功地逾越”，那么我们不仅在对“别处”的实地考察和理解上会更进一步，而且可以更深刻地反思我们在对“这里”的研究时可能持有的偏见（Houssay-Holzschuch，2007，第53页）。

比较·翻译·放手

在区域比较研究中，首当其冲的便是翻译问题（Christin，2010）。所有区域比较研究能够开展的前提，是对比较对象地区语言的了解。这个问题在Houssay-Holzschuch（2007）的著述中多有阐述：在Houssay-Holzschuch所描述的对南非、中国、韩国、墨西哥和土耳其五国的公共空间的比较研究课题中，去除语言上的壁垒，实现概念上的对接就显得尤为重要。

从上文中所提到的韩国实地考察可见，对来自两个不同背景的研究者们所组成的课题组来说，某个术语的定义问题往往就足以作为最初几次研讨会的中心议题了。同样的，在Houssay-Holzschuch的案例中，要五国研究者在“公共空间”（espace public）这个术语的定义上达成共识也不是一件容易的事情。在法语和英语中，这个词的意思常常需要根据上下文来具体理解。在韩语中，“공공공간公共空間”［直译为：公（国家）+共（社区）+空（未被占用）+间（间隔）］这个词明确且直接地指出了这类空间的“国家和社区衍生物”的性质，但在韩语的专门文献中却很少见到这个词的使用。反而是“Op’ ŭn sŭp’ eisŭ”，英文“open space”的音译词，被广泛应用于在城市规划和开发技术方案的文献中，而它的意思明显偏重于对城市形态和城市规划的描述。韩语中还有一个可以表达这个意思的词是“kongjŏk konggan”，指的是某个特定的地理上的社交圈子（如街道社区、住宅小区，或是在住宅区以外的特定人群常常聚集的地方，如以前的公共浴室和现在的疗养中心等等）所共同使用

的、有一定排外性的空间。综上，仅在韩国一国，其语言中就有至少三个需要考虑的、需要与“espace public”实现对接的术语。除此之外，两个发音和意思接近的“kong”字似乎都有西方“espace public”的意味：“公”象征着国家（état），而“共”象征着集体（ensemble）、社区（communauté）等等。选择从社会学和人类学的角度来进行实地研究，也就意味着要在翻译的问题上“斤斤计较”，事实上也正是这种在翻译上的斤斤计较，让来自西方国家的研究小组成员（6 位法国地理学家和 1 位芬兰人类学家）重新审视并明晰了自己对这个概念的认识。

不过不得不承认，在很多情况下（比如上文中的两个“kong”），我们都得面对术语和表达方式无法翻译的问题，而常常正是这些无法翻译的部分蕴含着对比分析的关键点。在 Tiphaine Samoyault（2010）评价 Homi Bhabha 关于文化场所（Les lieux de la culture）的文章中指出，印度人类学对于区域世界主义（cosmopolitisme vernaculaire）的研究中最有价值的一点就在于它“描述了不同文化对于一个无法被翻译的事物的不同的关注点。它反映的正是不同文化和其语言在描述这个世界时语义或符号上的某种缺失”。Samoyault 认为，翻译“不应当是单纯地进行适配，而应当是在两种语言之间建立一种关系，并在这种关系中明确地反映出两种语言的不同之处，并且彰显出这些不同之处的价值”。在地图册《首尔版图》（*Atlas Séoul*）中，Gelézeau（2011，第 79 页）也讨论了翻译的问题：

> 翻译的时候，需要将某种逻辑与（实地的）现实连接在一起，尽管这些现实往往并不能完整而充分地嵌入这种逻辑当中。这种适配经常无法令人满意，即使勉强配好，翻译到后来也会发现当时的配对并不适用于现在的语境。而这正说明了一点：一个超大城市——或者广义来说，整个世界——都是在不停地被构建的。

因此，即使是在这篇入门版的合集中，我也认为有必要解释清楚翻译过程中对“逻辑”的理性选择。总的来说，我认为，在区域研究中应当承认并允许这种“无法翻译”的现象，因为只有承认并允许这一点，才能让“这里”的研究者和读者更好地理解“别处”存在的，无法被省略，也无法完全与“这里”的认知相匹配的社会现实。这种在翻译问题上“放手”的坦然也许是顺利进行比较研究的必要条件之一，因为只有这样才有可能真正了解那些“无法言说的，无法适配的，更无法被简化的文化特点”（Dakhlia，2001，第 1187 页）。

比较 · 对立 · 理论化

比较研究法的多学科性引发了对于“探索困境”（paradoxe heuristique）的讨论。这一中心话题在 Detienne 所记录的法国社会科学高等学院朝鲜半岛研究中心“朝鲜半岛两国互动空间”（interfaces dans la péninsule coréenne）[①] 项目中体现得尤为突出。1998—2008 年间，朝韩两国的关系松动引起了人文学界对朝鲜半岛的研究兴趣。现在看来，对该阶段朝鲜半岛的研究可大致分为两类：一类是纲领性质的，这些研究以朝韩统一为假设，提出了一系列实现此构想所需的条件；另一类关注的是主流经济学和政治学的课题，以研究朝韩两国的国际关系为主。而研究朝鲜半岛两国互动空间的这个课题，以“互动空间”为关注点，参与这个课题的主要是法国的地理学家，在理论的应用和学科的定性上并没有进行什么严格的界定，这就使课题组在借鉴不同学科的理论和研究方法时的态度十分开放。尽管这段历史距离现在很近，学界对这段历史的认识却不尽相同，许多观点差异极大，有很多甚至是对立的。在可供研究的素材以及研究方法的选择等问题上的争论，实际上并不比前文提到的公共空间研究所面临的要少。课题组最初的几次研讨会并没有成功地对“互动空间”的定义达成共识，两派相对立的观点僵持不下：一方认为可以把对朝韩两国关系的分析建立在“互动空间”，即两国关系的破裂和（重新）建立联系上；另一方则认为这不可能。在一个比较研究课题相关的所有话语表达中，关键术语的选择会直接影响到这个研究的可行性，这种情形就是前面提到的“探索困境”了。可见，即使在没有语言

① 参见 lodel. ehess. fr/crc.

壁垒的情况下，对某个概念认识的不一致同样会导致与“无法翻译的术语”的情况相类似的后果，而这种同文化背景下的学者中产生的“不兼容”的情况，也许比跨地域、跨文化的课题组所面临的情形更让人泄气和不安，因为毕竟对于后者而言，所有的课题参与者应该都或多或少地对此有一些心理准备。不过让人欣慰的是，课题组最终发表的研究结果证明，该研究非但没有被这个不兼容的情形所阻碍，反而得益于此（Gelézeau 等，2010）：

> 可以说，我们正是因为这次所遭遇的探索困境而获得了意外的收获：其实课题组的成员们对所谓“‘朝鲜半岛两国互动空间’是否真的存在”这个问题完全没有达成共识，但正是这个全新的概念在本课题上的运用，使得我们能够无时无刻不在审视一南一北这两个国家种种动向的用意，并最终证明了南北分割明朗化的趋势——这种趋势体现在这两个社会的各个层面上，*甚至也渗透到了朝鲜半岛研究领域本身的话语表达之中*。①

可以说，这个课题是将两个看上去似乎无法比较的案例放在一起进行分析。从这些分析得出的结果中，我们可以提炼出许多关于朝鲜半岛南北分割现象的要点：第一，造成这种分割的本质原因，是一个“整体社会事实”［fait social total，牟斯（Marcel Mauss）的著名概念］，即朝鲜和韩国一南一北的地理位置。这并不是一个只关乎地缘政治的一个外在事实，相反地，这个事实从根本上影响，甚至是决定了这两个分割开来的社会内部的方方面面。第二，就南北分割的形态和运行模式而言，我们可以看到一些圈地式的（例如，韩国的一些朝鲜难民营、两国各自专门为对方国家设立的旅游目的地，以及边境线上的经济特区等），和一些文化渗透式的（例如，韩国电影业一直会专门制作朝鲜专题的影视作品；两国各自的历史教科书中都有对对方国家的描述等）形态，而这些形态可以从结构上解释这种南北分割的实际运行模式。这个模式下的许多机

① 斜体为本文作者所加。——译者注

制（例如，边境上的移民控制、政府对话语表达的控制等。其中，话语表达控制方式又是多样的，既可以是两国政府对各自媒体的控制，也可以是一些受主流思想影响的偏见对影视制作业的控制等等）在世界其他相邻国家之间的互动空间（例如海岸线、边境线）中也多有运用。第三，就时间而言，与主流观点相反，我们看到朝鲜与韩国的割裂并不是在某个短暂的历史瞬间（1945—1953 年）一蹴而就的，这两国的割裂是一个持续的、正在进行的过程。

在整个课题组成员的共同努力下，每个小组研讨会本身都是一个比较研究的实践，这使一个多学科课题组变成了一个真正的跨学科课题组：超越了简单的罗列以及不同学科观点和视角的对立，不同学科背景的研究者们在这个过程中都受到了来自别的学科的启发。正是这种跨学科的比较研究，让来自不同学科背景的研究者们能够超越各自学科的局限，发挥其提炼和理论化的能力，从而促进各自学科的发展。

“去比较那些无法比较的东西”，可以说这句话描述的正是比较研究法应用在跨文化和跨学科研究中的现实。然而，什么是所谓“无法比较的”，什么又是所谓“可以比较的”呢？对于这个问题，Detienne 承认，他也很难给出答案。下面，我将试着用一个研究朝韩两国的割裂问题的案例来回答这个问题。

朝鲜半岛与朝韩两国：如何比较从一国分裂出的两个国家？

对于朝韩两国边境和国际关系的研究，以及探讨南北重新统一可行性的文献数量众多，这些研究大多用到了比较研究法。在这些文献当中，德国的例子一直在被反复提及。单纯从政治层面上说，对东德和西德案例的分析似乎是朝韩两国比较研究不可或缺的组成部分：德国统一的“花销”对朝韩统一的预算制定有很大的借鉴作用，当年韩国对朝鲜的“阳光政策”也正是借鉴了德国的先例。然而需要注意的是，在 1990 年的朝韩会谈上，朝鲜正式表达了对统一，或者说对被韩国全盘“吸收”

的担忧，尽管该次会谈促成了大大增进朝韩交流的《1991 互不侵犯协议》的签订（Gelézeau，2010b）。

事实上，朝鲜半岛问题具有一些不同于东德和西德，也不同于其他国家分裂现象的、独一无二的属性。朝鲜和韩国，这两个在地理上一线之隔、紧密相连的邻国，为比较研究提出了一个难题：如果首先考虑的是这两国深刻而长久的社会历史渊源，及其同属于一个朝鲜半岛文化圈（le monde coréen），那么这短短半个世纪的分裂也许就只是一个历史上的小事故，所谓的比较研究也就没有什么太大的意义了。然而，如果我们放弃固有的西方中心主义思想，从朝鲜半岛的两个国家自身的角度出发，我们会发现以下几点：第一，如上文所述，1945—1953 年发生的分裂（以 1945 年美苏从日本手中解放朝鲜和 1953 年朝鲜战争结束为界）并不是一个短暂而偶然的历史瞬间，而是一个持续的过程。第二，在这个持续的过程中，“朝韩分裂”这个概念实际上已经成为一个工具，两国各自用自己的方式使用这个工具进行构建，甚至可以说是重写了历史，并且也在用这个工具构建并影响着朝鲜半岛的未来，即使这个未来的轮廓还并不清晰。

在这里需要特别指出的是，朝韩所谓的“边境线”其实非常特殊：与其他国家间的国界不同，这条三八线其实只是为了一场“未结束的战争”设定的一条停火线（Grinker，1998）。自从 1953 年的停战协定签署以来，从未有过任何正式的和平条约规定将这个非军事区转换成真正的国际边界线，也正是因为这个未被定性的非军事区的存在，朝韩两国之间关于领海的争端从未间断过。这条不是边境线的边境线，将历史上同根同源的“朝鲜族人民”（le peuple coréen）人为地分割成了两个社会，这也就是为什么我们说这条所谓的边境线是被两国的政府工具化了的。借用 Michel Foucher（2007）的概念，“三八线”其实是一个“超边界”（méta-frontière），因为它的意义已经超越了简单的国际界线，它意味着一个意识形态上和社会经济上的双重割裂，这个割裂与其他近现代历史上的分裂或解体不同，它的存在，可以说是 20 世纪资本主义社会与社会主义社会对立的一个缩影。

今天，朝韩分裂带来的两国的差异化已经趋于两极化：韩国，一个新近完成政治民主化进程的、新兴的、发达的工业化国家；朝鲜，一个在国际政治格局中被孤立的、面临着严重的经济发展危机的极权主义国家，一个世界历史上唯一的“社会主义王朝”。朝鲜的这种“反世界”（anti-monde，Brunet，Ferras 和 Théry，1992；Houssay-Holzschuch，2007）的姿态，让人不禁想起20 世纪60 年代初的西方媒体曾普遍认为，朝鲜半岛将作为一个整体，将成为继日本之后腾飞的“亚洲之龙”。

尽管朝韩之间无法逾越的社会鸿沟已经筑成，两国在社会科学的各个领域中结构上的同源性仍随处可见。例如，在政治学中，许多历史学家（Myers，2010；Cumings，2004）认为，当今朝鲜的所谓“主体思想”（juche）与朝鲜国历史上传统的儒家思想有着紧密的联系，如果对朝鲜的政治和其对伟大领袖的宣传方针等加以分析，我们也会发现儒家思想的印记（Myers，2010）。而事实上，同样的儒家思想印记在韩国众多的讲述家庭生活的肥皂剧①中也随处可见。朝韩两国这种文化上的共性有时会显得令人费解，但其实却是顺理成章的，毕竟这两个国家有着深厚的历史渊源。另外，这种“截然不同中的相同”也给比较研究中某些想当然的文化主义倾向敲了警钟。②

应当承认的是，用比较法研究从同一个国家分裂出来的朝鲜和韩国，这并不是一件容易的事。从上面提到的几个关于概念理解问题和翻译问题的例子可以看出，在朝韩研究中应用比较法的研究者们，常常要面临许多始料未及的，对原先自己所熟知的概念的挑战。此外，韩语和朝鲜语之间日益加剧的分化也给朝鲜半岛研究带来了许多难题。一次，我跟我认识的一位韩国城市问题的专家（M. K.）谈起我们的“朝韩互动空间”课题，听罢，他给我讲了这样一件事：作为一个土生土长的韩国人，他唯一一次有机会见到一位朝鲜同事，是在20 世纪80 年代的一次韩国中

---

① 参见 Chloé Paberz（巴黎十大楠泰尔学院博士研究生）的会议论文：《虚构的亲属关系与真正的亲属关系：对韩剧“不良家族”的人类学解读》（“*Parenté fictionnelle*, *parenté réelle*: *une lecture anthropologique du feuilleton Pullyang kajok*”），法国社会科学高等学院朝鲜半岛多学科研讨会，2011 年12 月25 日。

② Dakhlia 认为，应当警惕“比较主义的局限性，以及比较法本身固有的文化主义倾向”［（les）limites du comparatisme et（les）effets culturalistes inhérents à la comparaison］（2001，p. 1181）。

央情报局的质询上。质询的缘由是彼时有一位生活在平壤的城市规划师叛逃到了韩国，而由于语言上的隔阂，韩国中央情报局的工作人员无法与其进行有效的交流。他们请来同为城市规划师的 M. K. 参与质询，试图更好地理解被质询人的情况。M. K. 回忆说，当时在首尔的星级饭店房间里，经过数个小时的沟通，他深刻地体会到了这种语言和文化上的分裂在学术交流上造成的隔阂。他特别清楚地记得，他们对于“中心城区”（tosim）这个概念，以及中心城区的作用等问题上无法取得共识。M. K. 感叹道：“朝鲜和韩国对城市的理解完全不同。”（取材于 2010 年 1 月对 M. K. 的非正式采访）

朝韩两国，四种话语表达：我们需要什么样的比较研究法？

上文中的两位城市规划师所经历的，正是朝韩分裂给其学术界带来的影响的一个缩影：这种分裂“体现在这两个社会的各个层面，甚至也渗透到了朝鲜半岛研究领域本身的话语表达中”（Gelézeau 等，2010）。朝韩互动空间的研究证明，直到 20 世纪末，西方的朝鲜半岛研究的关注点一直都在韩国，主流的观点也都旨在解释和论证（南）朝鲜半岛在文化认同上的一元性和连贯性（例如，经济学关注的“韩国奇迹”，以及文化和精神领域对韩国巫师的众多研究）。这一观点既潜移默化地影响了朝鲜半岛研究论文的话语表达，又反过来通过论文中的这些话语表达强化了其在朝鲜半岛研究中的主流地位。学术界对朝鲜半岛的研究的重心也就被自然地放在了韩国：研究国家层面时，实地考察的对象一般都是首尔，因为它是国家的象征；研究局部层面时，实地考察的对象一般都是韩国村落，因为它们是（南）朝鲜半岛传统文化的象征。近现代的许多研究，都着力于考察国家（韩国）现代化过程中这些地方在文化认同上的转变（如 Guillemoz，1983），对于中观层面，例如中型城市和地区等却少有触及。在这种以南朝鲜半岛为中心的潮流中，南北分割被处理成一个与所探讨的中心议题相对遥远的背景因素。回想我在文章的最开始构思研究课题时，正是站在这个韩国中心主义的出发点上，将首尔这个超大城市作为研究（南）朝鲜半岛的实地考察地的。不仅如此，那时我对朝鲜半岛南北分割的认识也是仅局限于地理上的划分（Gelézeau，2010a），而且这些认识都是建立在法国、美国和韩国的以前的地理学文献之上的。而法国社会科学高等学院朝鲜半岛研究中心的自20世纪末以来的研究成果却独树一帜，可以说是朝鲜半岛研究新范式的创立者之一。新范式下的朝鲜半岛层次比以前更加丰富了，研究者们需要从“分成小块地域样本”（mosaïque régionale）来认识朝鲜半岛，而不是像以前那样，从国家或“朝鲜半岛文化圈”这样一个较为整体的角度来看待它了。之前讲到的法国社会科学高等学院的互动空间项目就是属于新范式下的研究，课题的重点在于研究朝韩分裂的事实对朝鲜半岛的认识，以及对有关朝鲜半岛的话语表达的影响（Gelézeau 等，2010）：

> 传统的朝鲜半岛研究是在一元性的范式下完成的，其意识形态方面的指向性十分明显。直到20世纪90年代，世界处于一个两极化的格局之中。而有关朝鲜半岛的研究也呈现这种趋势，这些研究的意识形态指向取决于研究者的背景：一方面是相对发达的韩国连同西方国家所做的对于朝鲜的研究，简言之是“从南往北看”；另一方面，则是朝鲜连同当时的苏联和中国所做的对于韩国的研究，也就是“从北往南看”。

也就是说，在朝鲜半岛研究领域，真正参与到话语表达中的并不只是朝韩双方，而是还要加上“西方国家”和“当时的苏联和中国”——总共四股力量。这给我们的比较研究课题又提出了一个挑战。

“界线”问题正是朝韩研究中范式转变的关键所在。首先，世界两极化格局的形成和演变与界线问题密切相关。世界其他地方与这个格局有关的界线，例如，欧洲的铁幕等的演变，与朝鲜半岛研究领域话语表达上的演变有着直接的关系。冷战时期的铁幕的逐渐消失，与欧洲战后冷战思维的转变过程是一致的。这个界线的消失带来了整个欧洲范围内人口的大规模自由流动，也带来了思想以及研究课题上的更多的交流，这些因素拉近了原先分属于两个对立阵营的欧洲国家间的距离，而这种趋势也影响到了朝鲜半岛研究中的意识形态因素的转变。其次，“界线”是研究朝韩两国间互动空间问题的出发点：“界线”既是分隔两个社会的地方，又是连接两个社会的地方，界线之上的人群组成了一个既不完全属于韩国也不完全属于朝鲜的社会，从这里开始研究，最能发挥二元性范式的作用，看到朝鲜半岛的二元化属性。最后，从认识论的角度来看，正是这个“第三空间”（« tiers-espace »，Bhabha，2007），也就是这个既不是朝鲜也不是韩国的地方，才能最好地考察“差异性带来的动态变化”（la « dynamique de l'otherness »）。

另外，同时期其他学科的研究证明，比较法在朝鲜半岛研究中的应用（Delissen 和 Abdelfettah，2006；Black，Epstein 和 Tokita，2010）改变了我们看待朝鲜半岛文化的方式。这种改变主要体现在两个方面：第一，作为一个跨越朝韩两国边界的“超文化”（métaculture），朝鲜半岛文化的影响范围远远超出了朝鲜半岛，在许多其他的土地上也都有所体现。这些构成非本土的朝鲜半岛文化圈的民众总共约有六百多万人。这些非本土的朝鲜半岛文化圈的形成，与近代或主动或被动的、大规模的、集中的人口移动有着密切的关系。第二就是前文中所提到的，朝韩文化上的割裂体现在两个社会的各个层面，这种割裂并非一个已经发生过的历史事件，而是一个正在发生和演变的现实。

综上，在区域研究领域，所谓的“朝鲜半岛学”（coréanologie）如今可以说是一个有点“精神分裂”的社会科学学科——在这个学科中，我们无法简单地说自己的实地考察地是“朝鲜半岛”，也无法用任何类似于“《朝鲜半岛：领土与社会》”这种经典的论文题目（说起来，我本人在法国社会科学高等学院的职称里所谓“朝鲜半岛专家”这个说法其实也是很有问题的！）。一般来说，这个学科里的所有知识和认知体系，不是建立在对韩国的考察之上，就是建立在对朝鲜的考察之上，无法做到二者兼顾。然而在欧美学术界，对所谓“朝鲜半岛”——值得一提的是 Patrick Maurus（2010）曾说过这个概念只是一个“传说”——的二元性，甚至是多元性的认识，却一直都在被曲解，被拒绝。大家不断地使用着

“朝鲜半岛国家”“朝鲜半岛文化”（la culture/nation coréenne）等一元性的表达方式，来错误地指代这些二元或多元的事物。这一现象与政治问题密切相关（即极权主义朝鲜与民主韩国之间的对立）。因此，在当今社会科学领域，如果要研究（两个）朝鲜半岛（国家），就必须要“时时事事注意界线”（Zamindar，2007），注意所有学术表述所指的范围，还必须要注意从“超文化”（Bonnemaison，2001）的诞生和发展角度来进行研究。因为，首先，“朝鲜半岛超文化”是一个在不断被构建和不断在扩张的事物；其次，欧美有关“朝鲜半岛”的学术话语表达往往是与韩国的相一致的，这不免会带来局限性和片面性。

事实上，对朝鲜和韩国两国的对比研究，受到的是双重的限制：一方面，进入朝鲜进行正常实地考察的可行性几乎为零；另一方面，既存的学术研究是由上文提到的四方参与者所做的，这四种话语表达分成两个阵营，其出发点都是对对方阵营的否定。那么我们可不可能通过制造一种新的话语表达，在朝鲜半岛的比较研究上取得一些突破呢？比如说，我们认为“超文化”概念并不是 Michel Foucher“超边界”概念的一个衍生物，也不能被其他相似概念，例如 Arjun Appadurai 的“种族脉络”（ethnoscapes）所替代。“超文化”的概念是由 Joël Bonnemaison 基于其对太平洋岛屿社会的研究而首先提出的，是一个致力于描绘国家间的不同关系的概念。与其他此类概念地位相同，“超文化”同样可以被研究者们尝试用于解释朝鲜半岛的国家间的关系。将“超文化”概念应用于朝鲜半岛，也就是这样解释这两个国家间的关系：同属一个朝鲜半岛文化圈的朝韩两国，由于政治上的分裂而完全独立于彼此，各自构成完全不同的社会现实，却又在许多方面非常相似——例如，首尔和平壤的地铁的设计，韩国奥运村区和平壤光复区的兴起模式，以及 20 世纪 70 年代首尔江南地区的开发，首尔大型居住小区的结构等等。这些相似之处直接体现了这种超文化的一致性对两地城市规划上的影响。此外，还有许多间接和细微的影响体现在这两个社会的其他层面上。

以平壤为参照物来解读首尔，或者反之，都对社会科学关于首都的研究有很大的启发（对首都的研究与对其他城市的研究肯定是不同的），也为“城市演化”这个课题提供了许多很有参考意义的分析工具（这里我能想到的是 Isabelle Backouche 和 Yannis Tsiomis 的例子）。然而，由于知识上的不平衡，这种将两个首都互为参照物的比较研究在实际中却很难完成。比如说，关于这两个首都的信息来源差异就非常大：关于首尔的信息很多，而且很容易从网络上获得。其内容从单纯的学术思辨论文到实地考察信息一应俱全。而这些“首尔学”（séoulologie）研究的作者既有来自韩国的也有来自西方国家的，二者间没有明显的界线。作为研究者，需要从这些源头多样、数量巨大的信息中甄别选择，这就要求研究者必须选择自己需要重点关注的实地考察对象，并以此为切入点，来选择、甄别和求证相关的信息和观点。而关于平壤的信息很少，多数还是二手资料，这也要求研究者必须进行实地考察，以获得自己所需要的信息。虽然在朝鲜进行的实地考察一般都是在官方严格的监控之下（这是另外一个话题，暂且不谈）进行的，但这毕竟是一种与研究对象的直接接触，是超越二手资料对认知带来的限制的唯一出路。

另外，这一章节中的例子从一个侧面回答了“什么是可以比较的，什么又是无法比较的”这个问题。如 Detienne 所说，只要比较研究法能拉近两种不同类型的事物之间的距离，那么就可以运用比较法。而我这里所讲述的例子中，首尔和平壤，这两个本该很容易展开比较研究的城市，实际上却让研究者无从下手，因为关于这二者的资料实在太失衡了。这种研究素材上的失衡，使得研究者无法确立分析重心（la focale d'analyse），这正是一个所谓“无法比较”的案例。

研究“阳光政策”的学术话语表达中是不是运用了比较法？

在这篇文章的最后，我想谈一谈比较主义的问题。就这一问题，Stéphane Breton 在本书中有这样一段论述：

> 人类学天然就是一个关于比较的学科——当我们开始用两种不

> 同的视角看待同一个事物时，人类学就诞生了。人类学研究的原则，就是要让各种不同视角的观点交流起来，也就是推崇“礼尚往来”。不同思想体系下的人类学者，必须找到可以在彼此间达成共识的类别划分，否则，他们就很可能只从各自原有思想体系出发来思考，看问题时也就很容易带有一些不自觉的偏见。

按 Breton 所说，应用了比较法的话语表达应当是完全没有指向性和劝导性的，没有价值评判的，只从研究对象的观点出发的一种话语表达。

下面，我们通过分析关于朝鲜半岛研究的两个案例，来说明如何在实际操作中应用比较法的话语表达。这两个案例分析，选用的都是研究1998—2008 年朝韩关系松动时期的经典论文。这些论文的作者是多位地理学和城市研究领域的研究者。他们在实地一同调研、讨论、合作，为在学术话语表达中实现无偏见进行了很好的示范。

第一个案例是由首尔发展研究中心发起的（Seoul Development Institute，SDI）研究课题，题目是北京、平壤、首尔和东京四大首都对古建筑的保护和开发政策［本文参考的是该论文的英文版，原题为“Historic Conservation Policies in Seoul，Beijing and Tokyo”（2005）］。对比该论文的英文版和韩语版，我们可以分析课题组当时所面临的翻译问题以及对策（毕竟课题组的大多数成员的母语不是英语，但英语是唯一的通用语言）。这里首先需要注意的是，在此之前的几十年，作为朝鲜首都的平壤几乎从未出现在任何有关亚洲的地理和社会研究中，而这次课题的城市样本里包含了平壤，本身已经是朝韩关系松动的表现。这其实是一个重大的转折——即使对朝鲜来说，几十年以来也一直是把首尔当作正式的首都，平壤只被当作临时的都城。直到 1972 年，伴随着朝鲜民主主义人民共和国的正式建立和宪法的正式颁布，平壤才正式地确立了其国家首都的地位。首尔发展研究中心发起的这项研究，正式将平壤与其他三个历史悠久的首都并列，这本身就证明了一个观念上的转变。

课题组在研究开展伊始就确立了比较研究法的中心地位。整个课题组以首尔发展研究中心为最高协调管理机构，由该中心组织专家开研讨会，制定统一的研究计划，分派研究任务，并将每个首都分配给一个专门的科研机构负责研究。值得注意的是，最终的研究报告并没有事先预想中的比较研究的目标：报告的主体部分由三个连续的章节构成（“首尔”，第38—161页；“北京”，第162—267页；“东京”，第268—436页），紧跟其后的是一个短小的结论部分，对三个城市的比较进行了一个简短的总结，主要涉及的内容是城市形态的历史传承和古建筑的保护。最后，有一个将近一百页（第445—541页）的“附录”，专门叙述了平壤研究的情况。与负责研究北京和东京的科研机构（东京大学可持续城市复兴中心）不同，平壤的研究是由中国的延边大学和朝鲜社会科学院的历史研究中心联合负责的。他们没有能够按照研讨会上所制定的统一计划开展调研，因为一些“约束和限制”阻止了朝鲜方面的研究员参与到项目中来（尤其是没能被允许参与所有的小组讨论会）。也正因如此，对平壤的研究无法被正常收录到报告的主体部分里。不过，针对课题组在课题伊始时发出的调查问卷，朝鲜方面只做了一个报告，以回答问卷中关于城市发展历史和对古建筑维护方面的问题。总报告编审组认为，朝鲜方面提供的这份报告还是很有意义的，可以收录在附录中：“我们在此原文收录了朝鲜研究者们提供的报告。我们希望这份报告可以使读者了解朝鲜研究人员对本课题的看法，以及他们对平壤古建筑的保护所做出的努力。”（SDI，2005）

第二个案例同样是对“阳光政策”这段时期的考察，研究者们也表现出了在学术作品中实现无偏见话语表达的极大努力。这个课题的最终成果以《朝鲜地理与文化百科全书·第一卷·平壤》，首尔和平事务学院2006年版（*Encyclopedia of North Korean Geography and Culture*，2006，Séoul：The Institute for Peace Affairs，Vol. 1：Pyongyang）的形式出版了，是首尔和平事务学院与朝鲜官方出版机构合作的结果。如果对该书进行话语分析就会发现，参与课题的双方为了让对方能够充分理解自己的观点及诚意，都做出了最大程度的努力。比如说，我们发现，韩语中有一个长久以来故有的表达方式“*uri nara*”（我们国家），它是一个完全中性的词，在朝韩两国各自的语言中都经常使用，还有“*choguk*”（祖国）一词也是如此。双方研究人员都在书中大量地使用了这类词汇，而没有使用诸如“Han'guk/Puk'an”（“韩国/北韩”，韩国日常话语表达中常用的区分两国的用词）或“Chosŏn/Nam chosŏn”（“朝鲜/南朝鲜”，朝鲜日常话语表达中常用的区分两国的用词）之类的表达方式，尽管它们经常被用在两国各自的日常话语表达中，甚至是出现在课本里。再比如说，在两国课题组成员共同写就的序言中，朝鲜研究人员没有像往常一样把对伟大统领的致敬作为开篇（相比前面一个例子中，收录在附录里的朝鲜方面提供的报告，文风大不相同）。不过我们也看到，除了上面说到的这些努力，双方在语言上的区别还是很大的，这从单词的拼写上［例如朝鲜语中声母ㄹ（*riŭl*）被用在单词开头，而韩语中这个声母不能用在单词开头］和词汇上［例如，“*tongp'o*”（同胞，同志）在朝鲜语中的使用］都有所体现。

这段时期朝韩关系的松动，在韩国促成了许多类似研究的实施以及研究成果的发表。例如，韩国的一位建筑师/城市规划师（Im，2011）发表了《认识这座社会主义革命之城》，其中记录了20世纪朝鲜半岛历史转折点之后平壤的现状及其发展历程，这是最早的关于平壤的著述之一。Charles Armstrong 在其发表在《亚洲研究期刊》（*Journal of Asian Studies*，2011）中关于朝鲜的文章中说，以上这些研究促进了学术圈对话语表达和观念多样性的接纳。然而不得不承认，将比较研究法真正成功地运用到话语表达分析中还是非常困难的——举例而言，EspacesTemps. net 网站曾集结多位研究人员共同写就了关于朝鲜半岛南北互动空间的论文，而在把该文的概要翻译成韩语的过程中就遇到了不小的麻烦。我把该文的题目和关键字的法语原文原原本本地呈现在这里：

> 题目：《朝鲜半岛的南北互动空间与重构》（“Interfaces et reconfiguration de la question Nord/Sud en Corée”）
>
> 关键字：朝鲜半岛　朝鲜　韩国　朝鲜半岛内部关系　互动空间　认识论　朝鲜半岛研究（Corée，Corée du Nord，Corée du Sud，relations intercoréennes，interfaces，épistémologie，études coréennes）

翻译中最主要的问题是词汇的选择，以及对朝鲜半岛两国的称呼的选择。在西方语言中，这两个国名形成了鲜明的词义和意识形态上的对

比（sud/nord，南/北），而在韩语（朝鲜语）中，这两个国名却没有这种显而易见的对比关系。另外，韩语（朝鲜语）中，除了刚才说到的“我们国家”（uri nara）和“祖国”（choguk）之外，也没有“la Corée”（法语中对朝鲜半岛两国的统称）这个概念——这也许可以证明朝韩分裂前朝鲜半岛文化圈内一国意识的长久存在。对此，“韩式英语”（konglish）中专门发明了一个词 K'orea（코레아），专门用来指西方国家对朝鲜半岛两国的统称，用来在学术研究中消除歧义。最后，我们决定这样翻译这几个关键词：“la Corée”翻译成“Han'guk，*Chosŏn*”，也就是（韩国眼中的）“韩国”，（朝鲜眼中的）“朝鲜”，因为我们发现称呼的不同是源于视角的转变：如果用“Namchosŏn”（南朝鲜）就是朝鲜眼中的韩国，用“Puk'an”（北韩）就是韩国眼中的朝鲜了。同理，对于“études coréennes”我们也采用了这种双重翻译法。然而，我们的这种去偏见的努力本身，还是摆脱不了主流的（其实也就是英语的）话语表达的影响——毕竟，对朝鲜而言，这种西方国家在话语表达上的困境，或者说类似“韩式英语”的问题根本就不存在。

最后也许值得一提的是，朝鲜半岛在语言上的分裂对现实生活有着实实在在的影响：2011 年秋天，巴黎的一所大学需要招聘一位“韩国语言文学”（linguistique et littérature coréennes）的讲师（maître de conférences）。这则招聘广告的韩语翻译稿引起了广泛的争论，最终，学校决定在韩语翻译稿中用英语（Korea，Korean）来描述这个职位，以消除歧义。

* * *

本文试图呈现的是，具有双重性的比较对象（也就是朝鲜半岛和朝韩两国）是如何在各个层面对传统的比较研究法的应用提出挑战的：比传统的比较研究法所面临的“这里”和“别处”的问题更多一层，在朝鲜半岛和朝韩两国的研究中，我们还面临着“别处”和“别处”（南/北）的难题。回顾前文对这两个充满意识形态意味的双重性的对象的比较研究案例，我们发现：在面对国界和文化差异的复杂性时，比较研究法在应用中常常面临僵化、教条化的风险。

任何社会科学课题中，只要是设定了分析和话语表达的角度，那么我们就可以说这个课题运用到了比较研究法。在当今（社会）科学领域，去除国家间、学科间，以及研究团体间的隔膜（le décloisonnement），是比较研究法能够成功运用于实践的关键所在。正如史蒂芬·布雷顿（Stéphane Breton）所说，比较研究法应当让每个比较对象都能充分地展现各自的立场和观点，不受任何价值评判。但是，当我们真的做到这一点时，我们会发现，比较研究法在创造性和启发性上的魅力似乎也就丧失殆尽了。不偏不倚地比较是否还能称得上是比较呢？比较法的最终命运，会不会像前文中提到的那个招聘讲师的例子那样，最后陷入一种无法自处的境地了呢？

致　谢

感谢 Alain Delissen（法国社会科学高等学院）和 Myriam Houssay-Holzschuch（Université de Grenoble）对本文文稿所提出的宝贵意见。

参考文献

Armstrong Charles, 2011, «Trends in the study of North Korea», *Journal of Asian Studies*, 2（70）, pp. 357 – 371.

Bhabha Homi, 2007, *Les lieux de la culture. Une théorie postcoloniale*, trad. par Françoise Bouillot, Paris, Payot.

Black Daniel, Epstein Stephen et Tokita Alison, 2010, *Complicated Currents: Media Flows, Soft Power and East Asia*, Victoria, Monash University Press.

Bonnemaison Joël, 2001, *La géographie culturelle*, cours de l'université Paris IV-Sorbonne（1994 – 1997）, établi par Maud Lasseur et Christel Thibault, Paris, CTHS（coll. «Format»）.

Brooks Timothy, 2008, *Vermer's Hat: the Seventeenth Century and the Dawn of the Global World*, New York, Bloomsbury Press.

Brunet Roger, Ferras Robert et Théry Hervé, 1992, *Les mots de la géographie. Dictionnaire critique*, Montpellier-Paris, Reclus-La Documentation française（coll. «Dynamiques du territoire»）.

Christin Olivier (ed.), 2010, *Dictionnaire des concepts nomades en sciences humaines*, Paris, Métailié (coll. «Sciences humaines»).

Collignon Béatrice, 2007, «Note sur les fondements des *postcolonial studies*», *EchoGéo*, 1. Disponible en ligne: www. revues. org (consulté en septembre 2012).

Cumings Bruce, 2004, *North Korea. Another Country*, New York, The New Press.

Dakhlia Jocelyne, 2001, «La "culture nébuleuse" ou l'Islam à l'épreuve de la comparaison», *Annales SHS*, 56 (6), pp. 1177 – 1199.

Delissen Alain et Abdelfettah Nedjma, 2006, «Evasions & obsessions-differences and repetitions in history books: a bipartisan looks at the history of France's colonization of Algeria», *Nationalism and History Textbooks in Asia and Europe*, Seongnam, Academy of Korean Studies, pp. 239 – 278.

Detienne Marcel, 2000, *Comparer l'incomparable*, Paris, Seuil (coll. «La librairie du xxe siècle»).

Dufaux Frédéric et Fourcaut Annie (eds.), 2004, *Le monde des grands ensembles*, préf. de Paul Chemetov, Paris, Creaphis.

Foucher Michel, 2007, *L'obsession des frontières*, Paris, Perrin.

Geertz Clifford, 1983, *Bali. Interprétation d'une culture*, trad. par Denise Paulme et Louis Évrard, Paris, Gallimard (coll. «Bibliothèque des sciences humaines»).

—1996, *Ici et là-bas. L'anthropologue comme auteur*, trad. par Daniel Lemoine, Paris, Métailié (coll. «Leçons de choses»).

Gelézeau Valérie, 2003, *Séoul, ville géante, cités radieuses*, préf. de Jean-Robert Pitte, Paris, CNRS Éditions (coll. «Asie orientale»).

—2010a, «Beyond the "Long Partition": from divisive geographies of Korea to the korean metaculture», *European Journal of East Asian Studies*, 9 (1), pp. 1 – 24.

—2010b, «Espoirs et désillusions de la décennie du "rayon de soleil"», *Critique internationale*, 49, pp. 9 – 20.

—2011, *Atlas Séoul*, cartographie Claire Levasseur, photographie Cathy Rémy, Paris, Autrement (coll. «Atlas mégapoles») .

Gelézeau Valérie (ed.), 2004, *Géographie et cultures*, 51, dossier spécial: «La Corée en miettes. Régions et territoires».

Gelézeau Valérie, Bidet Éric, Chabanol Élisabeth *et al.* , 2010, «Interfaces et reconfgurations de la question Nord/Sud en Corée», *Espaces Temps. net.* Disponible en ligne: www. espacestemps. net (consulté en septembre 2012) .

Ghorra-Gobin Cynthia, 1998, «La démarche comparative en sciences sociales», document de discussion, Unesco. Disponible en ligne: www. unesco. org (consulté en septembre 2012) .

Gibson-Graham J. K. , 2004, «Area studies after poststructuralism», *Environment and Planning A*, 36 (3), pp. 405 –419.

Grinker Roy Richard, 1998, *Korea and Its Futures. Unifcation and the Unfnished War*, New York, St Martin's Press.

Guillemoz Alexandre, 1983, *Les algues, les anciens, les dieux. La vie et la religion d'un village de pêcheurs-agriculteurs coréens*, Paris, Le Léopard d'Or.

Hancock Claire, 2004, «L'idéologie du territoire en géographie: incursions féminines dans une discipline masculiniste», dans Christine Bard (ed.), *Le genre des territoires: masculin, féminin, neutre*, Rennes, Presses universitaires de Rennes (coll. «Presses universitaires d'Angers»), pp. 167 – 176.

Houssay-Holzschuch Myriam (ed.), 2007, «Une géographie des espaces publics dans les pays intermédiaires», rapport à l'ANR d'une Action concertée incitative n° JC6029. Disponible en ligne: www. hal. archives-ouvertes. fr (consulté en septembre 2012) .

Im Tongu, 2011, *Pyongyang keurigo Pyongyang ihu. Pyongyang tosi konggan-e taehan tto tareun sigak*: 1953 –2011, Séoul, Hyohyung.

Lieberman Victor, 2009, *Strange Parallels: Southeast Asia in Global Context, c.* 800 – 1830, Vol. 2: *Mainland mirrors: Europe, Japan, China, South Asia and the Islands*, Cambridge, Cambridge University Press.

Lombard Denys, 1996, «De la vertu des "aires culturelles"», dans Jacques Revel et Nathan Wachtel (eds.), *Une école pour les sciences sociales. De la VIe Section à l'École des hautes études en sciences sociales*, avant-propos de Marc Augé, Paris, Cerf-Éditions de l'EHESS (coll. «Sciences humaines et religions»), pp. 117 – 125.

Maurus Patrick, 2010, *La Corée dans ses fables*, Arles, Actes Sud.

Myers Brian, 2010, *The Cleanest Race. How North Korean See Themselves and Why it Matters*, New York, Melville House.

Passeron Jean-Claude et Revel Jacques (eds.), 2005, *Penser par cas*, Paris, Éditions de l'EHESS (coll. «Enquêtes»).

Pomeranz Kenneth, 2000, *The Great Divergence: China, Europe, and the Making of the Modern World Economy*, Princeton, Princeton University Press.

Robinson Jennifer, 2004, «In the tracks of comparative urbanism: Difference, urban modernity and the primitive», *Urban Geography*, 25 (8), pp. 709 – 723.

—2011, «Cities in a world of cities: The comparative gesture», *International Journal of Urban and Regional Research*, 35 (1), pp. 1 – 23.

Samoyault Tiphaine, 2010, «Traduire pour ne pas comparer», *Acta Fabula*, dossier critique «Autour de l'œuvre d'Homi K. Bhabha». Disponible en ligne: www. fabula. org (consulté en septembre 2012).

Sanjuan Thierry (ed.), 2008, *Carnets de terrain. Pratique géographique et aires culturelles*, Paris, L'Harmattan (coll. «Géographie et cultures. Histoire et épistémologie de la géographie»).

Subrahmanyam Sanjay, 2005, *Exploration in Connected History: Mughals and Franks*, Oxford, Oxford University Press.

Szanton David (ed.), 2002, *The Politics of Knowledge. Area Studies and the Disciplines*, Berkeley, University of California Press.

Werner Michael et Zimmermann Bénédicte (eds.), 2004, *De la comparaison à l'histoire croisée*, revue *Le Genre humain*, Paris, Seuil.

Wong Roy Bin, 1997, *China Transformed: Historical Change and the Lim-*

its of European Experience, Ithaca, Cornell University Press.

Zamindar Vazira, 2007, *The Long Partition and the Making of Modern South Asia. Refugees, Boundaries, Histories*, New York, Columbia University Press.

比较的方式：从印度的视角看知识的兼容性

卡特琳娜·纲吉

我们可以比较“知识”（des savoirs）吗？如果可以，那么我们在比较知识的时候具体是在比较什么呢？人类学界长久以来就存在着关于魔法、科学性，以及理性的争论，这也正是为什么在本文的开头我们就有必要提出这样的疑问。从19世纪的进化论到最近的认知论阐述，人类学家一直在对不同形式的知识和“理性”进行分类、评估和记录。本文的主旨并不是要回到这些漫长的历史中一一回顾相关的论述及争论，而是试图提供一个人类学学科之外的视角来看待这一问题。实际上，知识之间的比较并不是人类学的专有特权；知识的价值，范围和合法性问题，早已被提出并一直在被持续地关注和讨论着（尤其是在欧洲），这一问题所涉及的范畴也并不限于社会科学的框架之中。基于来自印度的丰富文献，本文考察了一些当代以及古代印度星界学（*jyotiṣa*）的作者的著作，着重考察其著作中关于“知识”（特指这些作者在其著作中所认定和推崇的知识）与其他形式的知识（即在其所生活的时代被广泛认为有效或无效的知识）之间的关系的话语表达。

本文的写作目的不仅在于分析不同于一般社会科学中常见的比较研究法的实践，更在于对长久以来主导人类学的一种对知识的认识方式提出质疑，尽管这种认识方式曾使人类学在理论探索上取得过一些成绩。这里所说的这种长久以来主导人类学的对知识的认识方式，指的是围绕着科学、魔法和宗教之间的对立而建构的关于知识合理性的争论。[①] 虽然“科学、魔法和宗教”这个三角关系的三极——包括这三个概念的定义以及它们的相互关系——一直以来都是人类学界积极研究和讨论的主题，但学者们却很少关注知识本身：其实，脱离科学、魔法和宗教的类别划分来谈论知识是不可能的，但以往的学者们似乎不愿触碰这一话题，仿佛把知识当成了一种在认识论上无法被分类的概念。

学界在对梵文经典的解读过程中开发出了星界学（le savoir astral）这一学科。星界学作为一门既包含数学、天文学、占星术以及占卜术的学科，为反思人类学对知识的研究方面开辟了一条有趣的途径。星界学的出发点是把本学科看作一个关于知识的人类学；而迄今为止，这种知识人类学可以说是过度地关注所谓魔法现象和巫术（Kapferer，2003）。“*jyotiṣa*”是一门在印度的多所大学都开设了的学科，有的大学还设有这一学科的博士点。可以说，在印度，这一学科既没有多奇特，也没有多过时，完全是一门正常的学科。星界学在印度的这种认识论地位以及其制度化的存在的合法性，促使我们重新思考科学、现代和理性的知识，与隐性、古老和所谓非理性的知识之间的对立。

针对知识之间的比较问题，本文将从一个特定的角度——即同时具有共存与竞争关系的知识之间的兼容性的角度出发来进行研究；这里所说的“同时具有共存与竞争关系的知识”，指的是对同一对象（例如事件或现象等）给出不同解释的知识体系。我们试图回答的问题是，在不同知识体系对同一对象提供了不同解释的情况下，社会当中的行动者是如何在自己的认知过程中对此做出反应的？一种知识的有效性是否会损害另一种知识的有效性？两种竞争关系的知识可以同时有效地共存吗？两种竞争关系的知识之间必然是相互矛盾的吗？本文采用的对“知识”的定义旨在尽可能地广泛——这里说的“知识”，包括所有与认识行为有关的理论、学科和模式，以及在社会中被广泛认可和共享的一整套的认知技能。从这个意义上说，能够界定本文的研究范畴的并不是研究的“主题”（sujet），而是“对象”（objet）。本文关注的重点，首先是不同知识体系之间的相似之处，其次是它们之间的区别，以及识别这两者的具体

---

① Stanley J. Tambiah（1990）曾研究过这些争论所揭示的部分问题及其历史渊源。

过程。我们将首先考察并选取具有可比性的知识体系作为比较研究的对象，然后再分析这些比较对象之间的兼容性。

我们下面将要分析的有关印度占星术的例子表明，具有竞争关系的知识体系的共存关系通常是以互补——而非矛盾——的形式存在的。Thomas S. Kuhn（1972）在其有关科学革命的模型的论述中认为，竞争性“范式”之间的关系特点表现为不连续性、破裂和相互替代。而本文的发现与 Kuhn 所描述的模式不同，我们看到，即使是完全处于相互竞争甚至完全对立地位的理论，都有可能实现不相互排斥的共存。一种知识之于另一种知识的在认识论方面的优先性并不是绝对的，而是取决于其所处的上下文和待解决问题的类型。然而，这种态度不应该被解读成一种认识论上的一概而论，抑或是印度文化特有的一种“包容性”①。事实上，印度文化的发展中不仅有“排斥”的现象存在，而且这种排斥现象的存在并不是例外：我们进一步看到，这些知识体系之间表现出的寻求和解的态度，反映的正是一种知识体系在面临别的知识体系的挑战时所做出的回应，这种策略的目的在于确保该知识体系——以及该知识体系的维护者们（或者说靠该知识体系的知识吃饭的理论家们）——的生存和生计。我们进一步发现，只有在一个特定学科存在的合法性受到主流知识体系的挑战的时候，这个学科才会在其正式的话语表达中使用那些“寻求和解”的说法。本文着重呈现的是占星术这一知识体系的理论家们与其他知识体系的理论家们所形成的认识论联盟。这种联盟不仅可以解释星界学作为一个知识体系生存至今的原因，而且还解释了这种联盟在当代的科学与宗教研究中日益流行的原因：作为一种语言桥梁，这种联盟可以说是把科学和宗教连接在了一起。

就印度占星术的案例来说，对不同知识体系的比较研究可以通过对

① 关于印度文化的包容性（l'inclusivisme）的研究详见 Oberhammer（1983）主编的合集。这部作品中收录了 Paul Hacker 的遗作——Hacker 认为，“包容性”概念是印度宗教和哲学传统的最显著特征。Oberhammer（1983）的合集中还收录了 Wilhelm Halbfass、Albrecht Wezler 以及 Gerhard Oberhammer 本人对此看法的回应——他们用有根据的论点挑战了 Hacker 的观点，认为并不仅仅是印度宗教和哲学思想才有这种包容性。我们完全认可 Oberhammer 等学者对包容性仅存于印度文化的批判，但在本文中我们认为，也许可以借助“包容性”这一概念来解释星界学的发展这个特定的案例中存在的某些策略。

各种来源的素材的观察和分析来实现。这些不同的素材来源包括梵语的星界学文献、印度被殖民时期的一些官方和非官方的文件，以及占星家和当代学者的论述等等。我们在本研究的研究过程中意识到，这些不同类型的素材来源构成了一个连贯一致的语料库，使我们不仅能分析这些话语素材在当时历史背景下的功能，还能够很好地理解当代话语和实践的意识形态范围——本文中所引用的梵语文献条文，即便是在今天，都还是星界学家们在其专业实践中最信奉的权威，今天的星界学家们还是会经常在其大学教授的课程、公共讲演及著作当中提到这些梵语文献。至于印度被殖民时期的相关文件，尽管它们并不是为当代星界学家们所广泛使用的材料，但这些文件对我们的研究来说还是很有意义的，因为我们可以将这些历史材料作为一种民族志，通过对其的梳理和分析更好地理解当代的相关现象。

印度的星界学由数学（*gaṇita*）、天文学（*siddhānta*），占星学（*horā* 或 *phalita*）和占卜学（*saṃhitā*）等几个分支学科构成。在这些分支学科当中，本文所重点关注的是占星学，有时也称其为“星座学”（horoscopie）。占星学是在印度教生活中被实际应用得最多的一个分支，因此，它非常容易与其他知识“共居”。不过，在下文中我们将会说到，无论是在历史上还是在当代社会，占星学家们所接受的培训当中的一门必修课，就是去解释自己学科与星界学其他分支学科之间的联系；然而作为研究者，我们很难单纯通过研究这种联系而真正理解占星学家们的这种认识论策略。这时，比较研究法的应用给我们的研究带来了突破——本文的最后，我们通过对星界学其他分支与占星学在实践中的对比，进一步讨论了占星学家的认识论策略。

可比较的知识

受 Maurice Bloch 著作的启发，Rita Astuti，Jonathan Parry 和 Charles Stafford 邀请了多位人类学家共同写就了《人类学问题》（2007）一书。书中号召人类学家们回过头来探讨这一学科中最基本却也最重要的几个问题——因为通常，对这些最基本的问题的讨论总会被所谓“学术前沿”的、复杂的和热烈的理论辩论所淹没。这些问题都是在以最简单和直接的方式对自然和人类社会提出拷问。思考这些问题对于人类学的发展至关重要，因为它们不仅仅是人类学家们感兴趣的问题，而且是对在田野工作的学生和被访谈的报告人都很重要的问题——只有搞清楚这些问题，我们的田野调查和科学研究才能真正激发我们学科内部的思想交流和思维进步。书中说到，人类学家们应当时刻关注那些不从事人类学研究的人们关注的问题，例如“接下来会发生什么?”“为什么世界是今天这样的?”“为什么总有一些人比另一些人强大?”“我们怎么知道什么是真实的?”——这部合集也正是用这些问题来作为篇章的大标题的。

比起那些平时看上去对这些问题不怎么关心的人类学家们，古贝纳勒斯（Bénarès，今瓦拉纳西）的占星师们可是每天都要面对客户向他们提出的这些问题:“占星师先生，告诉我们，之后会发生什么?”（*guruji*，*batāye*，*kyā hogā*?），“为什么事情是这样的?”（*kyõ esā ho rahā hai*?），“这是什么原因?”（*iskā kāraṇkyā hai*?）。这些问题通常涉及与婚姻、健康、金钱、工作或子女有关的困难。占星师不仅要通过建立某种诊断（问题的类型、原因，以及问题将会持续多长时间等等）来提供一种解释，还要为客户制定能改善其现状的“治疗方案”。

显然，对于这些几乎人人生活中都会遇到的问题，占星师单靠占星术是无法给出答案的。正如在古印度的其他地方一样，在贝纳勒斯同样有多种对人类命运的解释系统。为了获得有用的建议和有效的解决方案，人们可以自行选择，广泛咨询包括牧师（*purohit*）、占星师（*jyotiṣī*）、精神领袖、驱魔师、密宗官以及医生等等各类专家，这些专家都各自运用自己行业的一套知识体系和方法来进行诊断和解释。正如一些研究“痛苦成语”（*idioms of distress*）（Nichter，1981，2010）、“多形式推理”（*multiform reasoning*）（Khare，1996）以及“现实的多重秩序”（*multiple orderings of reality*）（Tambiah，1990）多样性的民族志所示，这些不同行业所讲的不同话语之间非但不相互排斥，而且在实践当中经常有一定程度的结合。在印度文化中，这些都是一些常常被用来解疑释惑，以及为困难提供某种解决方案的路径。例如，人类学家 Sheryl Daniel（1983）就用“工具箱”这个比喻，研究了在泰米尔纳德邦（印度南部）的社会当中的行动者如何在解释痛苦的几种知识体系之间进行选择的过程。Sheryl Daniel 以及研究这一问题的另外一些学者认为，人们总会根据事件具体的背景和要解决的问题类型，来选择使用最适合其需求的宇宙学理论，而在这个过程中，他们并不会考虑不同解释系统之间的一致性或兼容性。

人类学界关于南亚（以及其他地区）知识体系研究的关注重点，大多是“病因诊断”和“治疗方案”的多元性。这些研究都会从“客户”或者“患者”的角度出发来探讨这种知识体系的作用，而很少有人类学研究考虑从“受委托的专家”或者说“医生”的视角出发来探讨这一问题。我们认为，从后者的角度出发来思考问题，可以让我们从根本上解释不同知识体系之间的关系。我们都心知肚明的是，所谓多种表达和解释系统的并存，实际上指的是这些系统各自不断地自我表达、反思和调整，以及实践这些不同知识的专家们之间不断辩论的过程。通过调动评估、谈判和调整等策略，这些存在着潜在竞争关系的——甚至是潜在的冲突可能的——不同的知识体系之间，建立起了一种协调一致的关系和等级制度，同时在从业专家的层面也建立起了某种或共谋或竞争的关系。

由于其历史、社会用途和认识论上的特点，占星术这个学科可以说是观察人们如何理解不同知识体系之间的差异和相似性的一个极好的实验室。不管是在梵文经典中还是在当代文献里，占星学的知识体系经常被用来与其他几种类型的知识体系相比较，这些“其他知识”中就包括自殖民时代以来兴起的现代科学和生物医学。为表述明确，我们在这里列出本文中涉及的六种可供比较的知识体系类型：我们的主要比较对象——占星术；通过神谕或其他“灵感”类祭祀仪式实现的占卜术；以因果报应理论为代表的婆罗门教中关于人类命运的解释体系；印度医学理论（尤其是“*āyurveda*”）；*Purāṇa*（神话经文）中描述的宇宙论；以及刚刚提到的现代科学和生物医学。我们在对这些不同知识体系的比较研究实践中发现：首先，“可比性”的标准并不是唯一的；其次，占星术和其他知识之间的兼容程度也并不一定完全基于它们在认识论上一致的程度。

在开始对这些不同的案例进行分析之前，我想我们有必要强调一下方法论。在本文的研究中，使用比较法的目的并不在于找到一个普遍适用的理论或者为各种知识建立一个严谨的分类体系，而是试图在占星术和其他知识之间建立一种关系——这种关系可能是某种相似性、互补性、相对的优越性，抑或是矛盾性，等等。本研究所涉及的比较法，并不是硬科学中那种通过设定变量和常量以确定某种自然、文化或社会规律的中立视角（un regard super partes）的比较。所谓“比较研究法”其实也并不是一种能处理语言、文化或社会现实问题的“方法”。相反，从词源学角度来看，“比较”的意义在于“批判”，因为它旨在判断从某个特定角度出发所看到的知识的价值，以及践行这种知识的人的价值。因此，我们在分析中会充分考虑到，我们分析和解读的文献正是我们比较研究的对象——占星师们自己写就的；而他们的话语和论述也很有可能是片面且有倾向性的。

不同知识体系共存的世界

对于最早撰写梵文星座学典籍的作者们而言，一个首要的问题就是要解决占星学之于其他知识体系的定位问题。星座运势理论（*jātakaśāstra*）对于印度文化来说其实是一个舶来品：在公元后最初的几个世纪中，古希腊的一些关于星座学的论文被陆续翻译成梵文，星座学就这样被引入了印度（Pingree，1978）。由于这种外来起源，以及相较于自吠陀时代以来就稳健发展的其他婆罗门知识体系的“晚熟”，星座学必须在既存的多种知识和实践体系构成的世界中找到一席之地，以确立其合法性。公元6世纪时的天文学家、占星师 Varāhamihira 可以说是这一领域的奠基人，他的专著被广泛认为是这一领域最具权威性的著作之一，今天的大学课程依然在用他的著作作教科书。当时他在书中就明确地表达了对其学科合法性的担忧。下面摘录的就是我们在这部著作中选择的三个段落（这三段话也是为当代占星师所熟知的）呈现给读者。三段话讨论的主题就是占星术和其他形式的知识之间的关系。即使这些论述写作的社会和历史背景与当代印度的语境截然不同，其所讨论的核心问题却无论是在当时还是在当代都非常有时效性的，这些讨论可以让我们更好地理解和思考不同知识体系之间的关系问题。

在被视为占卜学中无可争议的权威的百科全书式的作品 *la Bṛhat - saṃhitā de Varāhamihira* 的第二章里，Varāhamihira 描绘了一个理想的占星师应当具备的身体特征和智力水平（Pandey，2005）。在这一部分，他还进一步说道：婆罗门占星师的合法性是通过广泛召集其他知识体系以及隶属其他知识体系的专家们而实现的，对于婆罗门占星师，所谓其他知识体系和其他知识体系的专家，其实是与自己的关系既近又远，跟自己既相似又不同的存在。Varāhamihira 首先写到（2. 14），占星师在婆罗门这里必须得到尊重，因为即便是在“野蛮人”［*mleccha*，这个词通常被翻译为“不可触碰的”，在本语句中指的是希腊人（*yavana*）］的社会中，占星师都是享受极高的待遇的：

> 希腊人是野蛮人这一点当然毋庸置疑，［但是］希腊社会有一点值得我们借鉴的就是，这种科学［指占星术］在他们的社会当中已经很成熟了，［因为］他们［指占星师］［在希腊人的社会之中］都是被尊为圣人（*ṛṣi*）的，所以说在我们婆罗门之中，占卜占星师必须得到更多［的尊敬］！

显然，上面这段论述是在给距离遥远的希腊和婆罗门占星师们所践行的知识之间拉近关系，或者甚至可以说是在给这两个世界的占星师们赋予同一种身份。而下面这段话则又是在刻意拉开希腊占星学和婆罗门占星学这两个知识体系之间的距离——Varāhamihira（2. 15）说道，虽然它们看起来很接近和相似，但必须被视为对立且相互排斥的：

> 通过魔术及障眼［法］（*kuhaka*）、灵魂附体（*āveśa*）、隐身术（*pihita*），或者声称自己秘密听到过某种神［启］所以能预测未来（*kaṃa-upaśruti*）的那些所谓“占卜者”，实际上并不是真正的占卜占星师（*daivavit*），所以人们不应当向他们寻求关于未来的建议。

这两段经文为当代占星师行业提出了两个关键性的问题：一个是他们所践行的知识的起源和独特之处的问题，另一个是占星术和其他在印度社会中广泛存在的占卜形式之间的差异问题。以上这些在公元后最初的几世纪写就的关于占星学与“其他”占星术的比较话语，并不会在当代的印度占星学文献中出现，而在当时，对印度占星学之于其他占星术的独特之处的相关问题的阐述，对于建立印度占星学的合法性至关重要。当代的印度占星学文献都不会提及它的希腊和巴比伦根源，甚至不会提到其与西方占星术（Western astrology）有任何的瓜葛。今天，无论是在印度本土，还是在美国及欧洲，印度占星学都是作为“吠陀占星学”（Vedic astrology）为大众所知的。作为“古老”“神圣”“灵魂”“永恒”和“真谛”的代名词，这种“吠陀属性”（l'attribut de védique）不仅变成一种纯“印度制造”的标签和商业利润的保证，而且也见证了20世纪末印度民族主义政党在印度教育机构内推广所谓“吠陀科学”的计划所留下的意识形态标志。

为了将“婆罗门占星学”与其他知识体系区分开来，古印度的第一批占星师们花了很大力气，一直致力于将婆罗门占星术与之前一直风行于南亚地区的其他那些涉及神启和灵魂附体等的占卜行为对立起来。正如Smith（2006）所言，尽管关于灵魂附体的内容占了梵语传统文献很重要的一部分，但实际上，灵魂附体这种行为一直以来（直到今天）都是被婆罗门占星师和他们的客户视为低级种姓和文盲群体惯用的占卜法。Varāhamihira的文字给今天的我们的启发，在于让我们注意到婆罗门占星师在树立其学科合法性的努力当中，用到了对诸如驱魔师（ojhā-sokhā）和密宗师等其他知识践行者的侮辱手段，说他们只是传播迷信（andhaviś vās）的无知（avidyā，ajñāna）的“江湖骗子”（dhūrt）。今天，婆罗门占星师的客户群体主要由中上阶层人士构成，他们受过高等教育，并能承担高昂的咨询费用，他们不仅是婆罗门占星学和婆罗门占星学特有的形式化话语表达的忠实拥趸，而且也很醉心于占星师们在咨询过程中对数学计算以及现代科技（比如电脑、软件和平板电脑等等）的应用。对于当代的婆罗门占星师的客户们来说，占星学是一种传统知识（un savoir *sāstrik*，词根是*sāstra*，梵语“经文条目”的意思，也就是说这个“un *savoir sāstrik*”指的是一种深奥的科学知识），与被认为是“庸俗”（laukik）、虚假和不理性的其他占卜术是截然不同的。对占星咨询案例的现场观察研究表明，实际上，婆罗门占星学的咨询，与其他涉及神启和灵魂附体等的占卜实践之间有千丝万缕的联系。婆罗门占星师们刻意将这两种知识形式对立起来，更多的是为了寻求一种社会认同上的区别，而不是任何实质性的区别。

下面让我们来看看本文要讲到的第三个梵文典籍段落（2.3）。这一段中，Varāhamihira 对比讨论了婆罗门占星学与其他相关知识体系的合法性问题。这一段具体说的是关于星座运势理论和因果报应理论之间的关系：

> 正如黑暗中的一盏明灯，这种科学［指星座学］让我们看到了人生的另一个层面，让我们明白了任何人生中结果都是之前的善行和恶行（karman）积累的结果。

这段与之前语言风格不尽相同的论述，后来常常出现在星座学的正统研究文献中，以及当代占星师们的话语表达里——这些占星师声称，人在出生那一刻，星座和星形的配置会像灯一样照亮其命运，让原本“不可见”（*adṛṣṭa*）的那些前世行为的结果变成“可见”（*dṛṣṭa*）。这个“灯”的隐喻至关重要，因为正是它建立了两种人类命运理论之间的兼容性和互补性的关系。需要注意的是，从逻辑上讲，这二者在本质上其实是相互冲突的：如果完全按照占星学的理论（即星相规定了人的行为）来推理，那么我们如何解释因果报应学说中提出的“我们应该对我们所做的道德选择及行为负责，因为这些行为决定了我们的未来”这一观点？针对这一悖论，“灯的隐喻”声称，星座学理论和因果报应理论是同一真理的两种语言表达方式，是在用两种不同的方式来说明同样的事情，从而把这两种关于人类命运的理论都刻画成被婆罗门文化认可的、有效的、正统的理论。简而言之，“灯的隐喻”是把占星学说呈现为因果报应学说“打开天窗说亮话”（à ciel ouvert）的版本了。当时印度的占星师们考虑到通过这种方式来与当地既存的信仰进行认识论层面的“调解”是很顺理成章的——当时印度引进巴比伦星座学的时候，轮回转世的说法已经是婆罗门正统宗教观念的一部分了，那么为了寻找自己学科的合法性，占星师们自然会想到要把占星学融入到这些理念之中，这样一来，本土原有的专家们就不得不认可星座学的合法性和有效性了。

古印度的第一批占星师在两种人类命运理论之间所建立的兼容性也符合当代占星师的利益——由于行业的鼻祖树立了这样一个权威的理论，当代占星师们就可以一直名正言顺地谈论星星之间的相互影响以及各种使星界获得平和状态的仪式，并且在此过程中不会侵犯到婆罗门教的轮回理论的效度。

除了我们在上文中引用的段落之外，还有一些当时的占星师搬出了中世纪（14 世纪）的一部梵文经典 Vīrasiṃhāvaloka，指出此书中明确说到，对人类命运的解释并不是唯一的，完全可以是多元的。最近，在瓦拉纳西刚刚出版了 *Vīrasiṃhāvaloka* 的一个最新的梵文和印地语双语对照的版本（Parashara，2007），其中有一个专门的“对比”章节，详细列举了针对同一现象，根据不同的理论而存在的几种不同的合理解释。具体来说，这一章节选取的是某种疾病（*roga*）来作为需要被解释的现象，然后这一章用了 71 个小节，分别从占星学理论（*jyotiḥśstra*）、印度教正统教宗理论（*dharmaśāstra*）和阿育吠陀医学理论（*āyurvedaśāstra*）这三个角度来分析这种疾病的原理。根据这三个不同的理论体系，疾病发生的原因分别是病人出生时不吉利的行星结构（*graha-yoga*），病人前世的不良行为和后果（*karmavipāka*，所谓“行为的结果”），以及风、胆汁和痰三者的和谐平衡（*doṣa*）被打破。*Vīrasiṃhāvaloka* 中还说道，不仅是不同理论体系对病因的解释是不同的，依据不同理论体系而制定的治疗方法也有很大差异：占星学给出的治疗办法基本是一些寻找和解或“平顺”（*śānti*）的仪式，印度教正统教宗理论则倾向于用“赎罪”（*prāyaścitta*）仪式来进行治疗，而阿育吠陀医学给出的治疗方案则是用药物（*oṣadhi*）和其他辅助疗法（如服用催吐剂和泻药等）。*Virasiṃhāvaloka* 所呈现的这种不同理论之间的互补性原则后来也被占星师们很好地融入他们的日常实践中——在进行诊断的时候，他们不光会灵活引用阿育吠陀以及 karmavipāka 的理论，而且，必要的时候还会毫不犹豫地建议来找他们咨询的病人再去咨询一下阿育吠陀的医生，或者婆罗门教的家庭牧师，看看这些专家有没有其他的诊断和治疗方法。

以上引用的所有例子都表明，几种存在潜在对立关系却又都同样基于梵文和婆罗门文化的知识体系是可以共存的，而且这种共存不是竞争的共存，而是互补的共存。它们之间有时也会有对立和不兼容的关系存在，这种情况一般涉及的不是知识本身，而是使用这些知识的专家——当不同的知识体系针对同一问题的解释非常相近，而分别属于不同知识体系的专家需要对这个问题分别做出各自的解释时，有时就会发生对立和不兼容。不过，上文中引用的例子让我们特别注意到，相互竞争的知识体系的共存（即具有相同的研究对象的知识体系的共存），并不会像许多研究“印度思维”（la“pensée indienne”）的作品中说的那样，给某种神秘的、非理性的思想钻空子的机会，甚至被这类思想所淹没。本文的最后一部分将通过分析在占星学和其他宇宙解释论之间进行的谈判和相互适应的过程来进一步阐述这一论点。

相互(不)兼容的各种宇宙观

在著名的《有没有一种思维叫作印度思维?》(*Is there an Indian way of thinking*?)（1989）一文中，自大学时代以来就一直在美国生活的印度诗人、散文家和翻译家 A. K. Ramanujan 对所谓“印度思维”的存在提出了质疑。他的这种反思和质疑，明显来自他对他的父亲的人生的思考——自他年幼时以来，他一直受其父亲的影响很大，特别是其父亲在晚年时所表现出的与一生中各种矛盾的平静的和解，对他产生了很大的启发。Ramanujan 的父亲出身于泰米尔的一个东正教婆罗门家族，是一位著名的数学教授。他的学术生涯一直都很国际化，平时经常会与许多英美国家的同行和朋友交流。有趣的是，他还是一位备受尊敬和经验丰富的占星师，他撰写了许多密密麻麻标注着梵文注释的星座学条文，是印度著名占星专家小圈子的一员。和其他许多印度人一样，Ramanujan 很好奇他的父亲是如何做到对现代科学和占星术这两种不同的——更确切地说是完全对立的——合理性范式的坚持，而丝毫不去担忧这二者之间的不一致性的。有人认为这是缺乏逻辑或批判性思维的表现，但 Ramanujan 认为，完全可以从语言学的角度来解释发生在他父亲身上的这一现象：相对于基督教、民主或平等主义占主流的社会所呈现出的对“无语境型”（context-free）理性规则的偏好，印度社会呈现出一种对“语境敏感型”（context-sensitive）理性规则的偏好。

凭借他的文学天才和一种诗意的勇气，Ramanujan 可是说是大胆地尝试了对所谓“印度思维方式”的概括，这种行为按说对研究印度文化的民族学家来说是冒天下之大不韪的，尤其是在后杜蒙时代（post-dumontienne）更是如此。本文中，我们希望的正是回到 Ramanujan 提出的这个理论，并对其加以发展。因为他的理论注意到了从殖民时期到今天的占星术实践领域中的一个关键方面，这就是“共存”。这种共存关系，一方面是指占星学和现代科学，这两种（尤其在西方语境下）被广泛认为是对立的理性范式，在专家（学者）的认知体系中的“共存”，另一方面还指占星学和现代科学作为两个独立的学科在学术机构中的共存。

首先应该强调的是，不同宇宙观之间兼容性的问题并不是在印度作为殖民地时期才首次出现的，也不是由于英国管理人员和印度学者之间的接触而产生的；这个问题早在几个世纪之前就有了。自从公元后第一个千年以来，婆罗门教传统中就有两种不同的关于地球和宇宙的解释模型，尽管这两种模型之间存在着极大的差异，但在婆罗门教传统中，它们都被认为是有效的和真实的，也就是说，关于这个问题，印度自古以来就有“共存”的案例。这里可以列举几个典型的共存元素。一方面有像 *Purāṇa* 这种梵文典籍所描绘的“神话”宇宙理论。在这一宇宙理论中，地球被描述为一个巨大的平盘，中间有一座山，上面有七层天空俯瞰着七个世界，这一切都存在于一个卵形的垂直宇宙中。另一方面有像天文学家和占星学家写就的 *siddhāntha* 所描绘的“科学”宇宙理论。这一理论是基于系统的观测和描述而得出的，他们认为，地球在宇宙中的地位是比较普通的，这个宇宙是由以太阳为中心，以月球和其他星球共同组成的球状空间（两种理论模型使用相同的测量单位，可以很容易地进行比较）。Minkowski（2001）研究发现，从公元 9 世纪开始，学者们就开始讨论这两个知识体系之间的关系，以及能使得它们相互协调一致的可能性。在探索的过程中，智者们所依靠的有时是科学性和技术性的论据，有时是意识形态的论点，而这二者并没有孰轻孰重。直到 16 世纪，一场真正的论战才算开始：一部分学者认为两种模式不兼容（*virodha*），另一部分学者则主张二者之间是具有兼容性的（*avirodha*，或者说是“没有矛盾”）。

这场辩论一直持续到殖民时期，而且变得更加复杂了：当时出现了第三种宇宙论，即哥白尼宇宙论，这一理论由于英国殖民者的到来而在印度逐渐传播开来。在这种多元宇宙论以及殖民统治的语境中，对所谓“高等”宇宙论模型的确认，成为一个充满政治和意识形态重要性的议题，而 19 世纪时印度本土学者之间的辩论日渐激化，以及本土学者与殖民者之间交流的日渐频繁都是这一趋势最有力的证明。当时英国人——在传播他们所谓普世价值的同时——传播他们的宇宙观的时候完全不承认其他宇宙观同样有效和真实的可能性，或者也可以说是他们试图把他们的宇宙观作为“唯一的真理”推行开来。当时这一理论在印度的传播过程很值得研究，因为这一过程中充满了不同知识体系之间的交锋和谈判。这一过程中涌现的一些话语以及理论，对于创造现代科学与星界学科之间认识论的连续性起到了重要的推动作用。我们可能会认为，这些话语和理论可能是在比较边缘的社会领域涌现出来的，起初可能并没有得到任何“体制内”的机构的认可。但事实正相反——这些理论恰恰是体制内的著名机构里的著名专家们提出的。我们也不能将这些理论出现和广为传播的原因简单归因于一种自上而下的等级关系，简单地认为是这些印度本土德高望重的专家们为了显示他们知识的有效性并保证自身的生存空间，才努力把他们擅长使用的知识与现代科学相适应；事实上，我们这里说到的“体制内的著名机构里的著名专家”很多都是来自英国的。

一个典型的例子就是 Harrison（2000）所记录的，在 18 世纪和 19 世纪上半叶之间，由英国派到印度定居的医生所创造的一些医药学理论的传播过程。在那个时期，除了极少数例外情况，英国医学界已经不再承认任何占星术理论的效度了。在印度殖民地定居下来的英国医生们在印度的各大城市中都已经非常受尊重，也已经颇具影响力了。为了证明太阳、月球以及行星的运转对人体健康会产生影响，他们不断地进行着实验探索。值得注意的是，他们的理论开发的地理背景是热带地区，当地的医学理论原本就对气候和环境因素非常看重。相应的，在构思理论的时候，这些英国医生常常受当地医学传统的启发，将英国带来的机械物理学和牛顿引力理论的元素与当地思想相结合。印度当地人普遍认为，就像潮汐的变化一样，人类也受其所处的环境中的磁场或粒子活动的影响，而这些磁场和粒子活动又是围绕地球旋转的星星的运动造成的。英国的科学家们就结合这些当地的关于人体运行的理论，试图建立一种融合星界学原理和现代物理学和机械知识的宇宙观。这些医生开发的“医学天文学”似乎实现了印度本土的“医学占星学”与牛顿力学等当代物理学之间的一种认识论上的妥协。

在殖民时期，印度还出现了其他试图调和不同宇宙观之间关系的努力。来自英国的官员 Wilkinson 在教学中的经历可以说是一个众所周知的例子。1839 年，Wilkinson 创建了一所学校，在那里，他把梵语天文学的教学视为一个“嫁接点”（engraftment），也就是将其作为在印度推行科学教育的一种“预科”（Wilkinson，1834）①。尽管地心系统理论和日心系统理论之间存在着巨大的差异，但从方法论和概念角度来看，印度的星界天文学家所确立的宇宙学跟欧洲人的非常接近［尤其比印度当地宗教经典（如 *Purāṇa*）当中的宇宙学观点要接近得多］，这也正是为什么 Wilkinson 会在他所创办的学校里极力推行印度本土星界天文学（梵语天文学）的教学。同样的做法也出现在贝纳勒斯梵语大学的发展历史中：贝纳勒斯梵语大学是英国人在 1791 年建立的，当时的名字叫“梵文学院”。当时学校的董事会明确将星界学列为主要教学科目之一（Nicholls，1907）。

后来，贝纳勒斯梵语大学 19 世纪时的历史表明，英国来的殖民地管理者与婆罗门学者之间存在认识论上的冲突，这种冲突在对待星界学科的主要分支之一的占星术的合法性问题上，表现得尤为突出。到 19 世纪

① 更多关于这一教学实践的信息，参见 Bayly（1996）和 Dodson（2007）。

时，殖民当局希望废止这种教育实践，因为他们原本希望达到的“嫁接”目的并没有实现，他们觉得学校教的星界学事实上还是一些迷信和无用的东西，并没有教授在他们看来唯一“有用的知识”（useful knowledge）——科学。他们认为，允许教授星界学反而是给科学的传播造成了阻碍。从他们的角度来说，印度学者不仅是在宣扬星界学这种知识的合法性——对于这一点他们倒是很支持的，因为他们认为这也是在印度梳理西方天文学和数学的合法性——而且还在宣扬星界学绝对是“有用的”，鼓励学生以后成为婆罗门占星师，把占星咨询当作自己养家糊口的职业，而这就有违他们当时的初衷了（Nicholls，1907）。因此，为了修正这一点，殖民当局从1845年起废除了梵文学院教学计划中的星界学科目。而从那时起，关于这门学科与现代科学的关系的争论——无论是在政府、公共舆论还是在专家学者界——一直持续到了今天。

这一争论过程中的一个重要的转折点出现在印度民族主义党（Bharata Janatiya Party）1998—2004年执政时期。在这段时间里，当时印度最大的资助研究和高等教育的政府机构——高等教育资助委员会（University Grant Commission），在大约20所印度的大学里为吠陀占星学的创建提供资金，并坚称这一学科具有无可争议的“科学”属性。当时政府的这一政策被印度左派科学界、知识界以及印度理性主义运动的参与者嗤之以鼻：他们纷纷质疑占星术的科学性，而且还谴责这一政策就是印度教右派势力利用其权力在公共教育机构中对知识进行“印度教化”（l’hindouisation）。尽管媒体对这场争论进行了广泛而深入的报道，政策的反对者也采取各种法律措施试图维权，但近年来，印度的大学对占星术研究和教学依旧开展得火热，似乎完全没有被削弱的迹象。事实上，这一趋势甚至有愈演愈烈的迹象：就在最近，即使是在由印度教权力首领掌控的政府垮台之后，贝纳勒斯印度教大学（Banaras Hindu University）的占星学系（创建于1916年，与该大学成立年份相同）还获得了鼓励他们开展“研究行星配置对心血管疾病和癌症发展的影响”的政府资助。该大学占星学系的研究员和教师定期组织讲座和研讨会，并与其他印度大学的同事合作，出版了诸多著作，致力于在这些疾病的诊断和治疗中为占星学的理论和实践占领一席之地。

在以上这些研究中，医学占星术（la iatro-astrologie）与生物医学（la biomédecine）——或“对抗疗法”（la“médecine allopathique”，生物医学在印度被叫作“对抗疗法”）——之间的兼容性是如何实现的？这些研究的合法性是否是通过比较研究法来被证实的呢？这些问题似乎也正是占星师们自己所特别关注的，因为我们看到，几乎所有的星界学领域的出版物当中都有针对这些问题的特别阐述。[①] 医学占星术与生物医学的比较以及这两种知识形式之间的兼容性问题，不仅仅涉及这些研究的话语，而且还涉及它们所采用的方法论。在证实医学占星术的效用和合法性的时候，最常用的论证手段就是强调其与生物医学诊疗方法的互补性。这种论证手段不禁让我们想起 Evans-Pritchard 关于非洲阿赞德人社会中“魔法”（la magie azandé）的合理性的论述。这种“互补性”的提法其实是在说，占星术的作用就是告诉我们，为什么某个人在某个特定的时刻患有癌症或者是将会患上癌症；而生物医学的作用则是告诉我们癌症是如何被触发的，以及这种疾病的作用机制是怎样的（Pandey，2003）。从方法论的角度来看，在印度，梵语经典被视为不争的知识来源，但是为了使梵语经文所呈现的真理与现代科学更加一致，学者们一直在不断地将这些经文翻译和解读着。从这个意义上讲，对医学占星术的研究其实是一个知识考古学的过程，在这个过程中，梵语经典文献需要不断地被“挖掘”，其目的是尽可能地从中提炼出与癌症以及心脏病等疾病有关联的概念和表述，并从中观察写作梵语经典的这些古代智者是如何看待这些当时并不存在的疾病概念的。对这些古代资料的“破解”工作，目的就在于“找到”对这些疾病“有直接影响”的行星配置。除了知识考古学之外，受实验科学启发，进行医学占星学研究的研究者们还会使用另一种研究方法，那就是对疾病患者进行统计调查。具体来说，他们一般会与在医院工作的医生合作完成数据收集工作，有时也会通过在线问卷调查的方式进行数据收集，数据的内容主要是确定患有同一疾病的患者

---

① 这里涉及的出版物都是印地语的，其中引用了许多梵语经典，还用到了许多英文的医学术语（有的直接用的拉丁字母，有的是将英文单词音译为梵文，例如英文的 cancer 用梵文写作 kainsar）。参见 Pandey（2003），Jha（2003），Jha（2006），Shastri（2006）和 Tiwari（2006）。

身上常见的行星配置，以此来建立疾病与行星配置之间的线性关系，从而得出适应当代社会生活需求的新的行星理论和定律。这两种方法论在医学占星术领域的共同应用表明，两种截然不同的权威知识体系之间完全可以是相互认同的：一方面是写作梵文经典的古代智者所代表的无法超越和无可置疑的古典智慧；另一方面是基于经验数据的统计学处理，用当代科学方法发掘出的新理论。前者的认识论是从无可辩驳的某种真理出发，用这种理论来解释现象，不用接受任何实证的验证，而后者的认识论基础则是从经验出发，逐步从经验提炼出知识。①

其实，不光是*jyotiṣa* 部门的研究人员在锲而不舍地寻找占星术和现代科学之间的共同基础。我们对贝纳勒斯大学地球物理系的实地研究显示，许多研究地球物理的科学家们都普遍认同这些担忧，他们在日常生活中也经常咨询占星师，而且还会在自己的电脑上建立自己的星座分析系统，以便从星座研究的角度向自己的同事提供关于事业或家庭的建议。这些科学家大多有在外国的大学学习或研究的经历，但这并不妨碍他们一边熟练地运用辐射、波浪或电磁场来描述行星的影响，一边承认这一切都是印度教神灵的作用，受印度教安息和祈祷等仪式的影响。就像 Ramanujan 的父亲一样，大多数婆罗门都会在占星术中看到当代科学的不完美之处，他们认为，印度的星界学的知识体系比当代科学中的物理学和生物学等都要完整，因为它不光能解决生病的问题，还能解决整个生命中出现的各种关于家庭、事业和信仰相关的问题——换句话说，就是能解决英语语境中“人类学”（anthropology）所涉及的所有问题。

* * *

以上的论述表明，不同的知识体系之间的对立，往往反映的是这些不同的知识体系所属的一系列合理性原则之间的竞争或对立关系。这种对立其实并不是社会学科所热衷标榜的所谓“原始心态”或“野性思维”的表现。我们看到，在我们研究的案例中，对不同形式知识的比较并没有普遍性或启发式价值，而更多的是服务于一种实用主义的目的，即通

---

① 关于梵语文献写作过程中理论与实践之间关系的讨论，参见 Pollock（1985）。

过与其他学科（例如生物医学）的比较，为自己的学科（例如占星学）在历史演进的长河和当代学科的领地划分之中找到合适的一席之地。这一现象的原因在于，这些知识体系都是处于同一个时空、同一个社会领域之内的，这也就导致了这些知识体系不仅是"可比较的"（comparabiles）而且它们本身就是一种"比较"（comparandi），即它们是依靠彼此之间的比较来互相定位的。一直以来，占星师的首要工作就是要确保他们的知识的有效性为他们所处的社会所承认，因为这是他们的学科生存下来的首要条件。在这个语境中，所谓"比较研究法"已经脱离了其"分析研究"的功能，取而代之的则是比较研究这个行动的工具属性："比较研究"这个行动，其实是在建立该学科与其他学科之间的一种联盟，或者是在建立一种等级制度，以便该学科在一个特定的时空中找到自己的位置。

参考文献

Astuti Rita, Parry Jonathan P. et Stafford Charles（eds.），2007，*Questions of Anthropology*，Oxford，Berg.

Bayly Christopher A.，1996，*Empire and Information：Intelligence Gathering and Social Communication in India*（1780 – 1870），Cambridge，Cambridge University Press.

Daniel Sheryl B.，1983，«The tool box approach of the tamil to the issues of moral responsibility and human destiny»，dans Charles F. Keyes，E. Valentine Daniel（eds.），*Karma：An Anthropological Inquiry*，Berkeley，University of California Press，pp. 27 – 61.

Dodson Michael S.，2007，*Orientalism，Empire and National Culture：India* 1770 – 1880，New York，Palgrave Macmillan.

Harrison Mark，2000，«From medical astrology to medical astronomy：Sol-lunar and planetary theories of disease in British medicine，c. 1700 – 1850»，*The British Journal for the History of Science*，33（1），pp. 25 – 48.

Jha Dinesh，2006，«Jyotiṣśāstrānusār rogõ kā nidān»，*Jyotiṣa vaijñānikī*，4，pp. 30 – 36.

Jha Kunal Kumar, 2003, «Grahon ke prabhāv se rogõ kī utpatti», *jyotiṣa vaijñānikī*, 1, pp. 51 – 53.

Kapferer Bruce (ed.), *Beyond Rationalism. Rethinking Magic, Witchcraft and Sorcery*, New York, Berghahn Books.

Khare R. S., 1996, «Dava, daktar, and dua: Anthropology of practiced medicine in India», *Social Sciences and Medicine*, 43 (5), pp. 837 – 848.

Kuhn Thomas Samuel, 1972, *La structure des révolutions scientifques*, Paris, Flammarion (coll. «Nouvelle bibliothèque scientifique»).

Minkowski Christopher Z., 2001, «The pandit as public intellectual: The controversy over virodha or inconsistency in the astronomical sciences», dans Axel Michaels (ed.), *The Pandit. Traditional Scholarship in India*, Delhi, Manohar, pp. 79 – 96.

Nicholls George, 1907 [1848], *Sketch of the Rise and Progress of the Benares Patshalla or Sanskrit College, Now Forming the Sanskrit Department of the Benares College*, Allahabad, Government Press.

Nichter Mark, 1981, «Idioms of distress: Alternatives in the expression of psychosocial distress: A case study from South India», *Culture, Medicine, and Psychiatry*, 5 (4), pp. 379 – 408.

—2010, «Idioms of distress revisited», *Culture, Medicine, and Psychiatry*, 34 (2), pp. 401 – 416.

Oberhammer Gerhard (ed.), 1983, *Inklusivismus: eine indische Denkform*, Vienne, Publications of the De Nobili Research Library («Occasional papers: 2»).

Pandey Nagendra (ed.), 2005, *Bṛhat saṃhitā*, avec commentaire sanskrit de Bhaṭṭotpala et commentaire hindi de Nagendra Pandey, Bénarès, Sampurnanand Sanskrit Vishwavidyalay («Gaṇgānāthajhā granthamālā», 20).

Pandey Ram Chandra, 2003, «Vyādhinidān maĩ Jyoti ṣaśāstra kī bhū-mikā», *Jyotiṣa vaijñānikī*, 1, pp. 8 – 11.

Parashara Radhakrishna (ed.), 2007, *Vīrasiṃhā valoka*, traité sanskrit composé par Rājā Vīrasiṃhatomara, avec commentaire hindi de Radhakrishna

Parashara, Bénarès, Chowkhamba Krishnadasa Academy.

Pingree David E., 1978, *The Yavanajātaka of Sphujidhvaja*, Cambridge, Harvard University Press («Harvard Oriental Series», 48).

Pollock Sheldon, 1985, «The theory of practice and the practice of theory in indian intellectual history», *Journal of the American Oriental Society*, 105 (3), pp. 499 – 519.

Ramanujan A. K., 1989, «Is there an Indian way of thinking? An informal essay», *Contributions to Indian Sociology*, 23 (1), pp. 41 – 58.

Shastri Girija Shankar, 2006, «Oṣadhiyon kā grahon evam nakṣatron se sambandh», *Jyotiṣa vaijñānikī*, 4, pp. 12 – 15.

Smith Frederick M., 2006, *The Self Possessed: Deity and Spirit Possession in South Asian Literature and Civilization*, New York, Columbia University Press.

Tambiah Stanley Jeyaraja, 1990, *Magic, Science, Religion and the Scope of Rationality*, Cambridge, Cambridge University Press.

Tiwari Srinivas, 2006, «Grahajanya rog evam grahauṣadhiyõ kā vivecan», *Jyotiṣa vaijñānikī*, 4, pp. 58 – 65.

Wilkinson Lancelot, 1834, «On the use of Siddhāntas in the work of native education», *Journal of the Asiatic Society of Bengal*, Vol. 3, pp. 504 – 519.

作者简介

杰罗姆·巴什，中世纪西方历史人类学研究组成员。1997 年开始，他还担任了墨西哥恰帕斯自治大学（Universidad Autónoma de Chiapas）的讲师。主要作品有：《父亲的胸怀：亚伯拉罕与西方中世纪的父亲地位》（2000），《封建文明：从千年禧到美洲殖民》（2006），《中世纪肖像学》（2008），《萨帕塔叛乱：印第安的叛变和全球的抵抗》（2005）。

史蒂芬·布雷顿，人类学家，电影工作者，法兰西学院社会人类学实验室成员。新几内亚问题专家，主要关注新几内亚高地的沃达尼人社会的货币和贸易问题。目前的研究兴趣还包括图像的实用性问题。在其众多的纪录片当中，尤为值得关注的是他的《他们和我》（2001），《云带来的夜晚》（2007），以及《升天》（2009）。

瓦拉里·哲雷祖，地理学家。朝鲜研究中心负责人，UMR 8173 法国国家科学研究中心、法国社会科学高等学院和巴黎第七大学“中国—朝鲜半岛—日本”研究组成员。发表作品有：《首尔：巨大城市和其卫星城》（法国国家科学研究中心出版社，2003），《首尔的阿特拉斯》（2011）。她与 Alain Delissen 和 Koen De Ceuster 共同编写了《朝鲜半岛去边境化：“阳光政策”的有形和无形遗产》（2013）。

卡特琳娜·纲吉，人类学家，印度和南亚研究中心成员。她研究的课题是印度社会中的占卜作为宗教、科学和医学的交叉点，其相关行为的表现和意义。她与 Inès G. Zupanov 共同编写了《神圣的医治：南亚的医学与宗教》(2008),还与 Silvia d'Intino 共同编写了《在林中空地的边缘:向 Charles Malamoud 致敬的印度比较研究》(2012)。她的专著《命运的话语:瓦拉纳西的占星术》将于 2013 年出版(法国国家科学研究中心出版社)。

莉莉安·伊莱尔—贝雷,亚历山大·柯瓦雷研究中心成员,巴黎第七大学现代历史学教授。他的研究课题主要包括以比较和跨国界的视角研究欧洲近代有关技术的知识。她发表了《启蒙运动时期的技术发明》(2000),与 Patrice Bret 和 Irina Gouzévitch 共同发表了《法国和英国之间的技术及工艺的比较(16—19 世纪)》(技术史文献,19,2010),与 Anne-Laure Carré、Marie Sophie Corc 和 Christiane Demeulenaere-Douyère 共同发表了《19 世纪的巴黎世界展览会:技术,受众,传承》(2012)

弗雷德里克·朱利安,人类学家。曾任法兰西公学院社会人类学实验室的副主任,法国社会科学高等学院"演变,自然和文化"跨学科研究项目负责人(至 2011 年)。自 2007 年以来担任跨学科学术期刊《技术与文化》(*Techniques & Culture*)总负责人。他的研究主要集中在技术和文化现象的长期的演化过程,以及在非洲和欧洲大陆上动物与人类之间的互动领域。曾在西非(科特迪瓦、几内亚、加纳和多哥)从事记录野生黑猩猩的技术行为的田野调查,并提出了人类和类人猿有共同历史的设想。主要出版有:《自然是文化吗?》(1998),与 Suzanne de Cheveigné 共同创作的《人的本质》(2008);与 Salvatore D'Onofrio 共同创作的《说诀窍》(2008);与 Gil Bartholeyns 和 Nicolas Govoroff 共同创作的《技术理性与文化理性——选集》(2010);《姿势与事物:关于 Leroi - Gourhan,关于"发现日本"》(2011)。

布鲁诺·卡桑提,哲学家。他的研究兴趣在于历史和社会科学以及政治哲学认识论的交叉点。自 2010 年以来,担任马塞尔·莫斯研究所负责人,发表了《人:马塞尔·莫斯的社会学,人类学和哲学》(1997;2011);《作为"人"的社会:涂尔干作品点评》(2006);《思想的政治:

孔德与社会科学的诞生》（2006）；《摩西和“人民”：弗洛伊德眼中的历史真相》（2012）。他还是 *Émile Durkheim*、*Gabriel Tarde*、*Lucien Lévy Bruhl*、*Henri Bergson*、*Fustel de Coulanges* 的精选集编辑。

保罗·纳波利，法律史学家，致力于规范研究的实践和范畴的悠久历史。在研究了 17 世纪和 18 世纪之间的警察规范之后，目前的研究兴趣主要是行政管理和治理理性的宗教经典以及牧区划分根源。他的作品主要有：*Le arti del vero. Storia, diritto e politica in Michel Foucault*（Naples: La Città del Sole，2002）；《现代警察的诞生：权力、规范与社会》（La Découverte，2003）；*Ratio scripta et lex animata. Jean Gerson et la visite pastorale*［收录于 Laurence Giavarini（dir.），*l'écriture des juristes*（*xvie-xviiie siècles*），Classiques Garnier，2010，第 131—151 页］；《有关管理的法律史》（收录于 Philippe Bezès 等，《1815—1914 年的公共财政体系：19 世纪预算会计法的发展与实践》，经济、工业和就业部，2010，第 271—297 页）。

奥利维耶·雷穆，哲学家，雷蒙—阿隆社会学和政治研究中心的成员。他的研究领域是社会信仰与哲学、历史认识论、文化的政治理论，以及批判世界主义。他的主要作品有：《Michelet：历史的审判长》（1998），《La Boétie：关于自愿奴役的话语》（2002），《人类档案：关于维科的哲学》（2004），与 Marie Gaille-Nikodimov 和 Pierre Girard 共同创作的《新奇的考验》（意大利研究中心，《政治与社会》，ENS-LSH，6/2005），《大自然与美洲人》（《思想的生活》，La République des idées/Seuil，2006）；与 Chryssanthi Avlami，《文明：回到文字与想法》（«Synthesis Review»，*Springer*，1/2008）；与 Sorya Nour，《战争与和平：科学和艺术的作用》（2010）。

吉赛尔·萨比罗，知识分子社会学、文学社会学和翻译社会学领域的专家。她是《作家之战：1940—1953》（1999）和《作家的责任》（2011）的作者。她还是以下出版物的联合主编：《社会科学的历史》（2004），《社会学家：皮耶·布迪厄》（2004），《Translatio：全球化时代的法国翻译作品市场》(2008),《编辑出版业全球化的矛盾》(2009),《欧洲的知识空间》(2009),《翻译文学与人文学科：经济和文化上的障碍》(2012)。

让—弗雷德里克·肖布，在大学教授法国旧制度时期伊比利亚帝国的历史以及大西洋地区种族分类的形成。他是“美洲国家、社会、流通、权力（15—21 世纪)”研究中心和新里斯本大学海外历史中心的成员。他的主要出版物有：《Oran：西班牙国王的犹太人（1507—1669)》(1999)；《奥利瓦雷斯公爵时代的葡萄牙（1621—1640)》；《作为政治活动的管辖权冲突》(2001)；《西班牙的法国》(Seuil，2003)；与 Juan Carlos Garavaglia,《法律、正义和习俗：拉丁美洲与欧洲，16—19 世纪》(2005)；《奥罗诺科、王子和奴隶：不确定性的殖民题材小说》(2008)；《欧洲是一段历史吗?》(2008)。

伊莎白·蒂罗，社会学家，20 世纪中国社会专家，现代和当代中国研究中心研究员。她与华林山合著了《当代中国社会学调查（1911—1949)》(1996),《中国村庄的争议：规范空间的正义形式和局部重构》(2001),《民主的狡黠：在当代中国抗议》(2010)。